Cornelia Rosebrock (Hrsg.)
Lesen im Medienzeitalter

Cornelia Rosebrock (Hrsg.)

Lesen im Medienzeitalter

Biographische und historische Aspekte
literarischer Sozialisation

Juventa Verlag
Weinheim und München 1995

Die Deutsche Bibliothek - CIP-Einheitsaufnahme

Lesen im Medienzeitalter : biographische und historische
Aspekte literarischer Sozialisation / Cornelia Rosebrock
(Hrsg.). - Weinheim ; München : Juventa Verl., 1995
  ISBN 3-7799-1027-6
  NE: Rosebrock, Cornelia [Hrsg.]

© 1995 Juventa Verlag Weinheim und München
Umschlaggestaltung: Atelier Warminski, 63654 Büdingen
Umschlagabbildung: Jacques de Gheyn II, Frau und Kind an einem
Tisch. Berlin, Kupferstichkabinett
Printed in Germany

ISBN 3-7799-1027-6

Vorwort

Die Beiträge des vorliegenden Bandes gehen auf eine Veranstaltungsreihe zurück, die zur Verabschiedung von Prof. Dr. Gerhard Haas im Sommersemester 1994 am Lesekommunikationszentrum der Pädagogischen Hochschule Heidelberg stattfand. Sie trug den Titel „Lesen heute – Literarische Sozialisation im Medienzeitalter".

Ohne die großzügige und unbürokratische finanzielle Unterstützung der Veranstaltungsreihe durch die „Stiftung für Bildung und Behindertenförderung" in Stuttgart wäre das Projekt nicht möglich gewesen. Christiane Börner besorgte die Sekretariatsarbeiten, Dr. Theo Rosebrock das Kolektorat, Dr. Claus–Volker Klenke betreute die Software und die Druckvorlagenerstellung. Für ihre freundschaftliche Hilfe danke ich ihnen von Herzen. CR

Inhalt

Cornelia Rosebrock

Literarische Sozialisation im Medienzeitalter

Ein Systematisierungsversuch zur Einleitung

1. Die Frage nach der literarischen Sozialisation im Medienkontext

„Die neue Mediengeneration hat nicht nur Schwierigkeiten, ihre eigenen Gedanken klar, zusammenhängend und grammatisch einigermaßen richtig zu formulieren. Auch das Lesen gelingt ihr immer mühsamer"[1] – so und ähnlich steht es in den Zeitungen. Belegt werden die generellen Diagnosen im allgemeinen nicht; sie sind eher als Zeichen eines kulturellen Unbehagens zu verstehen, ausgelöst durch das historisch rasche Einnisten der elektronischen Medien in Alltag, Familie und Schule. Sein Ausdruck in Gestalt von pessimistischen Prognosen zur Zukunft des Lesens ist mittlerweile zum kulturkritischen Allgemeinplatz geworden: Neil Postman, der Ahnherr der neueren Medienschelte, schrieb immerhin schon vor mehr als einem Jahrzehnt in diesem Sinne vom *Verschwinden der Kindheit* (1983) als Folge des Untergangs der Lesekultur im kulturellen Siegeszug des Fernsehens und zeichnete das Schreckbild einer geradezu seuchenhaft sich ausbreitenden Infantilisierung der Gesellschaft. Zwar gibt es

---

1 Joachim Kutschke in einem Artikel unter der Überschrift: „Neue Generation – sprachlos". In: Frankfurter Rundschau vom 28.7.94.

gegen diese Prognose Einsprüche; allein die Empirie läßt Zweifel aufkommen. So hat etwa die quantitative Verbreitung und Dauer des Lesens in den letzten 30 Jahren keineswegs gravierend abgenommen (vgl. Lesesozialisation 1993). Andererseits hat sich der Zugang zur Welt mit den Medien zweifelsohne tatsächlich im kulturellen Maßstab verändert. Aber es ist durchaus strittig und über weite Bereiche schlicht ungeklärt, in welche Richtung und auf welchen Ebenen sich diese Veränderungen vollzogen und vollziehen und was sie für die Lesekultur bedeuten, d. h. welche sozialen und kulturellen Manifestationen mit welchem Leseverhalten wie zusammenhängen.

Buch und Zeitung als traditionelle Medien stehen mit der Umwälzung der gesellschaftlichen Gebrauchsformen des Bildes (durch das Fernsehen) und auch der Schrift (insbesondere durch die Computer) plötzlich im Zentrum des Interesses: Stimmt die Diagnose vom „öffentliche Bedeutungsverlust [...] der Lektüre" und die Einschätzung des Lesens als einer „Kulturform, deren Sinn in der gesellschaftlichen Praxis nicht mehr selbstverständlich gegeben ist" (Hurrelmann 1993, S.247f)? Oder verändert sich Lesekultur selbst mit den neuen Medien, bleibt aber, trotz und mit den neuen digitalen Texttypen, die dominante Form des symbolisch vermittelten Wirklichkeitszugangs? Welche Funktionen hat eine entwikkelte Lesefähigkeit und –praxis in der Lebenswelt der einzelnen, welche hat die Lesekultur generell für die Gesellschaft? Zusammengefaßt: Was bedeutet uns individuell und kulturell das Lesen als Fähigkeit und alltägliche Praxis – über den Informations–, Unterhaltungs– bzw. Bildungswert konkreter Texte hinaus?

In der Frage nach dem Wert und den Funktionen des Lesens liegt häufig eine wertende Vermutung: daß Lesefähigkeit im umfassenden Sinn, also die Fähigkeit, über Bücher und Texte Wirklichkeit zu erfahren, eine Schlüsselkompetenz für die Orientierung in der Medienlandschaft und den mündigen Umgang mit einzelnen Medien darstellt. Wenn sich die Sorge über die kulturellen Auswirkungen des Fernsehens in rückwärtsgewandten Ressentiments äußert – wie in den eingangs exemplarisch zitierten Sätzen –, so liegt auch ihnen offensichtlich eine solche positive Einschätzung des Lesens zugrunde. Diese Bewertung wäre auf mehreren Ebenen durchaus sinnvoll begründbar: *kognitiv*, so könnte man annehmen, fördert die Lektüre sprachliche Intelligenz auf allen Ebenen, indem sie Wissensbestände rekapituliert, neu verknüpft und erweitert; in *emotionaler* Hinsicht inszeniert, produziert und differenziert Lesen nicht nur die Affekte, sondern setzt sie auch zueinander in Beziehung und integriert sie in die ‚Sprachspiele‘; die *soziale* Einfühlung in die Perspektive anderer und die probeweise Übernahme fremder Befindlichkeiten sind Fähigkeiten, für deren Einübung insbesondere fiktionale Lektüre ein privilegiertes Feld zu sein scheint; und in *medialer* Hinsicht reflektieren Lektüreprozesse immanent ihren Abstand zum Faktischen und eröffnen so Distanzierungsspielräume.[2]

Das jeweilige Ausmaß der verschiedenen Leistungen hängt zwar vermutlich von der Qualität der Texte ab: ein Sachtext fordert andere Rezeptionsschwerpunkte als ein belletristischer, ein vergleichsweise schlichter andere als ein komplexer. Aber es sind doch Annahmen, die die Rezeption von Schriftsprache generell betreffen. Indem einzelne Lektüreakte derartige Kompetenzen erfordern, werden diese Fähigkeiten natürlich durch eine ausgeprägte Lesepraxis generell befördert und ausgebildet und schließlich kulturell etabliert. Das Fernsehen

---

2 Solche Annahmen zum bildenden Gehalt von Lektüreakten werden insgesamt von Seiten der fernsehorientierten Medienwirkungsforschung bestätigt: Die sogenannte knowledge-gap-These besagt aus diesem Kontext, daß Rezipienten, die eine Vielzahl von Medien nutzen, von ihrem Fernsehkonsum wissens- und orientierungsmäßig profitieren; dies im Gegensatz zu den Nur-Fernseh-Konsumenten, deren Wissensdistanz (knowledge-gap) zu den Vorgenannten entsprechend wächst (vgl. Saxer 1988) – kurz gesagt: Leser lernen mehr beim Fernsehen. In die gleiche Richtung deuten die Ergebnisse der Studie von Hurrelmann et al. (Lesesozialisation 1993, 1), derzufolge Kinder aus Familien, in denen eine Vielzahl von Medien intensiv genutzt werden, etwa ebenso wahrscheinlich zu Lesern und Leserinnen werden wie Kinder aus dezidiert buchbezogenen Haushalten; in beiden genannten Familientypen haben die Kinder eine deutlich stärkere Tendenz zum Lesen als in Haushalten, in denen vorwiegend ferngesehen wird.

oder das Computerspielen erscheinen dagegen als medial weniger anspruchsvoll; anders als Texte können sie diese Formen der umfassenden aktiven inneren Beteiligung der Rezipienten nämlich nicht erzwingen.[3]

Diese These von der Asymetrie zwischen Lektüre und anderen, wahrnehmungsnäheren Rezeptionsformen setzt also Lesen in den Rang einer Schlüsselkompetenz in der Mediengesellschaft, statt – wie es literaturwissenschaftliche Wirkungsvermutungen tun – den bildenden Gehalt bestimmten Textsorten zuzusprechen. Argumentativ greift das auf ein von der Rezeptionsästhetik beschriebenes Wesensmerkmal des Lesens zurück: daß beim Lesen aktiv die Subjektivierung von Bedeutungen vollzogen werden muß, d. h. daß die Erfahrungen, die lesend gemacht werden, durch das Subjekt ‚mit Haut und Haaren‘, d. h. durch Intellekt, Emotion und die sedimentierte Lebensgeschichte, hindurchgehen müssen und so gleichsam von innen heraus angeeignet werden.

Solche Annahmen über die Wirkungen gewohnheitsmäßigen Lesens enthalten bereits einen spezifischen emphatischen Lesebegriff, der Lektüre nicht nur als Vorgang der Informationsaufnahme und auch nicht alleine von Textgehalten her bestimmt.[4] Die Ausbildung und individuelle Etablierung

---

3 Fernsehen, so die aktuelle Fernsehforschung, wird zunehmend zu einem „Nebenbei–Medium", das nicht mit anhaltender bzw. ungeteilter Aufmerksamkeit rechnen darf – worauf sich rückwirkend und tendenzverstärkend die Programme einstellen. Fernsehen erhält diesen Forschungen zufolge zunehmend die Funktion der gesteuerten „mood–regulation", der Stimmungsregulation (vgl. Groebel 1994); Lesevorgänge lassen sich dagegen schwerlich auf diese Funktion reduzieren.
   Die eher seltenen, in ihrer Bildsprache elaborierten (Kino-)Filme, für die von einer vergleichbar differenzierten *Semiologie des Films* (vgl. Metz 1972) gesprochen werden kann, Filme also, die eine engagierte und umfassende Rezeption zu fordern scheinen, stammen ihrer thematischen Konstitution, ihrer Formensprache und ihren Rezeptionsanforderungen nach im allgemeinen aus literarischen Traditionen – das Wesen des Fernsehens beschreiben sie dezidiert nicht.

4 Damit widersprechen die verwendeten Literatur- und Lesebegriffe zum Teil den vermeintlich deskriptiven etwa der empirischen Literaturwissenschaften, vgl. Barsch et al. 1994.

stabiler Lesegewohnheiten entstehen – auch das ist damit impliziert – nicht ‚naturwüchsig', wie es bis zur kulturellen Irritation durch Fernsehen und dann Computer scheinen wollte. Gewohnheitsmäßiges Lesen wird vielmehr in einem komplexen, von vielen Faktoren bestimmten Prozeß ausgebildet, sozialisiert. Dieser Prozeß kann scheitern, wofür dann Gründe auszumachen wären, aber es sind auch Bedingungen seines Gelingens ausfindig zu machen, und er kann gezielt unterstützt und gefördert werden. In einem in diesem Sinne engagierten Lesebegriff treffen sich alle Beiträge in diesem Band, auch da, wo die Normhaltigkeit dieses Lesebegriffs benannt und problematisiert wird. Lesen und Lektürepraxis wird nicht als Bollwerk gegen neue Medien und deren vermutete soziale und psychohistorische Auswirkungen aufgefahren, sondern als notwendige Fähigkeit und Praxis für einen mündigen Umgang mit ihnen pädagogisch verteidigt.[5]

2. Sozialisation des Lesens, Sozialisation durch Lesen

Die Begriffe ‚Lesesozialisation' oder ‚literarischen Sozialisation' entstanden vor dem Horizont der aktuellen kulturellen Umwälzungen der Wahrnehmungs- und Lektüreformen; sie beschreiben nicht nur das Phänomen, sondern zugleich bereits ein Stück weit das skizzierte Verständnis von und die Reaktionsrichtung auf diese Umwälzungen. Ein Vorgänger dieser Begriffe war der gut 200 Jahre lang gängige pädagogische Topos der ‚Leseerziehung'; er meinte, daß der Zugang zu fiktiven Welten nicht anders als der zur faktischen für die Heranwachsenden eingeschränkt und kontrolliert werden muß. Im Blick auf die Rezeption unterstellte man, daß genießendes Lesen mit einer passiven, konsumierenden Haltung verknüpft sei. Die erst seit einer Generation breit etablierte Praxis des Fernsehens, die pädagogischen Kontrollen der Medien inhalt-

---

5 In diesem Sinne wird Computerliterarität in den Beiträgen von Norbert Groeben, Ursula Christmann und Gerhard Haas als Entwicklungsdimension der Lesekultur beschrieben.

lich zu unterlaufen, und die Vermutung, daß Fernsehen generell mit weniger mentalem Aufwand als Lesen einhergeht, erst diese Etablierung des Fernsehens also hat die kulturelle Wertschätzung des Lesens nicht nur gesteigert und auch idealisiert, sondern die pädagogische, wissenschaftliche und kulturkritische Aufmerksamkeit auf diesen nun ‚neuralgische[n] Punkt unserer Kultur' (Assmann 1985) focussiert.

Wenn von ‚literarischer Sozialisation' gesprochen wird, stellt man sich vielleicht einen Zweig im Baum des Lebens vor, der den Werdegang zur Literaturleserin, zum Literaturleser, oder neutraler: zum habituellen Lesen nachzeichnet, ähnlich wie ein anderer Strang den Weg zum Sport, ein weiterer zu einer politischen Einstellung usw. symbolisieren könnten. ‚Sozialisation' verweist dabei auf die Perspektive, aus der dieser sinnbildhafte Baum in den Blick genommen wird: denn Sich-Entwickeln heißt ja zugleich auch Mitglied–Werden in einer bestimmten Gruppe, einer Gesellschaft, einer Kultur (vgl. Hurrelmann/Ulich 1991). Es geht also um den Prozeß des Hineinwachsens in Gemeinschaft und Gesellschaftlichkeit: Die Perspektive der Sozialisation umfaßt, um in der Metapher zu bleiben, den Wald.

Die Gruppe oder Kultur, in die die Kinder und jungen Leute hineinwachsen, hält, sozialisationstheoretisch gesehen, ‚Mitgliedschaftsentwürfe' (vgl. ebd.) für die einzelnen bereit, sie hat also ein Arsenal an spezifischen Erfahrungs–, Einstellungs– und Verhaltensmustern als Erwartung vorgeformt. In diesen Erwartungen sind Eigenschaften niedergelegt, die die Gruppe der Lesenden faktisch kennzeichnen oder die das Bild vom Leser, von der Leserin gegenwärtig ausmachen. Solche Entwürfe sind im Regelfall nur implizit gegeben, unscharf begrenzt und eventuell widersprüchlich zwischen verschiedenen gesellschaftlichen Gruppen und Subkulturen. Das aktive Hineinwachsen neuer Generationen in diese Entwürfe beinhaltet dabei durchaus die Möglichkeit zu deren Modifikation oder Neubestimmung. Für die geschlechtliche Sozialisation beispielsweise wurden Elemente solcher Mitgliedschaftsentwürfe von der Frauenbewegung kritisch diskutiert und z. T. mit Erfolg verändert.

Nun ist das Sinnbild vom Baum des Lebens schlicht, und seine Aussagekraft endet da, wo nach dem Verhältnis der literarischen Sozialisation zu anderen sozialisierenden Prozessen gefragt wird; denn Leseerfahrungen sind nicht von anderen Erfahrungen qualitativ isolierbar. Lesen ist qualitativ selbst eine Art und Weise des Daseins, in der sämtliche denkbaren Erfahrungen gemacht werden können, es ist gleichsam eine zusätzliche Form des Zugangs zur Welt und des Aufenthalts in der Welt, und die Welt ist latent noch einmal da in Gestalt der Lesemedien, der Texte, die auf sie verweisen, sie interpretieren, sie entwerfen. Lesen ist zwar einerseits eine isolier- und meßbare Tätigkeit, deren Ausmaß und z. T. sogar Wirkung durch die quantitative Sozialforschung benannt werden kann; es ist andererseits aber wesensmäßig auch eine aktive Form der Wirklichkeitsbegegnung, die potentiell ein unendlich großes Spektrum an ihrerseits sozialisierenden Erfahrungen zuläßt. Diese existenzielle Dimension als eigene Form des In–der–Welt–Seins kann Lesen deshalb haben, weil vorgängige Wirklichkeit nicht nur einfach übernommen wird. In der Lektüre wird die bloße Ansammlung von Buchstaben innerlich verlebendigt, die Textvorgaben müssen aktiv zu inneren Szenarien aufgebaut werden. Wirklichkeit wird beim Lesen nicht einfach kognitiv oder emotional gespiegelt, sondern wesentlich selbsttätig, sozusagen eigensinnig aufgebaut und darin gebildet und angeeignet. Mit diesem wirklichkeitskonstitutiven Zug ist das Lesen einschließlich seiner Vorläufer, dem Erzählt- und Vorgelesen–Bekommen, in die Herausbildung der Subjekte von früh an verflochten: Lesen ist selbst ein Feld, auf dem sich Sozialisation vollzieht. Von den tiefen Eindrücken, die Leseerfahrungen individuell hinterlassen können, wußten die Pädagogen schon immer; aus dem Impuls, sie zu kontrollieren, entstand seit der Spätaufklärung entsprechende Kinderliteratur im großen Umfang. Leseerfahrungen enthalten den oben angesprochenen ‚Baum des Lebens‘ also gleichsam noch einmal in sich in Form der eigenen und fremden Erfahrungen und Erinnerungen, die in der Lektüre wiederholt werden.

Diese Spannung im Begriff des Lesens einmal als Verhalten, zum anderen als handelnde Form der Weltbegegnung und Wirklichkeitskonstitution machen es nicht leichter, das Feld dessen, was mit ‚literarischer Sozialisation' oder ‚Lesesozialisation' bezeichnet werden soll, zu bestimmen. Darin mag einer der Gründe für die Unschärfe und Widersprüchlichkeit der sozialen ‚Mitgliedschaftsentwürfe' liegen, für die Fragen also, was ein Leser, eine Leserin sei, worin sich Lesekultur zeige, welches Ziel den lektürebezogenen Sozialisationsprozessen, soweit sie intentional sind, zugrunde liegen soll. Ein weiterer findet sich in der historisch gewachsenen engen Bindung der Begriffsfelder ‚Literatur' und ‚Lesekultur' an ‚Bildung' und den Zugang zu den entsprechenden Institutionen und damit insgesamt an historisch bewegte Ideale und Ideologien (vgl. z. B. Fend 1979). Diese Bindung hat freilich nicht nur eine ideologische, sondern auch eine faktische Seite: nach wie vor korrelieren statistisch formale Bildung und Leseverhalten miteinander.

Das durchaus normative, einen solchen ‚Mitgliedschaftsentwurf' verkörpernde Lehrziel ‚Teilnahme am literarischen Leben' hielt in den 70er Jahren Einzug in die gymnasialen Lehrpläne: Es zielt auf die Pflege und Weitergabe gegenwärtiger und traditioneller Hochliteratur. Das darin formulierte Verhaltensideal trägt zumindest Züge des Illusionären. Faktisch ist literarische Praxis von der soziologisch für die Gegenwart konstatierten Individualisierung der Lebensstile geprägt, also eher von einem Schwinden an Gemeinschaftlichkeit, die ein solches literarisches Leben konstituiert (vgl. Saxer 1991, S.103f). Am anderen Ende eines denkbaren Spektrums dessen, was ein Leser, eine Leserin in den Mitgliedschaftsentwürfen der sozialisierenden Institutionen ist, steht ein verhaltensorientiertes Bild: jemand, der regel- und gewohnheitsmäßig liest, welche Textsorten und mit welchen Motiven auch immer. Ob dies belletristisch in seiner oder ihrer Freizeit zu geschehen hat, ob man Lesekultur also in einer Weise normativ an Literarästhetik und Muße binden will, wie es seit dem letzten Jahrhundert üblich ist, wäre dann eine weitere Frage. Zunächst ist m. E. allerdings zweifelhaft, ob ein solcher verhaltensorientierter Lesebegriff als Zielperspektive ausreichend wäre, um den Standort und die Bedeutung des Texte–Lesens im Ensemble der gegenwärtig vorherrschenden Rezeptionsprozesse zwischen der Wahrnehmung von Bewegungsbildern über die Rezeption von Piktogrammen bis hin zur Lektüre geschlossener eigener Welten etwa bei klassischen Erzählformen zu beschreiben.[6] Andererseits bedarf es, um hier voranzukommen, eines Instumentariums zur begrifflichen Situierung der Lektüre im Gesamt der Mediensozialisationsprozesse. Der folgende Systematisierungsversuch dessen, was mit literarischer oder Lesesozialisation gemeint sein kann, steht also mit einer engagierten Zielperspektive auf dem schwankenden Boden eines deskriptiven Lesebegriffs, der sich seiner eigenen Grundlagen durchaus nicht immer versichert hat.

3. Vorschlag, das Problemfeld ,literarische Sozialisation' zu strukturieren

Vielleicht wäre das Problemfeld durch vier Ebenen zu strukturieren. Die erste beschreibt die *Bedingungen* der literarischen Sozialisation, benennt also das Ensemble der Institutionen, Settings und Medien, in denen sich literarische Sozialisation vollzieht. Die zweite Ebene wird durch die Perspektive auf die *Verlaufsform* des Entwicklungs- bzw. Bildungs- bzw. Sozialisationsprozesses bestimmt. Drittens stellen sich Fragen theoretisch, empirisch und normativ auf der Ebene der Lese- oder literarischen *Kompetenz*, nach der Qualität und den Zielperspektiven der Prozesse also. Und viertens ergibt sich die Ebene der *Performanz*, der realen Etablierung von Lektüre in historisch–politisch–sozialen Konstellationen.

Bevor diese vier Felder skizziert werden, gilt es sich zu vergegenwärtigen, daß sie alle in sich nicht homogen, sondern geschlechtsspezifisch strukturiert sind und daß das Geschlecht hier keine isolierbare Einflußgröße ist, sondern seinerseits literarische Sozialisation als ganze prägt: Zunächst sind die *Bedingungen* des Leser-Werdens für die Geschlechter verschieden, obwohl dies durch die gesellschaftlich zunehmende Akzeptanz der höheren Bildung der Mädchen auf der Ebene

---

6   Einen Versuch der kontrastiven Phänomenologie verschiedener Rezeptionsformen zwischen Wahrnehmung und Lektüre unternimmt Mitchell 1990.

der Institutionen nicht mehr in dem Maße wie früher unmittelbar sichtbar ist. Die unterschiedliche Literatur für Mädchen und Jungen, Frauen und Männer in der Kinderliteratur, in weiten Bereichen der Belletristik wie der nicht–professionellen Sachliteratur präfiguriert deutlich den Gang der literarischen Sozialisation; sie ist m. E. freilich eher Ausdruck als Ursache der unterschiedlichen *Verlaufsformen* des Literaturerwerbs, also der unterschiedlichen Entwicklung und Ausprägung intrinsischer Lesemotivation und schließlich der Lektürepraxis für Mädchen und Jungen. Drittens kann nur auf der normativen Ebene formuliert werden, was die Lesekompetenz ‚des Menschen' geschlechtsunabhängig sein soll; das ‚adäquate Textverständnis' hat offensichtlich verschiedene Gesichter und sollte nicht weiterhin in der Einzahl gedacht werden. Empirisch zeigt sich auf der vierten Ebene der Performanz, des realen Erscheinens von Lesepraxis, ausnahmslos in allen Studien, daß weibliches Lesen thematisch anders gewichtet war und ist als männliches, daß es andere Funktionen im Lebenskontext hatte und hat und daß Mädchen und Frauen quantitativ mehr als Jungen und Männer lasen und lesen (vgl. Gilges 1992, Lesesozialisation 93, 2, S.300ff). Die Zahlen weisen hier nicht auf absolute Gegensätze, aber deutlich und historisch vergleichsweise kontstant auf Unterschiede, die sozialgeschichtlich wohl zur weiblichen Konnotation von belletristischem Lesen und zur männlichen von sachorientiertem Lesen beigetragen haben. Das faktische Leseverhalten und die sozialen Mitgliedschaftsentwürfe bezüglich der Leserin und dem Leser sind also deutlich geschlechtsspezifisch konturiert; inwieweit es auch die Erfahrungen sind, die im Lesen gemacht werden, steht freilich auf einem anderen Blatt. Leseerfahrungen sind vermutlich ein schlechtes Terrain, um soziales Rollenverhalten zu untersuchen, weil sie wie kaum ein Erfahrungsmodus sonst zur zeitweisen Aneignung fremder Identitäten auffordern, beispielsweise gegengeschlechtlicher (– der Beitrag der Herausgeberin führt das in diesem Band aus.). Dieser potentiellen Offenheit steuert freilich triviale Literatur mit ihren rigiden Geschlechtsstereotypien entgegen.

Insgesamt weist die auf allen Ebenen deutliche Geschlechtsspezifik der literarischen Sozialisation auf umfangslogisch noch umfassendere Sozialisationsprozesse, in die das LeserIn-Werden eingelassen ist (vgl. zur Geschlechtsspezifik der Lektüre systematisch Culler 1988, Garbe 1993a, 1993b, Rosebrock 1993, historisch Schön 1990b).

3.1. Bedingungen

Zu den Bedingungen literarischer Sozialisation zählen zunächst (a) die *Institutionen*, die hier wirksam werden: Familie, Kindergarten, Schule, Hochschule, Peer–Groups, Bibliotheken, Büchereien, Buchhandlungen, Theater usw. Daneben formieren sich die Mitgliedschaftsentwürfe in (b) den *Settings*, den situativen Kontexten, in denen literarische Kultur inszeniert wird. Schließlich zählen auch (c) die *Medien* zu den Bedingungen der literarischen Sozialisation: In erster Linie natürlich Bücher und Printmedien generell; aber auch nicht–textförmige Medien können Literarität vermitteln.

(a) Der Lesesozialisation in der *Familie* hat Bettina Hurrelmann jüngst eine eigene empirische Studie gewidmet (vgl. Lesesozialisation 1993,1), die die Bedingungen des Leser–Werdens in der primären Sozialisation ausleuchtet. Die elterlich, insbesondere mütterlich praktizierte und z. T. auf die Kinder bezogene Beziehung zu Büchern ist dabei – so nur ein Ergebnis der umfassend angelegten Studie – von entscheidender Bedeutung, wobei die elterliche Leseaktivität ihrerseits durch den Wandel der Familienstruktur insgesamt und die Karriere des Fernsehens zum sozialen ‚Leitmedium' verändert wurde. Der Beitrag von *Petra Wieler* in diesem Band beschreibt mit seiner Analyse von Vorlesesituationen in verschiedenen sozialen Schichten die dichte Verwobenheit von den Anfängen des Literaturerwerbs und der kommunikativen Praxis der Familie.

Die *Schule* erfährt in ihrer Funktion als Instanz literarischer Sozialisation viel zu wenig Aufmerksamkeit von Wissenschaft und Öffentlichkeit.[7] Dabei ist sie unbestreitbar nach oder

---

7 Vgl. den Slogan der Stiftung Lesen: „Lesen ist Familiensache" und seine Kritik in diesem Sinne bei Hurrelmann 1992.

sogar mit der Familie die wesentlichste Institution des Hineinwachsens in Lesekultur: der Beitrag von *Gerhard Haas* setzt hier an. Die Schule selbst – weniger die Grundschule als der Sekundarbereich – zeigt sich mit ihren nach wie vor analytisch orientierten, häufig lustlosen Interpretationsritualen von Texten merkwürdig apathisch gegenüber der drängenden Notwendigkeit, der medial veränderten Wirklichkeit Rechnung zu tragen. Nur zögernd findet als erstes Zeichen einer Veränderung auf diesem Gebiet die Kinder- und Jugendliteratur Einzug in die Lehrpläne. Nach wie vor setzen die Richtlinien insbesondere der Sekundarstufe eine privat entwickelte, stabile, intrinsisch motivierte Lektürepraxis bei allen Kindern stillschweigend voraus, anstatt sich allem voraus ernsthaft ihrer Etablierung oder Förderung anzunehmen. Woran liegt dieses beharrliche Festhalten der Deutschdidaktik und der Schule überhaupt an einem Begriff von Lesekultur, der schon im letzten Jahrhundert durch seine Wirklichkeitsferne zumindest obsolet war? *Erich Schöns* Beitrag macht deutlich, wie intensiv Lesen und Lektüre in den letzten Jahrhunderten mit einem – von heute gesehen – normativen und verdinglichenden Bildungsbegriff belegt war.

Freilich beschreiben die oben angeführten Schlüsselkompetenzen, deren Ausbildung man sich durch Lektüre erhofft, im Kern Lektüre als bildenden Akt; diese Bildungsdimension der aktive Lektüre – nicht des Gelesen–Habens wie im traditionellen Konzept literarischer Bildung – stellt sie ins Zentrum auch eines dialektischen Bildungsbegriffs (vgl. Heydorn 1970) und motiviert das wissenschaftliche und pädagogische Engagement, von dem eingangs die Rede war. Insofern ist der Begriff der literarischen Sozialisation – im Gegensatz zu dem der Lesesozialisation – schwerlich ohne eine Idee der Textadäquatheit zu entwerfen, wie *Werner Graf* in seinem Beitrag resümiert. Auch in den von ihm ausgewerteten Lektüreautobiographien finden sich Hinweise darauf, daß Kompetenz und Motivation einander bedingen. Doch wie diese textadäquate Rezeptionsweise beschreibbar wäre und welchen Anteil die Schule an ihrer Ausbildung tatsächlich hat – jenseits der autobiographischen Polemik, aber auch der institutionellen Blindheit gegenüber dem eigenen Tun – das scheint klärungsbedürftig.

Wo Schule sich nicht als Lebens- und Erfahrungsraum versteht, in dem Lektüre zu praktizieren wäre, sondern traditionell als Medium der Welt- und Wissensvermittlung, das im Bereich des Deutschunterrichts ein Interpretationsinstrumentarium weiterzureichen hat, da wird sie durch die Leistungskraft und Lustorientierung der neuen Medien enorm in Frage gestellt; vielleicht rührt auch von diesem Angriff der neuen Medien auf die Vermittlungspotenz der Bildungsinstitutionen die stoische Unberührtheit der Institution von den Fragen und Problemen der literarischen Sozialisation. Der Beitrag von *Gerhard Haas* kritisiert diese Beharrlichkeit traditionaler Instrumente und Ziele, insbesondere der Deutschdidaktik, gegenüber den veränderten Anforderungen der Mediengesellschaft und fragt nach den notwendigen Veränderungen, damit der Lebensraum Schule und die Praxis des Deutschunterrichts angesichts sich wandelnder gesellschaftlicher Gebrauchsformen von Schriftlichkeit positive Bedingungen für eine gelingende literarische Sozialisation bieten. Hier schließt sich der Beitrag der Herausgeberin an und analysiert die Gegensätzlichkeit schulischer und literarischer Erfahrungsmodi psychoanalytisch vor dem Horizont des Verhältnisses von Lektüre und Identität.

Die zu wenig beachtete Rolle der *Bibliotheken* als Instanzen der Lesesozialisation entfaltet *Beate Ziegenhagen* in ihrem Beitrag und entwickelt Perspektiven einer intensiveren Inszenierung literarischen Lebens auf diesem Feld. Der einsame, nur aus sich heraus motivierte und mit seinen Erfahrungen bei sich bleibende ,Bücherwurm' war vielleicht schon immer ein Zerrbild vom Leser, von der Leserin; Lesen ist ein sozial eingebundener, ein gestützter oder behinderter Modus des Erfahrens. Die soziale Figuration von ,Settings' (b), in denen Text, LeserIn und Situation zusammen kommen und sich Lesekultur sozial und historisch realisiert, sind ein zweiter Bereich innerhalb der Bedingungen literarischer Sozialisation. Für solche Settings wie Autorenlesungen, Buchvorstellungen, Diskussionen, spontane Leseaufführungen, Leseecken u. a. könnten auch den Nutzerbedürfnissen angepaßte Bibliotheken ein Ort sein, ebenso wie die Schule dafür erst zu entdecken wäre.

In einer mehr deskriptiven Sicht müssen solche präfigurierten Settings nicht pädagogisch inszeniert sein. Ein Setting gleichsam anti-öffentlicher Natur findet sich häufig bei Jugendlichen, die in ihrer ‚literarischen Pubertät' (Graf 1980) oft Formen des zurückgezogenen Schmökerns entwickeln, in denen eine spezifische Geborgenheitssituation mit bestimmten Textsorten und bestimmten Lektüreweisen ein vergleichsweise präzise skizzierbares kulturspezifisches Setting bildet (vgl. Messner/Rosebrock 1987, Messner 1992).

Zu den Bedingungen der Lesesozialisation gehört schließlich auch die (c) Medienseite. Kinderliteratur, unbestreitbar das wesentlichste Medium der kindlichen literarischen Sozialisation, zeichnet sich strukturell durch ihre Einstiegsfunktionen aus, also dadurch, daß sie gestaffelte Schwierigkeitsstufen hin zu komplexen und abstrakten textuellen Mustern sukzessive zur Verfügung stellt. Das sich über große historische Zeiträume erstreckende ‚Absinken' der Erwachsenenliteratur zu trivialen und Kindergenres – etwa beim Märchen, bei den einfachen Erzählformen generell – vollzieht diese in der individuellen Entwicklung zu leistende Ausbildung des Verstehens noch einmal gleichsam auf der Ebene der Literaturgeschichte nach. In der Kinder- und Jugendliteratur ist im jeweiligen Zuschnitt der Texte auf die Voraussetzungen und Bedürfnisse der kindlichen Rezipienten gleichsam die Idee eines logischen Verlaufs des Erwerbs literarischer Strukturen impliziert – eine Zielperspektive der literarischen Sozialisation, die diese präfiguriert und, je nach ihrem Gewicht in den konkreten Prozessen, auch faktisch mitgestaltet (vgl. Lypp 1984, 1989; Ewers 1989a, 1991; Ewers et al. 1990). Kinderliteratur sozialisiert freilich nicht nur zum kompetenten Lesen, sondern sie ist als gelesene auch selbst das Feld, auf dem sich Sozialisationsprozesse historisch abspielen; für die geschlechtliche Sozialisation durch Mädchenliteratur ist das vergleichsweise gut erforscht.[8]

---

8   Vgl. Dahrendorf 1980. Genannt sei aus der Fülle der neueren Texte zur (historischen) Sozialisation durch Mädchenliteratur lediglich die jüngste Veröffentlichung von Gisela Wilkending (1994); siehe dort für weitere Literatur.

Die neuere für Kinder geschriebene Literatur erfreut sich seit einigen Jahrzehnten nicht nur konstant hoher Verkaufszahlen, sondern auch intensivierter pädagogischer und wissenschaftlicher Aufmerksamkeit; das mag insgesamt zu der Literarisierung des Genres beigetragen haben, auch zu der Potenz dieser Literatur, in sich die medialen Veränderungen zu reflektieren. Die Ästhetisierung und das Komplexer–Werden der Kinderliteratur weisen zugleich darauf hin, daß Einstiegsfunktionen in die Literaturkompetenz auch von anderen Medien, insbesondere dem Fernsehen, übernommen werden. *Malte Dahrendorf* entfaltet in seinem Beitrag diesen textseitigen Aspekt literarischer Sozialisation durch Kinder– und Jugendliteratur vor dem Horizont eines zivilisationstheoretischen Lese– und Medienbegriffs.

3.2. Verlaufsformen

Neben der Ebene der Bedingungen (Institutionen, Settings, Medien) verbindet sich zweitens mit dem Begriff der literarischen Sozialisation – übrigens mehr als mit dem der Lesesozialisation – die Idee einer geordneten chronologischen Verlaufsform. Mit den Begriffen *emergent literacy* (Teale 1986) oder *Literatur–Erwerb* (Conrady 1989) ist das benannt.

Charlotte Bühler (1918) hat bereits zu Beginn des Jahrhunderts mit einer Mischung aus phänomenologischem und ich–psychologischem Instrumentarium unbefangen kindliche Altersstufen nach den dazu ‚passenden‘ literarischen Genres benannt; das Struwwelpeteralter reiche von 2–4 Jahren, auf das Märchenalter (4–8) folge das Robinsonalter (bis 11) usw. Im Verlauf der Etablierung der sogenannten ‚Jungleserkunde‘ der 50er Jahre[9] verloren die Ausformulierungen dieses Ansatzes sichtlich an Erklärungskraft und Legitimation; den Lesealtersstufen–Modellen fehlte es an theoretischen Begründungskontexten, sie orientierten sich an der Vorstellung einer quasi natürlichen Reifung der literarischen Praxis statt an den

---

9   Vgl. Giehrl 1968; Beinlich 1970, 1973. Zur Kritik vgl. Groeben/Vorderer 1989

sozial organisierten und von aktiven Subjekten mitgesteuerten Vorgängen des Mitglied–Werdens. Mit der kognitionspsychologischen Wende in der Literaturdidaktik scheint hier ein neuer Zugang zu diesem Komplex der Verlaufslogik des Literaturerwerbs gefunden: Im Rückgriff auf Piaget, Wygotsky, Bruner und ihre Schulen und mit einem pädagogisch neuen Bild vom aktiv und eigentätig lernenden Kind gelingt es, die Verstehensleistungen bei der Rezeption verschiedenartiger literarischer Strukturen aufzufächern und deren Einzelschritte empirisch zu überprüfen. *Kaspar H.* *Spinner* führt das in diesem Band anhand der Interpretation von kindlichen Äußerungen zu literarischen Texten vor. Auch die Beiträge von *Petra Wieler* und *Michael Charlton* arbeiten, bei unterschiedlichen Zielsetzungen, mit diesem Instrumentarium: *Michael Charlton* interpretiert erste Begegnungen mit Büchern als Medienhandeln des Kindes, der Beitrag *Petra Wielers* zielt auf die familiären kommunikativen Bedingungen des Literaturerwerbs.

Der Gedanke der Verlaufsform ist aber auch biographisch aus der Perspektive der Leser und Leserinnen in fruchtbarer Weise nachvollziehbar: Die quantitativ orientierte Forschung berichtet von typischen Schwankungen der Leseintensität in der Lebensgeschichte, und die biographischen und autobiographischen Zugänge zur individuellen Lesegeschichte können Hinweise auf deren lebensgeschichtliche Bedeutung eröffnen. Eine erste Krise erfährt die zunächst ungebrochen lustvolle kindliche Lektüre durch den Dämpfer, den die von der Schule zu vermittelnden Techniken des Dechiffrierens der Buchstabenschrift im allgemeinen bereitet: Es entsteht ein Mißverhältnis zwischen den technischen Lesefertigkeiten und der schon vergleichsweise hoch entwickelten literarischen Verstehensfähigkeit. Häufig etabliert sich in der folgenden Phase der Grundschulkindheit eine relativ stabile kindliche Lesefreude. Die Pubertät wird von einer weiteren Krise begleitet, in der offensichtlich eine Wandlung der psychodynamischen Funktion der Lektüre stattfindet (vgl. Graf 1980, Graf im vorliegenden Band, Rosebrock 1991, Schön 1990a). Ein Ausdruck dieser Veränderung ist die in dieser Zeit fast immer einsetzende Spaltung der Lesepraxis in eine schulisch geforderte, distanzierte auf der einen Seite und in eine intrinsisch motivierte, privat betriebene von oftmals intimem Charakter auf der anderen (vgl. Messner/Rosebrock 1987, historisch: Rutschky 1980, widersprechend: Haas im vorliegenden Band). Diese Spaltung besteht im allgemeinen noch lange in die Adoleszenz hinein und betrifft auch die selbstgesuchten Lesestoffe. Das ‚private‘ Lesen ist dabei häufig sozusagen ‚triebnah‘ und offen wunschgeleitet, das vom Literaturunterricht geforderte wird dagegen in den Selbstaussagen regelmäßig verbal vehement abgewertet. Diese spezifische Entmischung des Lesens ist häufig über die Schulzeit hinaus im Leseverhalten Erwachsener noch aufzufinden; weil der ‚private‘ Teil der Lektürepraxis als regressiv erfahren und von Erwachsenen bei Befragungen vermutlich häufig verschwiegen wird, wird er wohl von der quantitativen Forschung umfangsmäßig nicht wirklich erfaßt. *Werner Graf* unternimmt in seinem Beitrag auf der Basis seiner empirischen Erhebung autobiographischer Äußerungen zur Lesegeschichte die Systematisierung und Theoretisierung solcher Verlaufsformen.

3.3. Kompetenz

Die Veränderung der Settings und der individuellen Umgangsformen mit Büchern ab der Pubertät weist auf eine Veränderung des Modus der Lektüre selbst in dieser Zeit, auf eine Veränderung des ‚Wie‘ des Lesens also. Darin wird deutlich, daß auf diesem Terrain der Phänomenologie der Lektüreformen so gut wie alle Fragen, die jenseits der textbezogenen, genauer: auf Hochliteratur bezogenen Rezeptionsästhetik der Konstanzer Schule angesiedelt sind, noch ungeklärt sind – was überleitet zu den Problemen der literarischen oder der Lesekompetenz: Ist die Auffassung des Common Sense berechtigt, empirisch vorfindbar sei – zumindest ab der Pubertät – einerseits ein kognitiv zentriertes intellektuelles, andererseits ein identifikatorisches emotionales Lesen als zwei voneinander absetzbare Lektüreformen? Damit ist nicht die Verschiedenheit der möglichen Lesearten eines Textes gemeint, die in Interpretationen gegeneinander abgewogen werden, sondern die Vorstellung, daß es möglich und sinnvoll sei, grundsätzlich zwei Typen oder Formen von Lektüre zu unterscheiden (vgl. jüngst Vorderer 1994) – oder trägt diese Vorstellung nur tradierte Dualismen von Natur- und Geisteswissenschaft, Sachliteratur und poetischen Texten, Intellekt und Affekt, Begriffslernen und sozialem Lernen, und nicht zuletzt: Mädchen und Jungen, Frauen und Männern als Schablone weiter auf ein Feld, dessen präzisere empirische und theoretische Durchleuchtung und begriffliche Fassung eine solche Zweiteilung gar nicht hergäbe? Der Beitrag von *Norbert Groeben* und *Ursula Christmann* zeigt, daß der Gegensatz von aktiv-produktiver ästhetisch geprägter Lektüre und vermeintlich passiver Informationsaufnahme sich nicht auf den zwischen Sach- und belletristischer Lektüre abbilden läßt.

Die Leseforschung hat sich seit ihrem Bestehen um die Modellierung verschiedener Leseweisen bemüht, die in der Regel in eine passende Lesertypologie und -psychologie einmündeten: Tatsächlich skizziert schon Christian Felix Weisse in der Vorrede seines ‚Jugendfreund' 1775 eine Lese(r)typologie, die Nachfolger in Wolgast, Haseloff, Bamberger, Giehrl, Maier und vielen anderen fand.[10] Solche Typisierungen setzt natürlich auch die empirische quantitative Leseforschung: Um das Leseverhalten zu differenzieren, wird das Gelesene kategorisiert (z. B. Sachliteratur; triviale belletristische Literatur) oder, darauf basierend, der Leser, die Leserin einem (Charakter-)Typ zugeordnet (z. B. ‚Ästhetischer Leser', ‚Realistischer Leser') oder aus diesen beiden Kategorien auf eine dritte, nämlich auf die Leseweisen oder Arten der Leseerfahrungen konstruierend geschlossen (z.b. intellektuell-kognitive Leseweise; sozial-emotive Leseweise). So verschieden diese Typologien sind, treffen sie sich doch frappanterweise über die Jahrhunderte in den folgenden Zügen: es sind jeweils vier Typen oder Leseformen, die unterschieden werden (außer

---

10 Eine kritische Sichtung der wichtigsten Lesertypologien bis zur Giehrlschen unternimmt Bosse 1983. Vgl. auch Groeben/ Vorderer 1988, S.87ff, dort auch weitere Literatur. Vgl. zur Problematik der Typologien insgesamt Aust 1983, S.122ff. Um erkenntnistheoretische Fragen vergleichsweise unbekümmerte neuere Typisierungen finden sich bei Rünger 1988; Härter 1991, S.30ff.

Wolgast; er erkennt sechs); eine davon ist um den Begriff oder die Idee der Informationsaufnahme zentriert; die Typen sind in sich hierarchisiert, wobei der letztgenannte als schlichtester im allgemeinen unten steht, ein an der ästhetischen Hochliteratur orientierter dagegen oben; die Autoren gestehen die Modellhaftigkeit und Wirklichkeitsferne der Typologien ein und kennzeichen sie mehr oder weniger als theoretische, nicht empirische Typen der Lektüre oder des Lesers. Der jeweils in Anschlag gebrachte Kompetenzbegriff samt seinen pädagogisch–didaktischen Konsequenzen orientiert sich freilich trotzdem an diesen Typen und gerät damit wie sie selbst in die Gefahr der gesteigerten Anfälligkeit gegenüber je aktuellen Ideologien.

Die Aufteilungen haben insgesamt Züge des Beliebigen: kognitive Beanspruchung, affektive Beteiligung, Informationstransfer, Stimmungsmodulation, ‚Lustgewinn' u. a. sind mit Sicherheit an allen Leseakten beteiligt und nicht Merkmal von Textgattungen oder LeserInnenpersönlichkeiten. Zwar ist schwerlich denkbar, daß die Art und Weise des Lesens über die verschiedenen Texte, die verschiedenen Situationen, Persönlichkeiten, Interessen, Motive, Altersstufen usw. sich gleich bleibt – natürlich rezipiert ein Kind sein Bilderbuch anders als eine Wissenschaftlerin ihre Fachliteratur, ein Liebender den Liebesbrief anders als der Schüler in der letzten Bank seinen Comic während der Mathematikstunde. Doch was nutzen hier Typologien? Präzisierend gefragt: Wie unabhängig von Text und Situation und wie konstant definieren wir einen bestimmten Lesemodus, um ihn als typisch gelten zu lassen, und wie soll er überhaupt erfaßt werden?

Möglicherweise hilft hier die Wittgensteinsche Denkfigur der Familienähnlichkeit weiter: Diesem Gedanken zufolge könnte man hypothetisch zunächst viele unterschiedliche Formen des Lesens konstatieren, die sich in vielen Eigenschaften unterscheiden und in vielen auch treffen, aber keine hinter dieser Formenvielfalt stehenden für sämtliche Leseweisen verbindlichen Kompetenzen festschreiben: was Lesen ist, wäre nicht ‚in einem Guß' zu bestimmen. Vermutlich erführe die Hochschätzung literarästhetischer Texte in den Lese(r)typologien bei einem solchen Ansatz eine gewisse Rehabilitation; denn

m. E. formiert sich in literarästhetischen Texten der umfangslogisch umfassendste Diskurstyp (vgl. widersprechend Groe-
ben/Christmann im vorliegenden Band). In jedem Fall bedarf
es zum Entwurf eines Kompetenzbegriffs einer differenzierten, leserorientierten Rezeptionsphänomenologie. Erst von
dort aus könnte m. E. nach der Textadäquatheit der Lektüre
gefragt werden.

3.4. Performanz

Zu den Ebenen der *Voraussetzungen* und denen der Gestalt
und Dynamik der *Verlaufsform* literarischer Sozialisation stehen die Fragen nach der *Kompetenz* und *Performanz* also noch
einmal quer. Was ist, worin besteht, wie bewerten wir
‚Literarität' als individuelle, soziale und kulturelle Kompetenz? Unter welchen gesellschaftlichen, lebensweltlichen,
individuellen Bedingungen werden diese Kompetenzen aktualisiert, so daß Leserinnen und Leser tatsächlich ausgebildet
werden, historisch gesehen: daß Lesekultur stattfindet; unter
welchen verkümmern sie? Zur letzten, der Performanz–Ebene, gibt es mittlerweile differenzierte Untersuchungen sowohl
zur Geschichte der Lesekultur als auch zur aktuellen
Formation. Über die bereits genannten heraus gilt es auf die
Studie von Renate Köcher zu ‚Lesekarrieren' Erwachsener zu
verweisen. Sie gibt Hinweise zu den Bedingungen von Brüchen und Kontinuitäten des Lesens im Lebensverlauf, welche
über die Spanne der primären Sozialisation von Kindern und
Jugendlichen hinausgehen und den Blick auf entscheidende
Bedingungen des Lesens Erwachsener wenden, deren Sozialisation genau besehen durchaus nicht abgeschlossen ist (vgl.
Lesesozialisation 1993, 2).

In alle vier benannten Ebenen sind historische Konfigurationen eingelassen, in die literarische Sozialisation ihrerseits
eingebettet ist und die deren Abhängigkeit von anderen sozialen Prozessen verdeutlichen können. Die Geschlechtsspezifik
wurde schon genannt; eine andere Frage ist, ob sich durch die
neuen Medien die gleichsam ‚ontogenetische' Dimensionen
der Lektüre verschiebt. Wir wissen wenig über die Richtigkeit
der häufig zu hörenden Meinung, Kinder seien – heutzutage!

– weniger neugierig auf Geschriebenes, da das Fernsehen ihnen ständig ‚unerhörte Geschichten' zutrage. Impliziert ist darin die Vorstellung, die anthropologische Grundausstattung verändere sich, in die ‚Lesen' im umfassenderen Sinn gleichsam eingelassen ist (vgl. Iser 1991, Rosebrock 1994b).

Eine weitere Dimension der Performanz von Lesekultur im historischen Maßstab ist ihre Rolle im Zivilisationsprozeß, wie er von Norbert Elias (1936) beschrieben wurde. In diesem Verständnis vom Gang der Geschichte als voranschreitende Dämpfung der Affekte, der Vereinzelung der Menschen, Verinnerlichung ihrer Konflikte und der Domestizierung ihrer Triebnatur erhielte das langsame Aufkommen und dann breite Etablieren des Lesens als Zugang zur Welt eine unterstützende Funktion: denn lesend konstituierte Welten sind ja indirekter und zugleich intimer und individueller formiert als unmittelbar erfahrene Wirklichkeit – Lektüre spielt sich innen ab, und sie formiert einen Zeichenprozeß, nicht einen leiblichen. Die Erfahrungsform Lesen ändert sich zudem selbst in diesem großen historischen Prozeß: die historische Ablösung des lauten durch das leise Lesen, der Umschwung vom intensiven, wiederholenden zum extensiven, einmaligen Lesen, die teilweise Ablösung des Lesens aus dem Gelehrtenkontext und seine ‚Intimisierung' zu einem affektbezogenen Bedürfnislesen, überhaupt die Verallgemeinerung des Lesens als Alltagspraxis aller Gesellschaftsmitglieder vollziehen den ‚großen' Prozeß der Zivilisation gleichsam in dieser einzelnen Kulturtechnik noch einmal nach (vgl. u. a. zur historischen Metaphorik Blumenberg 1986, zur Historie Schön 1987, zur historischen Lesepädagogik Prondczynsky 1993). In diesen Prozeß greifen die neuen Medien ein und verändern das Wesen der Lektüre und ihre Bedeutung.

Wir – und besonders die Kinder – stehen mitten drin!

Malte Dahrendorf

Lesesozialisation und Kinder– und Jugendliteratur

Vor dem Hintergrund eines verbreitet gefürchteten Rückgangs der „Lesekultur" aufgrund einer ihr nicht günstigen zunehmenden Konsumhaltung sowie der damit zusammenhängenden Ausbreitung der elektronischen Medien werden seit 15 bis 20 Jahren Überlegungen und Maßnahmen zur Leseförderung verstärkt, sei es gesamtgesellschaftlich, sei es auch in den Schulen.

Die Herausforderung der neuen Medien wird genutzt, um sich auf das zu besinnen, was wir „am Lesen" haben, und ob bzw. warum es sich lohnt, sich für das Lesen einzusetzen, aber auch um genauer zu untersuchen, wie „man" eigentlich zum Leser, zur Leserin wird und unter welchen Bedingungen die Chancen dazu am größten sind. Vielleicht, daß man in Kenntnis einer Vielzahl von Lesesozialisationen besser in der Lage ist, pädagogisch–didaktisch angemessen auf diese Herausforderung zur reagieren.

Ein umfassender erster Entwurf, basierend auf breiten empirischen Untersuchungen, liegt in den zwei Bänden „Lesesozialisation" der Bertelsmann–Stiftung 1993 vor. Diese haben allerdings auch gezeigt, daß bei der Sozialisation zum Leser und zur Leserin soziale und geschlechtsspezifische Ursachen mitspielen, an denen „Maßnahmen" nur wenig ändern können.

Was wir heute „Lesesozialisation" nennen, steht im Zusammenhang mit neueren Untersuchungen zum „Literaturerwerb" (vgl. Conrady 1989 und Ewers 1989a). Hegen wir doch – natürlich – die Hoffnung, daß die Mädchen und Jungen ihre Lesefähigkeit auch dazu nutzen, fiktionale, poetische Literatur zu rezipieren.

Ich möchte im Folgenden näher darauf eingehen, was das eigentlich heißt: Lesesozialisation, welche Bedeutung der Kinder- und Jugendliteratur in diesem Zusammenhang zukommt und ob uns ein Verstehen der historischen Bedingungen helfen kann, die gegenwärtige Situation besser zu meistern.

1. Lesekultur im Zivilisationsprozeß

Was wir heute „Lesekultur" – als Teil der Schriftkultur – nennen, setzte sich zwischen dem 17. und 19. Jh., auf Gutenbergs Erfindung Mitte des 15. Jhs. basierend, durch. Man muß sie daher im Kontext einer Reihe weiterer sozialer und kultureller Veränderungen in diesem Zeitraum sehen: Das Maschinenwesen und die moderne Industrie entstehen, die Familienstruktur und das Kindheitsbild verändern sich Schritt für Schritt grundlegend; mit dem Zeitalter der (bürgerlichen) Aufklärung kommt es zu sprunghaften Fortschritten des „Zivilisationsprozesses" (Elias 1936). Mit diesen Änderungen und Entwicklungen verschieben sich zugleich die Einstellungen und Wertvorstellungen, kommt es zu einem Prozeß der „Verinnerlichung" von Widersprüchen und der Emanzipation. Die Schriftkultur ermöglicht „Fortschritt", weil sie das Denken der Menschen und ihr Verhältnis zur Natur veränderte und zu einer bis dahin nicht gekannten Beherrschung der äußeren und inneren Natur (Außen- und Innenwelt) führt, ohne die die Entwicklung der Naturwissenschaften und der Technik und des Wirtschaftens in den letzten 200 Jahren nicht denkbar wäre.

Ist jedoch bereits der Prozeß selbst zweischneidig, weil er auch zunehmende Ausbeutung der Kolonien und Kolonialismus gegenüber Natur und Erde bedeutete, ja erst darauf beruhte, so beinhaltet der „Fortschritt" auch Verlust: an Unmittelbarkeit, Nähe, Spontanität und „Sinnlichkeit" (vgl. Erich

Schön 1987, auch Steinlein 1982). Mit dem Aufkommen der Schriftkultur gingen auch Werte der „Oralkultur", die Fähigkeit des Erzählens, der Herstellung von erzählender Gruppenkommunikation wenn nicht verloren, so doch zurück.

Was hat die Fähigkeit, sich der Schriftsprache zu bedienen, gebracht? Sprache wird nicht mehr unbewußt–bewußtlos in konkreten Situationen und im Vollzug verwendet, sondern bewußt als Gestaltungsmittel. Das setzt Distanz zu ihr voraus und fördert diese zugleich. Dieser „reflexive Gebrauch" der Sprache erklärt die kognitivierende Wirkung der Schrift, die die Kommunikation mit Traditionsbeständen und mit dem ermöglicht, was andere, zeitlich und örtlich Entfernte gedacht und erfahren haben. Ohne die Schriftkultur wäre der ungeheure Rationalitätsschub der Aufklärung mitsamt seinen Auswirkungen bis heute nicht denkbar. Zugleich förderte sie die individuellen Entwicklungschancen und damit „Emanzipation". In dem Zusammenhang ist auf die Bedeutung des bürgerlichen Zentralwerts „Aufschub unmittelbarer Befriedigung" zu verweisen, der einerseits der Kapitalakkumulation und damit der wirtschaftlichen Entwicklung diente, andererseits aber ein psychisches Korrelat von kaum zu überschätzender Bedeutung aufweist. Es ist zugleich die psychische Basis des Lesens: Lesen heißt Unterbrechung der Handlungspraxis, als physische Ruhigstellung, heißt Heraustreten aus den Realbezügen und ihren Handlungs– und Entscheidungszwängen in ein Reich des bloß Möglichen, der Distanz zur Realität, die Kritik und eine Veränderung der Praxis ermöglicht. „Aufschub" heißt auch: Selbstbeherrschung, Selbstkontrolle lernen, dem „Augenblick" keine Herrschaft über sich einräumen, auf unmittelbare Gratifikation verzichten, statt dessen auf spätere, um so befriedigendere warten können.

Die zivilisierende Funktion, die man sich von der allgemeinen Durchsetzung der Lesefähigkeit erhoffte, bringt ausgezeichnet Chr. F. Weisses Exempelerzählung „Das Kind ohne Spielsachen" von 1773 zum Ausdruck, wo Eltern einem Kinde alle seine Spielsachen wegnehmen, weil es davon einen sehr egozentrischen, triebbestimmten Gebrauch macht, um es mit Büchern zu entschädigen, und das Kind in den Jubel „Oh, Bücher! [...] Gut, von nun an will ich all diese Tändeleyen nicht mehr anrühren" ausbricht (zit. nach Ewers 1980, S.64). So wird „Lesen" ein wesentliches Element des modernen Zivilisationsprozesses.

2. Lesen in der Mediengesellschaft

Schriftlichkeit heißt Einübung in die Abstraktion statt unmittelbares Erleben: Sich etwas vorstellen, mit Gedanken, Vorstellungen, Bildern umgehen. Und sie zwingt uns zu einem Mehr an Elaboriertheit der Sprache und Komplexität des Denkens. Angewiesensein auf „unmittelbare Begfriedigung" – auf deren Bezug zur Unterschichtensozialisation die Untersuchung „Lesesozialisation" (Bd. II, S.315) hinweist – bedeutet, daß kaum reelle Chancen bestehen, Zugang zum Lesen und zu den Büchern zu gewinnen. Insbesondere das Lesen der strukturierten Ganzheiten längerer Texte und Bücher („Langformen", auch „Ganzschriften") bleibt verschlossen, womit sich auch die Lebenschancen in unserer immer noch von der Schriftkultur geprägten Welt vermindern. Statt dessen ist man auf die leichter zugänglichen elektronischen Medien angewiesen.

Doch leben wir nicht alle in einer auf Konsum, schnellen Verbrauch und Genuß angelegten Gesellschaft? Und betrifft das nicht auch das Lesen? Neil Postman (1985) fragte deshalb, ob wir uns nicht „zu Tode" amüsieren, und Elisabeth Noelle-Neumann (1978) stellte aufgrund des von ihr beobachteten langfristigen Wertewandels der westdeutschen Gesellschaft (was man aber in Richtung auf alle fortgeschrittenen Industriegesellschaften verallgemeinern kann) fest: Wir werden alle Proletarier – womit sie genau dies bezeichnete, daß in der primär freizeitorientierten Bundesrepublik (Kohls „Freizeitpark") immer weniger Bereitschaft zum „Aufschub" zu erkennen ist. Damit ginge jedoch auch die psychische (und zugleich sozialisationsbedingte) Grundlage der Bereitschaft zum Lesen verloren. Auch die an den Studien zur Lesesozialisation 1993 beteiligten Forscher konstatieren, daß sich in der modernen Konsum- und Mediengesellschaft die alte „Unmittelbarkeit" in gewisser Weise wiederherstelle – wenn man so will, eine Art Rückkehr zu vor–aufklärerischen, oral-kulturellen Zeiten. Doch so einfach sind die Dinge nicht: Bonfadelli/Fritz und Köcher haben das Lesen auch als „Basis-kompetenz" entdeckt, die zugleich zu einem kompetenteren, distanzierteren, kritischeren, selektiveren Umgang mit den Massenmedien führe. Und das nicht nur deshalb, weil viele der modernen Medien durchaus Lesefähigkeit erfordern, indem sie Gedrucktes präsentieren (z. B. Btx). Je intensiver einer die Medien nutze, um so mehr komme das auch dem Lesen zugute. Allerdings ist nicht zu übersehen, daß die elektronischen Medien die sozialbedingten Differenzen im kulturellen Engagement eher verstärken, da sie auch eine Ausweichmöglichkeit bieten und bestimmte Funktionen, die früher (auch) das Lesen mit übernommen hat, erfüllen (bestimmte Arten von Informationen, Aktualität u. a.). Mit diesen Medien nehmen auch die Möglichkeiten des Ausweichens vor den Anforderungen der Schrift zu. (Aus demselben Grund hat Bettelheim die Illustration im Kinderbuch infrage gestellt, m. E. aber übers Ziel hinausschießend.)

Ein Wort noch zum Kindheitsbegriff. Neil Postman hat ein „Verschwinden der Kindheit" (1983) insbesondere durch eine noch nie dagewesene Reichweite der neuen Medien an die Wand gemalt. Nicht zu übersehen ist ein Zusammenhang zwischen dem Lesen, den Gedanken der Aufklärung, der Emanzipation und bestimmten Kindheitsvorstellungen. Sicher hat die Medienentwicklung mitgeholfen, die Kinder aus ihrem Ghetto herauszulocken. Damit ist jeoch nicht gesagt, daß dies einer früheren geistigen Reife und schnelleren „moralischen Entwicklung" zugute kommt. Im Gegenteil besteht der Verdacht, daß es zu einer Angleichung der Generationen auf Kosten des „erwachsenen" Verhaltens, d. h. auf Kosten einer kognitiv–moralischen Reife kommt.

Das Ergebnis wäre dann eine Infantilisierung der Gesellschaft. Die Förderung des Lesens, die Erhaltung der Lesekultur ist deshalb nicht nur für die individuellen Entfaltungschancen wichtig, sondern von immenser gesamtgesellschaftlicher Bedeutung. Entgrenzter Konsum ist nicht entwicklungsfördernd, sondern wirkt eher degressiv.

Lesefähigkeit – zerlegt in die beiden Komponenten Kompetenz und Motivation – ist, so kann ich zusammenfassen, auch und gerade heute noch grundlegend, um dem einzelnen aufgeklärtes Verhalten und Emanzipation zu ermöglichen, um zu einem aktiven, selbstbestimmenden, distanzierten, zur Kritik fähigen Mediengebrauch zu führen und den gesamtgesellschaftlichen Demokratisierungsprozeß zu fördern.

Wo aber bleiben das in diesem Konzept von Lesen fehlende Genießen, der emotionale Anteil, die Indentifikation, die „autonomen Bildungsprozesse" (Rutschky 1980) beim Lesen? Zweifellos hat der in der Tradition der Aufklärungspädagogik stehende Leseaspekt eine stark kognitivistische, auf Bildung und Lernen zielende Dominanz, die alle Elemente von Lust und Vergnügen aus dem Lesen verdrängte – oder besser: die einen Begriff vom Lesen prägte, der nur einen bestimmten Gebrauch vom Lesen erlaubte. Dies ist zwar historisch verständlich, da es erst einmal galt, durch das Lesen Selbstkontrolle, Selbststeuerung zu fördern und sich so von der Traditionslenkung der alten ständischen Gesellschaft zu emanzipieren. So wurde das Lesen von „Unerlaubtem" (wir bezeichnen das heute als Trivialliteratur) oder das unerlaubte gleich lustvolle, ablenkende, genießende usw. Lesen verpönt und mit dem Aufkommen des Lesens dieses gleich literaturdidaktisch auseinanderdividiert. Viele Sozialhistoriker des Lesens wie Rudolf Schenda, Dieter Richter (in Larcher/Spieß 1980) und Katharina Rutschky (1980), auch Bettina Hurrelmann (in Lesesozialisation 1993, Bd. 1) haben das bedauert und mitverantwortlich gemacht dafür, daß Lesen nie wirklich populär geworden ist. Das stimmt sicher so monokausal nicht, da Lesen an sich schon ein stark unsinnliches, abstrahierendes Moment beinhaltet und immer ein Heraustreten aus konkretem Handlungszusammenhang bedeutet. Leider setzte aber mit der Geschichte des Lesens sogleich eine „Antilesepropaganda" ein, die sich scheinbar gegen die „Lesewut", die „Vielleserei" u. ä. richtete, die noch ein Heinrich Wolgast teilte, weswegen er die Lektüre ganzer Bücher den Schülern und Schülerinnen erst relativ spät erlauben wollte: es sollte eben gleich das ausgewählt Gute und Klassische sein (vgl. Wolgast 1896). Nie wurde für das Lesen „an sich" geworben, sondern man erfüllte die Ziele der Lesepädagogen nur, wenn man

Bestimmtes las und Bestimmtes nicht las. Dem Lustaspekt des Lesens kommt nun aber in der bestehenden Medien– und Konsumgesellschaft eine verstärkte Bedeutung zu, da die neuen Medien diese Art des medialen Konsumierens absolut favorisieren (Postman: „Wir amüsieren uns zu Tode"). Die neuen Medien haben möglicherweise sogar deshalb einen derart grandiosen Erfolg, weil das Lesen für sehr viele Menschen mehr mit Pflicht, Anstrengung und „Bildung" und weniger mit Unterhaltung verbunden und als „lustvoll" erlebt wird. Andererseits besteht das Problem, daß es schwierig ist, gleichwohl notwendig wäre, bereits den Leselernprozeß selber so vergnüglich zu gestalten, daß mit der Lesetechnik auch gleich genügend Motivation aufgebaut wird, damit es zu freiwilligem Lesen ganzer Bücher langt. Technik allgemein reicht ja auch noch nicht: erst bei Mühelosigkeit des Rezipierens können Inhalte interessant werden und kann es zum Lesegenuß kommen; aber gilt nicht auch das Umgekehrte: daß erst interessante Inhalte zum Lesen animieren?

Das „wilde Denken", das heißt das von der Alltagserfahrung und der Normalität abweichende Denken, wie es Gerhard Haas als grundlegend für literarische Phantastik angesehen hat, gilt es nicht auch für das, was die pädagogische Norm sprengt? Eine bedrängende Frage für jemand, der in der Geschichte der Jugendschriften–Ausschüsse steht, bei denen es immer darauf ankam, die Spreu vom Weizen zu trennen: Lesen – ja, aber nicht prinzipiell (ob man das dann gleich als „Zensur" bezeichnen muß, wie Rutschky 1980 es tut, ist eine andere Frage).

3. Kinder– und Jugendliteratur in der Lesesozialisation

3.1. Ästhetik und Pädagogik in der Kinder– und Jugendliteratur

Kinder– und Jugendliteratur ist, man verzeihe den schrecklichen Begriff, „Zielgruppenliteratur", das heißt entweder speziell für Kinder und Jugendliche verfaßt oder durch Bearbeitung aus Nicht–KJL entstanden und meist auch in bestimmten Verlagen oder Verlagsabteilungen veröffentlicht. Um die Adressatenspezifik hervorzuheben und den Bereich von einer zwar von Kindern und Jugendlichen gelesenen, aber nicht speziell für sie gemachten Literatur abzuheben, spricht man auch von „intentionaler" (früher: spezifischer) KJL. Das ist allgemein bekannt und weitgehend akzeptiert. Weniger ist es die Frage nach der Legitimität. Darüber gibt es seit nun mehr als 200 Jahren eine heiße Diskussion. Denn es gibt da die Auffassung (seinerzeit von Heinrich Wolgast vertreten, indem er sich auf Theodor Storm berief), daß aus „Absichten" keine „Literatur" entstehen kann und daß man auf spezielle Leserschaften keine Rücksicht nehmen dürfe, sondern nur dem Werk und dem Gegenstand verpflichtet sei. Dieses ästhetische Postulat führt einerseits zu einem Widerspruch, wenn dabei dennoch an Begriff und Sachverhalt KJL festgehalten wird – oder zu einer Art Schizophrenie, wenn zwar Autoren für ein junges Publikum zugleich schreiben und es leugnen, bzw. nicht gern daran erinnert werden möchten. Andere bekennen sich gern und offen dazu – wie z. B. Erich Kästner, Hans-Georg Noack und Renate Welsh. Autoren, die sowohl für die Großen wie für die Kleinen schreiben, machen zumindest in der Erzählform, stilistisch-sprachlich und im Umfang ihrer Erzählungen für beide starke Unterschiede (ich nenne nur Peter Härtling und Klas Ewert Everwyn); so schlug dann der schwedische KJL-Forscher Göte Klingberg geradezu vor, die Eigenart der KJL durch einen Vergleich der Werke für Kinder und Erwachsene desselben Autors zu bestimmen (Klingberg 1973, S. 93). Die Frage spitzt sich zu, wenn man den künstlerisch-literarischen Anspruch beider Bereiche miteinander vergleicht. Ist nun KJL ein „untrennbarer Bestandteil" der allgemeinen Literatur, so daß eigene Kriterien nicht gelten, oder kommt diesem Bereich ein Sonderstatus zu, der außer allgemeinliterarischen auch spezielle Kriterien notwendig macht? Ist letzteres der Fall – wovon hier ausgegangen wird –, so ist es unmöglich, KJL näher zu bestimmen, ohne den Begriff der Kindheit und damit das Generationsverhältnis mit zu berücksichtigen. Ohne eine gewisse Aus- und Abgrenzung von Kindheit (und Jugend) ist aus dieser Sicht keine KJL denkbar. Das Problem ist jedoch, daß es keine einheitlichen Kindheitsvorstellungen gibt und Kindheit prinzipiell veränderbar ist und mit dem sozialen Wandel sich in der Tat verändert. Daher haben die Epochen der Aufklärung, der Romantik und des Biedermeier des 19. Jhs. und schließlich das 20. Jh., als das „des Kindes" (Ellen Key) eingeläutet, ganz verschiedene Kindheitsbilder hervorgebracht – insbesondere der Wandel der letzten 50 Jahre hat Kindheit grundsätzlich verändert (ob freilich schon zum „Verschwinden" gebracht, wie Postman meint, möchte ich dahingestellt sein lassen).

Nochmals: KJL ist ein Produkt der verstärkten Zuwendung zur Kindheit und Jugend – wie überhaupt die Pädagogik; aber es wurden nicht nur Rücksichten genommen auf kindliche Bedürfnisse, sondern es wurde auch Kontrolle ausgeübt, erzieherisch Einfluß genommen, so daß zumindest immer die Gefahr einer „Schwarzen Pädagogik" (Rutschky) bestand. KJL bezog sich auf Kinder und Jugendliche, war ohne sie nicht denkbar, half sie aber auch mit prägen und mit hervorbringen.

Die neuere Diskussion, angefangen bei Maria Lypp und Hans-Heino Ewers, hat als wichtige Konkretisierung des Voranstehenden den Aspekt des „Literaturerwerbs" betont: KJL ermögliche bzw. erleichtere den Einstieg in den Literaturumgang oder – noch elementarer – in die lesende Aneignung von Texten. Und zwar besonders deshalb, weil KJL Ergebnis eines Kompromisses zwischen Oralität (woher die kindlichen Adepten kommen) und Literalität sei (wohin sie sollen). KJL, insbesondere der Anteil KL, stehe dem lebendigen „oralen", unmittelbaren Erzählen noch nahe: durch ihren naiven Erzählgestus, die Vermeidung von Fikionssignalen (Lypp 1989, S. 74), durch Bewahrung eines „vorliterarischen" Wahrheitsbegriffes. Autoren der KJL betonen deshalb auch gern das „Authentische" ihrer Texte, so z. B. Härtling in „Das war ein Hirbel" oder „Mit Clara sind wir sechs", während er in seinem Roman (für Erwachsene) „Felix Guttmann" (1985) den Lesern das Umgekehrte zumutet: die Fiktionalisierung von Wirklichkeitsbeständen. (Vgl. Dahrendorf 1993, S.155) In Härtlings Frankfurter Poetik-Vorlesungen *Der spanische Soldat oder Finden und Erfinden* (1984) geht es genau darum: um ein Verständlichmachen des poetischen

Prozesses. In seinen Kinderbüchern dagegen scheint Härtling seinen Lesern und Leserinnen ständig zuzurufen: Dies hier ist (authentische) Wirklichkeit! Daß ihr Erfinden vor allem auf Finden beruht, haben viele KJL–Autoren immer wieder hervorgehoben, vielleicht nicht gerade die Phantasten und Wortspieler: Noack, Welsh (s. bes. „Johanna", 1979). Kästner vermischt z. B. seine reale Person derart mit seiner Erfindung „Emil und die Detektive", daß der ungeübte Leser annehmen muß, der Autor habe seine Geschichte tatsächlich sozusagen „auf der Straße" gefunden. Die Fortsetzung „Emil und die drei Zwillinge" treibt das „Spiel" noch einen Grad weiter, indem dort die Verfilmung der Emil–Ereignisse mit den „authentischen" Personen gezeigt wird. Will sagen: Autoren von KJL haben ein Gespür dafür, auf welche psychischen Strukturen sie auf Leserseite stoßen – sie vermeiden es, das Erzählte allzu stark von der täglichen Erfahrungswelt abzuheben, und leiten so dieses peu à peu zum Verständnis der literarischen Welt als einer literarischen mit eigenen Gesetzen hinüber – wenn sie sie nicht, so befürchtet Maria Lypp, durch dieses (pädagogische) Entgegenkommen behindern (Lypp 1989, S.74). Aber das ist ein allgemeines Dilemma einer intentionalen KJL – ja sogar von Pädagogik generell, die seit Rousseau zwar auf den augenblicklichen Zustand des Kindes eingehen will und muß, das Kind also ernstnehmen soll als das, was es ist, andererseits dabei aber nicht seine Zukunft und Entwicklung verbauen darf.

Es sei auch nicht verschwiegen, daß die beschriebene Struktur der kinder- und jugendliterarischen Texte ein Wertdilemma zur Folge hat: Kinder als LeserInnen ansprechen heißt ja, im Lesen Ungeübte, in der Literaturaufnahme Unerfahrene ansprechen, die noch wenig Vergleichsmöglichkeiten haben und noch keinen ausdifferenzierten literarischen Wahrheitsbegriff. Welche Konsequenzen das für die ihnen zugedachten Texte hat, wurde bereits angedeutet, was nicht heißt, daß KJL selbstverständlich auch literaturerfahrende Erwachsene ansprechen darf; ob dies allerdings Bedingung einer „guten" oder doch einer besseren KJL sei, möchte ich in Zweifel ziehen (vgl. Pape: 1981, bes. S.18, s.a. das C.S. Lewis–Motto der Untersuchung: Lesenswert sei ein Buch für Zehnjährige nur dann, wenn es auch mit 50 noch lesenswert sei).

Es ist m. E. nicht unproblematisch und vertieft das angesprochene Dilemma, wenn man die KJL „anheben" will in dem Sinne, daß sie erwachsenen Literaturspezialisten in Bezug auf sich selber „paßt" oder Anschluß an die „literarische Moderne" findet (vgl. Ewers et al. 1990, Dahrendorf 1990). Hier besteht die Gefahr, daß die KJL – statt ihre LeserInnen zu sich emporzuziehen – sich von ihnen entfernt und man dann nur noch mehr von ihnen den Massenmedien überläßt. Es kommt m. E. nicht so sehr auf den „literarischen Rang" eines Werkes an – vielleicht für mich, aber nicht so sehr für die potentiellen LeserInnen. Die Kritiker sollen daher immer beides im Auge behalten: den „Rang" (was man darunter auch verstehe) und die Funktion, deretwegen es die KJL gibt: nämlich den jungen Leuten eine Brücke zum Lesen zu bauen, mögen sie von dort aus den Weg zur Literatur finden oder nicht. Was den literarischen Rang angeht, so gilt es m. E. innerhalb der im Prinzip akzeptierten KJL so zu werten, daß dabei die Kommunikation mit den LeserInnen nicht zu kurz kommt, nicht darunter leidet, sonst bekommen wir eine Bestätigung des Literaturlehrers bzw. –kritikers als „strengen Freund" (Dieter Richter (1980a) – wenn er es vielleicht auch etwas anders gemeint hat).

3.2. Probleme der Lesesozialisation

Kritiker (wie z. B. Hans–Heino Ewers, vgl. 1990, S. 86), aber auch einige AutorInnen (wie z. B. die sehr respektable Christine Nöstlinger) haben für KJL den Aspekt des lebenspraktischen Nutzens, ihren „Gebrauchs"–Charakter reklamiert und von KJL als einer in erster Linie „Gebrauchsliteratur" gesprochen. Hohe Maßstäbe sind das eine, die Funktion für die Lesesozialisation der jungen Leute ist das andere. So hat Bettina Hurrelmann in der Studie „Lesesozialisation" herausgefunden, daß unter dem Aspekt des Gewinns von Leseinteresse die „literarische Qualität der Bücher [...] nahezu irrelevant" sei (S.33, s.a. S.44 u. S.79, auch Bd. II, S.320). Gundel Mattenklott schließlich bittet in „Zauberkreide" (1989) darum, bei der KJL nicht unbedingt auf „hoher Literatur" zu bestehen, sondern verweist auf die Würde der Autoren „zweiten Ranges" (S.6). Es gibt Autoren, die mit dieser Einstufung keinerlei Schwierigkeiten haben, wenn es auch vorkommen soll, daß einige darunter leiden, daß es bei ihnen „nur" zu KJL gereicht hat; so hat z. B. Kurt Lütgen immer darunter gelitten, nicht so groß wie seine Vorbilder Joseph Conrad und Jack London zu sein. Das ändert nichts daran, daß gerade ein Lütgen mit seiner Abenteuer- und Forschungsreiseliteratur, die eine Mischung aus Erzählung und Dokumentation, d. h. von Erfindung und Finden darstellt, einen wichtigen Platz in unserer KJL gehalten hat (ähnlich übrigens wie Karl Rolf Seufert – beide sind uns, wie Sie wissen, im letzten Jahr verlorengegangen).

Für die Lesesozialisation ist es daher wichtiger, daß die KJL überhaupt gibt, daß es die in vielen Anspruchs- und Schwierigkeiststufen gibt und daß sich die verschiedenen Entwicklungsstufen auf der Leserseite darin wiederfinden (obwohl eine plane Entsprechung von Text und Leser weder möglich ist noch auch sinnvoll). Das heißt, daß nach Abschluß des möglichst zugleich motivierenden Leselernprozesses Erreichbares und Interessantes zur Verfügung steht, um die gewonnene Kompetenz erproben zu können. Zum Glück gibt es heute etliche Verlage, wie Arena, Oetinger und Otto Maier, die spezielle Reihen für diese besonders sensible Lesergruppe herausbringen. Hans-Heino Ewers will beobachtet haben, daß die neuere KJL-Entwicklung zwei Akzente zeige: eine erhebliche Zunahme der sog. „Erstliteratur", die vor allem dem Einstieg ins Bücherlesen diene, sowie die immer stärker den Anschluß an die „Literatur" suchende anspruchsvoll-innovative KJL. Ich kann nicht überprüfen, wieweit diese These stimmt; ich fände es aber nicht gut, wenn es die gängige KJL, die z. B. in der Lage wäre, die besonders „gefährdeten" 10-12 jährigen LeserInnen (die bereits Elisabeth Lippert in den 30er Jahren als Problemgruppe erkannt hat, vgl. Lippert 1950) „bei der Stange zu halten", nicht oder nicht in genügender Anzahl gäbe. Ich begrüße daher spezielle Reihen für „leseschwache" Jugendliche, die z. B. der Verlag Dürr & Kessler herausgibt (Hg.: Peter Conrady). Die Bücher sollen einfach in der Struktur, nicht sehr umfangreich und gut illustriert sein, jedoch anspruchsvoll im Inhaltlichen.

Überhaupt ist es wichtig, sich besonders den „Problemgruppen" zuzuwenden, als da sind: Migrantenkinder, Jungen (sie sind später nur selten noch Leser, im Unterschied zu den Mädchen, vgl. „Lesesozialisation"), Hauptschüler, Sonderschüler, um nur einige zu nennen. Aber passen wir auf, daß nicht schließlich jeder einer „Problemgruppe" angehört.

Um die lesefördernde Potenz von Texten zu bestimmen, bieten sich vier Kriterien an:

— Leseanreiz
— Anforderung, Schwierigkeitsgrad
— Anknüpfung an die Interessen, generell an den
  Entwicklungsstand der LeserInnen
— Neue Erfahrung, Lernen

Da der didaktisch engagierte Kritiker oder der kritische Didaktiker die LeserInnen im allgemeinen nicht kennt (nur wenn er/sie Überlegungen für eine ihm bekannte Lerngruppe anstellt), ist man manchmal auf Spekulationen und natürlich auf den Rückgriff auf eigene Erfahrungen angewiesen. Die vier Kriterien lassen sich überdies nicht einfach addieren, sondern können in Spannung miteinander stehen.

Die Kriterien greifen auf die „immanente Didaktik" der KJL zurück (das Prinzip der Selbstvermittlung), der eine „hinzugefügte" Didaktik (Fremdvermittlung) an die Seite treten kann; denn was nützt es, wenn es die vielen schönen, einfachen bis schwierigen, eingängig-trivialen bis differenzierten Bücher mit vielen, wenigen oder gar keinen Illustrationen gibt – aber zu den potentiellen LeserInnen gelangen sie nicht! Die „Gesellschaft" (man erlaube mir diesen Pauschalbegriff) vermittelt gern, was Umsatz und Einschaltquoten verspricht. Also brauchen wir spezielle Institutionen der Vermittlung, seien es nun Instanzen wie die Stiftung Lesen, sonstige Verbände, aber auch die Schulen. Ich weiß, daß man der Schule heute immer mehr Verantwortlichkeiten aufbürdet – sie soll immer die Kohlen „aus dem Feuer" holen, wenn die Gesellschaft (sprich: die Familien) versagt, und sie ist damit meist überfordert, was sie zum Prügelknaben prädestiniert. Wenn etwas schiefläuft, wer ist schuld? So muß auch beim Lesen die Schule 'ran. Andererseits: wer sonst – außer den Familien –

könnte etwas bewirkten? Da zudem Lesefähigkeit und Lese-motivation nicht nur einem Fach, sondern allen Fächern zugute kommen, sollte die Schule sich dieser wichtigen Aufgabe vordringlich annehmen.

Mir ist allerdings auch bekannt, daß nicht alles, dessen die Schule sich annimmt, gedeiht. Es gibt daher Kritiker, die der Auffassung sind, die Schule sollte überhaupt die Finger von der Literatur lassen (Rutschky, ansatzweise Gisela Wilken-ding). Doch würde das wieder bestimmte Gruppen privilegie-ren und im übrigen den elektronischen Medien das Feld über-lassen. Fürs Lesen muß man etwas tun – das meine ich jeden-falls. Deswegen liegt die Lösung im Geschick der Leherer und Lehrerinnen, in einem von Fall zu Fall neu herstellbaren Gleichgewicht von „Ver–" und „Entschulung". Was das Me-thodische angeht, so werden z. Z. auch für den Bereich des Lesens offene Unterrichtsformen und ein mehr handlungsbe-zogener Unterricht diskutiert. Abgesehen davon, daß die hauptsächliche Rezeptionsweise bei Literatur immer noch das Lesen ist, warne ich vor jedem methodischen Monismus, und plädiere für eine Vielfalt von Verfahren, Variabilität und Fle-xibilität – je nach Situation, Zusammensetzung der Lern-gruppe, deren Voraussetzungen. Am wichtigsten scheint mir zu sein, daß Buch und Lesen ständig gegenwärtige Aufgaben darstellen, daß eine gewisse Wertungsgroßzügigkeit waltet und daß jeglicher Fanatismus vermieden wird. Ab besten dient man der Leseförderung, wenn es möglichst häufig etwas zu lachen gibt (aber das ist natürlich auch wieder kein Re-zept). So gibt es eine Reihe von Möglichkeiten für die Schule, um ihren Beitrag zur Lesesozialisation der ihr Anvertrauten zu leisten, wenn auch die Familien in diesem Punkt am längeren Hebel sitzen; dies sollte jedoch nicht als Ausrede für Nichts- und Zuwenigtun der Schule mißbraucht werden.

Petra Wieler

Vorlesegespräche mit Kindern im Vorschulalter

Beobachtungen zur Bilderbuch–Rezeption mit
Vierjährigen in der Familie

1. Einleitung

Wenn in der didaktischen Diskussion die Frage nach den
grundlegenden Antriebsmomenten des ‚Leser–Werdens‘ gestellt wird, so geschieht dies vornehmlich mit Blick auf das
Schulalter und somit auf ein bereits fortgeschrittenes Stadium
in der sprachlich–kulturellen Sozialisation des Kindes. Einsichten zu vermitteln in die vorgängigen und maßgeblich
durch die Familie geprägten Literatur– und Gesprächserfah-
rungen jüngerer Kinder ist das Anliegen des vorliegenden
Beitrags.

Anhand verschiedener Beobachtungen zur familialen Vorlesepraxis mit Vierjährigen soll die enge Verflechtung zwischen
den Anfängen literarischer Rezeption und der kommunikativen Alltagspraxis in der Familie nachgewiesen werden. So
wird auch in bezug auf den Handlungszusammenhang der
gemeinsamen Bilderbuch–Rezeption durch Eltern und Kinder
eine interaktive Konzeption zugrundegelegt, d. h. das ‚Vorlesen‘ wird als dialogisch strukturierter Prozeß der Bedeutungskonstitution zwischen einer erwachsenen Bezugsperson
und dem Kind aufgefaßt. Die besondere Aufmerksamkeit gilt
der Rolle der Vorlesenden, zumal ihnen die Aufgabe zufällt,
zwischen der symbolischen Struktur eines in Bildern und Text

geschilderten ,fiktiven' Handlungsgeschehens und der in der alltagssprachlichen Lebenswelt verankerten Ausdrucks– und Verstehensfähigkeit des Kindes zu vermitteln. Der Beitrag soll illustrieren, wie maßgeblich die kindliche Einsichtsfähigkeit in die besondere Funktion narrativen Sprachgebrauchs als Entwurf einer möglichen Wirklichkeit durch die je spezifische Handlungsorganisation von Vorlesegesprächen geprägt wird und, darüber hinaus, wie grundlegend sich bereits die Rahmenbedingungen familialer Vorlese– und Gesprächssituationen in verschiedenen sozialen Milieus unterscheiden.

2. Interaktions–Routinen des ,Bücher–Lesens' und ihre Bedeutung für die primäre Sprachentwicklung des Kindes

Kaum zufällig kennzeichnet die Rekonstruktion der Anfänge des ,Bücher–Lesens' eine paradigmatische Überschneidung der Erkenntnisinteressen und –methoden pragmatisch orientierter Spracherwerbsstudien mit der ethnographisch ausgerichteten ,emergent–literacy'–Forschung, welche die Voraussetzungen der Literarität als untrennbar verbunden mit den zunächst vornehmlich ,mündlich' geprägten Sprachlernerfahrungen des Kindes auffaßt. Gemeinsamer Ausgangspunkt ist die wesentlich durch Vygotsky (1938) inspirierte Annahme der sozialen Struktur von Denken und Bewußtsein. Speziell an diese Position anknüpfend, verstehen sich die von dem amerikanischen Psychologen J.S. Bruner (1983) und seinen Mitarbeitern durchgeführten Langzeit–Studien zu den primären Interaktions–Routinen in der Mutter–Kind–Beziehung. Wenn im Rahmen dieser Untersuchungen das ,picture–book reading' als ,ideale Sprachlernsituation' (Snow/Goldfield 1983, S.553) gekennzeichnet wird, so geschieht dies vornehmlich mit Blick auf die – im Vergleich zu alternativen Spielaktivitäten von Mutter und Kind – besondere Interaktionsdichte und das hohe Maß an Standardisierung dieses Handlungszusammenhangs. Richtungsweisend für das vorliegende Vorlese–Projekt ist die Erkenntnis, daß die durch die symbolische Repräsentationsform des Bilderbuches evozierte neue Form der Weltbegegnung des Kindes, d. h. der Übergang von der spontanen Handlungsaktivität – etwa dem bei Kleinkindern zu beobachtenden Phänomen des ‚Aufessens‘ von Bilderbüchern – hin zu Einnahme einer kontemplativen Position, durch die Realisierung eines bestimmten Interaktions–Rituals schrittweise eingeübt und erprobt wird. Wie schon aus einer der ersten von Ninio/Bruner (1976) durchgeführten Studien hervorgeht, umfaßt die zyklische Struktur des ‚book reading‘ – als Musterbeispiel der primären Mutter–Kind–Interaktion in der Mittelschichtsfamilie – die stereotype Aufeinanderfolge von vier Äußerungstypen:

1) den Aufruf, z. B. „Schau!“

2) die Frage, z. B. „Was ist das?“

3) die Bezeichnung, z. B. „Das ist ein X“

4) die Rückmeldung, z. B. „Ja“ oder „Du hast recht“
   (vgl. Bruner 1987, S.65ff.)

Die Besonderheit dieser Interaktionsroutine – von Bruner (1987, S.11) ‚Format‘ genannt – ist darin zu sehen, daß dabei das noch nicht sprechende Kind die Möglichkeit erhält, zunächst mit einem Minimum an Handlungskompetenz und eigener Aktivität an einem symbolisch komplexen dialogischen Austausch zu partizipieren und dann Schritt für Schritt immer mehr Momente des stereotyp vorgegebenen Handlungszusammenhangs selbst zu übernehmen. Die Mutter unterstützt diesen Entwicklungsprozeß, indem sie jeden Artikulationsversuch des Kindes als Gesprächsbeitrag ernst nimmt und zugleich ihre an das Kind gerichteten verbalen Anforderungen dessen fortschreitender Entwicklung anpaßt.

Speziell dieses Moment der ‚Zukunftsorientierung‘ des frühen Vorlesegesprächs zwischen Mutter und Kind, seine Ausrichtung auf eine ‚Zone der nächsten Entwicklung‘ (Vygotsky 1938/1978), ist für die vorliegende Studie insofern von besonderer Bedeutung, als dabei auch schichtspezifische Ausprägungen sichtbar werden. Während Bruners Beobachtungen zur ritualisierten Gestaltung des Vorlesens in der Mittelschichts–Familie auch durch ethnographische Untersuchungen zur Sprach- und Leseentwicklung von Kindern in anderen sozialen Milieus bestätigt werden, verweisen diese Studien zugleich auf systematische Differenzen in der Handlungsorganisation von Vorlesegesprächen – und zwar abhängig von der sozialen Schichtzugehörigkeit der Familie (vgl. Ninio 1980, 1983; Snow/Ninio 1986; Miller/Nemoianu/De Jong 1986). Kennzeichnend für erste Vorlesesituationen mit Kleinkindern im sozialen Milieu der ‚working class‘ ist z. B. der Verzicht auf positive Bewertungen/Rückmeldungen von seiten der erwachsenen Bezugsperson; ferner werden Fragen (‚Was ist das?‘) häufig durch Wiederholungsaufforderungen (‚Sag ‚X‘‘) ergänzt (Miller/Nemoianu/De Jong 1986). Insgesamt dominiert die Überprüfung des bereits Beherrschten über die Erprobung zukünftiger Entwicklungsschritte.

Daß der im Kontext der Unterschichtsfamilie ausgeprägte ‚Lehr–Charakter‘ schon der primären Bilderbuch–Rezeption auch in der weiteren Sprach– und Lesesozialisation der Kinder konsequent fortgesetzt wird, illustrieren ethnographische Studien der ‚emergent–literacy‘–Forschung (Heath 1982 und 1986) am Beispiel familialer Vorlesesituationen mit Vierjährigen, in denen die Kinder der ‚working class‘ dazu angehalten werden, still zuzuhören und gegebenenfalls auf Fragen nach ‚what–explanations‘ zu antworten (Heath 1986, S.61).

Wie entscheidend jedoch schon die Voraussetzungen der literarischen Verstehensfähigkeit dadurch geprägt werden, daß dem Kind die Möglichkeit zur aktiven Mitgestaltung des Vorlesegesprächs eingeräumt wird, zeigt die auffällige Parallele zwischen der stereotypen Struktur erster Vorlesesituationen und den dialogischen Gestaltungsprinzipien von Bilderbuch–Texten für das Kleinkindalter. Denn ein charakteristisches Merkmal für das Zusammenspiel von Text und Illustration in ersten Bilderbüchern ist die routinemäßige Wiederholung eines spezifischen Frage–Antwort–Rituals, das Kinder zur Beteiligung einlädt und sie gleichzeitig – und zwar anhand der Bilder – das ‚Ungewöhnliche‘ oder ‚Überraschende‘ als grundlegendes dramatisches Organisationsprinzip erfahren läßt (Lucariello 1990). Beispielhaft dafür sind Eric Hills Such–Bilderbücher, deren ‚aufklappbare‘ Illustrationen dem kindlichen Rezipienten nicht nur die selbständige Beantwortung der routinemäßigen Fragen des Bilderbuch–Textes er-

möglichen, sondern zugleich die Diskrepanz zwischen ur-
sprünglicher Annahme und tatsächlichem Sachverhalt vor
Augen führen. So wird etwa in dem Bilderbuch ‚Ja, wo is' er
denn' (Hill 1980) die Such–Aktion einer Hundemutter dargestellt, die ihr Junges an verschiedenen Stellen des Hauses vermutet, dort aber jeweils andere, und zwar eher exotische Tiere
(Schlange, Affe, Löwe, Krokodil) antrifft. Zum besonderen
Vergnügen wird die wiederholte Lektüre dieses Bilderbuches
auch schon für das zweijährige Kind, weil es um die ver-
meintlichen ‚Irrtümer' der Hundemutter weiß – jedes ‚Auf-
klappen' bestätigt die Angemessenheit der eigenen Antizi-
pation – und sie in Kenntnis des einzig richtigen Verstecks in
vollem Maße auskosten kann. In ganz ähnlicher Weise wie die
‚Format–Struktur' der frühen Mutter–Kind–Interaktion und –
wie in einem späteren Entwicklungsstadium der Kontext einer
‚imaginierten Spielsituation' – gibt die dialogische Struktur
des Bilderbuch–Textes den Rahmen für einen handlungsorien-
tierten Rezeptionsprozeß vor, in dem bereits das kleine Kind
wie ein ‚Leser' agieren kann, so, als sei es schon ‚einen Kopf
größer als in Wirklichkeit' (Vygotsky 1933/ 1976).

3. Zur Ausbildung narrativen Bewußtseins bei Kin-
dern

Das Prinzip der ‚Zukunftsorientierung' als das zentrale Antriebsmoment in der Ausbildung der sprachlichen Handlungs-
und Verstehensfähigkeit des Kindes spiegelt sich gleicherma-
ßen in dem bei Vier- bis Fünfjährigen zu beobachtenden ‚ver-
tieften' Interesse für ‚Geschichten'. In einer elternbiographi-
schen Studie von Astington (1990) wird die gemeinsame Lektüre des Andersen–Märchens ‚Des Kaisers neue Kleider' mit
der vierjährigen Tochter – gegenüber der vorgängigen Rezeption eines einfachen ‚Tier–Bilderbuchs' mit dem zweijährigen
Kind – als das ‚Eintreten in eine neue Welt' erinnert. Ausgehend von dem unterschiedlichen Anspruchsniveau der beiden
‚Lieblings–Geschichten' ihrer Tochter rekonstruiert die Autorin die sprachlich–intellektuellen Fähigkeiten, in deren Entfaltung die Veränderung der kindlichen Lese- und Verstehens-

interessen begründet ist. Sie stützt sich dabei auf einen Ansatz von Bruner (1986), der zwischen zwei kognitiven Modalitäten, nämlich dem paradigmatischen oder logisch–wissenschaftlichen Denken und dem narrativen oder imaginativen Denken unterscheidet. Der ersten Denkform zuzuordnen sind Beschreibungen, Beobachtungen und Erklärungen, die richtig oder falsch sein können, an einer äußeren Wirklichkeit oder an immanenten, z. B. logischen Kriterien gemessen werden können. Das narrative Denken hingegen bezieht sich auf die psychische Realität, die Welt des Meinens, Wünschens, der Absichten und Gefühle.

Merkmal einer ‚guten Geschichte‘ ist nach Bruner (1986), daß sie Ereignisse und Handlungen aus der realen Wirklichkeit und gleichzeitig deren Wahrnehmung durch die Beteiligten schildert. Es sind zwei ‚Landschaften‘, die Bruner in Geschichten abgebildet sieht: Die Landschaft der Handlung („landscape of action"), in der die Protagonisten unter bestimmten Umständen mit bestimmten Mitteln bestimmte Ziele verfolgen, und die Landschaft des Bewußtseins („landscape of consciousness") – das, was diejenigen, die in die Handlung involviert sind, wissen, denken oder fühlen, oder nicht wissen, denken oder fühlen (Bruner 1986, S.14; vgl. auch Ulich/Ulich 1994, S.7). Dieses theoretische Modell eignet sich in besonderer Weise zur Beschreibung von Verstehensanforderungen, mit denen das Kind z. B. bei der von Astington untersuchten Rezeption des Märchens ‚Des Kaisers neue Kleider‘ konfrontiert wird und die es erst in einem bestimmten Alter bewältigen kann:

> *„in der einen Landschaft arbeiten die Weber fleißig; der Kaiser und seine Höflinge beobachten sie. In der anderen Landschaft geben die Weber nur vor, fleißig zu arbeiten; jeder der Beobachter weiß von sich selbst, daß er nichts sieht, aber jeder von ihnen glaubt zugleich, die anderen sähen etwas Wundervolles […]. Beide Landschaften werden im Märchen geschildert. Aber die zweite Landschaft ist bereits eine Repräsentation oder Vorstellung; es ist die Vorstellung der fiktiven Figuren von der fiktiven Wirklichkeit. Wer das Märchen verstehen oder genießen will, muß beide ‚Landschaften‘, die der ‚Handlung‘ und die des*

,Bewußtseins' gleichzeitig verstehen. Genau das ist es, was Kinder frühestens im Alter von vier Jahren zu leisten vermögen" (vgl. Astington 1990, S.153; Übers. P.W.).

Astingtons (hier nur im Ansatz dargestellte) Analyse eröffnet wichtige Einsichten in die sprachlich-kognitiven Voraussetzungen literarischen Verstehens bei jüngeren Kindern. Sie vernachlässigt allerdings eine Reihe anderer maßgeblicher Komponenten der frühen Literatur-Rezeption von Kindern – etwa die Bedeutung von Illustrationen in Bilderbüchern – und insbesondere die interaktive Dimension des Vorlesens in seiner untrennbaren Verflechtung mit den affektiven Abtönungsvarianten des Familiengesprächs. Anknüpfend an verschiedene Untersuchungen zur Bilderbuch-Rezeption im Kindergarten und insbesondere zur Vermittler-Funktion der vorlesenden Erwachsenen (Viehoff 1982, Cochran-Smith 1984), wertet die vorliegende Studie den Vorlesedialog zwischen Eltern und Kindern als maßgebliche Einflußgröße für die sich herausbildende Fähigkeit zu ,literarischer Rezeption'. Richtungsweisend für das Projekt, bei dem den Familien ein bestimmtes Bilderbuch zur Lektüre vorgeschlagen wurde, sind die folgenden Überlegungen:

— es wird davon ausgegangen, daß sich das Phänomen der verschiedenen ,Landschaften' eines fiktiven Handlungsgeschehens auch vierjährigen Kindern durch die literarische Lektüre allein nicht erschließt;

— es wird aber auch unterstellt, daß die besondere Faszination von ,Geschichten' speziell daraus resultiert, daß sie die aktuellen Verstehensmöglichkeiten des Kindes ein Stück weit überschreiten und gerade deshalb – und zwar abhängig von der je spezifischen Handlungsorganisation des Vorlesens/Erzählens – zu einem wichtigen Antriebsmoment in der Ausbildung der literarischen Verstehensfähigkeit werden können.

Ausgehend von einer Charakterisierung der narrativen Gestaltungsmerkmale des für die Vorlesestudie ausgewählten Bilderbuches, sollen im folgenden die jeweiligen Rahmenbedingungen des Vorlesens in sozial differenten Familien-Kontexten skizziert und schließlich die Begegnung mit dem

Phänomen ‚fiktiver Wirklichkeit' anhand eines einzelnen Vorlesegesprächs zwischen Mutter und Kindern eingehender untersucht werden.

4. Anmerkungen zur Bilderbuch–Geschichte „Oh, wie schön ist Panama"

Das für die Vorlesestudie ausgewählte Bilderbuch (Janosch
1978) erzählt die Geschichte zweier Freunde, Tiger und Bär,
die sich – dem aus einer ‚Bananenkiste' selbstgebauten Weg-
weiser folgend – zu einer Reise in ihr ‚Traumland Panama'
aufmachen. Am Ziel ihrer Reise wähnen sich die beiden, als
sie nach einer Reihe von Abenteuern ein umgefallenes
‚Schild' (mit der Aufschrift ‚Panama') und schließlich ihr
eigenes Zuhause wiederentdecken. Das im Bilderbuch geschilderte Handlungsgeschehen gewinnt im Wechsel von eher
kurzen Erzählpassagen („Es waren einmal ...") und einer
Vielzahl dialogischer Sequenzen seine spezifische Gestalt.
Speziell in den Gesprächen zwischen den beiden Protagonisten
und bei deren Begegnung mit verschiedenen anderen Tieren
wird die Bewußtseinsebene der Geschichte entfaltet, d. h. die
Wahrnehmung des Reiseabenteuers aus der begrenzten Sicht
der handelnden Figuren. Ebenfalls in der Form von Dialogse-
quenzen gestaltet sind aber auch die an die kindlichen Leser
gerichteten realitätsorientierten Verstehenshilfen des Autors:
„denn wenn man immer nach links geht, wo kommt man dann
hin? – Richtig! Nämlich dort, wo man hergekommen ist". Die
dialogische Grundstruktur des Textes zeigt deutliche Übereinstimmungen mit der von Bruner (1987, S.11) untersuchten
‚stereotypen Musterhaftigkeit' der Mutter–Kind–Interaktion in
der Mittelschichtsfamilie.

Anschaulich gemacht und zugleich (ironisch) durchbrochen
wird die durch den literarischen Text entworfene Fiktion eines
Lebens- und Reiseideals durch die Illustrationen des Bilderbuchs. So sind es vornehmlich die Bilder, in denen die
Realitätsebene des geschilderten Reise–Abenteuers zum Vor-
schein kommt. Sie zeigen den kleinen Bären beim Basteln des
‚Wegweisers' und später in einem weiten Kornfeld, in dem er

sich aufmacht, ‚Fische zu angeln‘, aber auch kleine Details wie das bereitliegende Eßbesteck bei der ‚gemeinsamen‘ Geburtstagsfeier von Fuchs und Gans. Mit der Auswahl einer fiktiven Bilderbuch–Geschichte, deren subtile Text– und Bildgestaltung die bei Vierjährigen zu erwartenden Verstehensfähigkeiten überschreitet und dennoch potentielles Lese–Vergnügen auf verschiedenen Anspruchsniveaus gewährleistet, zielt die Studie auf die Herstellung einer literarischen Rezeptionssituation in der ‚Zone der nächsten Entwicklung‘, wie sie in der je spezifischen musterhaften Ausprägung des Vorlesegesprächs zwischen Eltern und Kindern realisiert wird.

Daß sich schon die Einbettung von Vorlesesituationen in den Prozeß familialer Alltagsgespräche keineswegs ‚naturwüchsig‘ gestaltet, soll die nachfolgende Skizze des familialen Lese– und Gesprächsklimas in verschiedenen sozialen Milieus veranschaulichen.

5. Die situativen Rahmenbedingungen von Vorlese– und Gesprächsprozessen in den Familien

Nach dem Vorbild der ethnographisch ausgerichteten ‚emergent–literacy‘–Studien werden zwei Fallbeispiele vorgestellt, die als ‚typisch‘ für das im Rahmen des Vorlese–Projekts beobachtete Spektrum sozial divergenter Lebensumstände der beteiligten Familien gelten können. Dabei geht es vornehmlich darum, einen Eindruck von den atmosphärischen Bedingungen der im Rahmen des Projekts geführten Interviews und der untersuchten Vorlesegespräche zwischen Eltern und Kindern zu vermitteln.

5.1. Familie A

Vater: Schichtführer im Lager eine Getränkefirma (Hauptschulabschluß); Mutter: Hausfrau (Hauptschulabschluß), frühere Tätigkeit als Lagerarbeiterin); drei Kinder: Janine 6;0 J., Patrick 4;10 J., Sandra 2;2 J.)

Die Familie bewohnt eine Dreizimmer–Mietswohnung in einem Kölner Vorort mit hohem Ausländer–Anteil. Keines der Kinder – die älteste Tochter steht kurz vor der Einschulung – besucht einen Kindergarten. Da es auch in der unmittelbaren Umgebung des Hauses keine vom Autoverkehr geschützte Spielzone gibt, bildet der weiter entfernte Spielplatz eine der wenigen und in der sommerlichen Jahreszeit fast täglich genutzten Ausflugsmöglichkeiten von Mutter und Kindern.

Die Mutter hatte spontan ihre Bereitschaft zur Mitwirkung an dem Vorleseprojekt erklärt und wertet auch den Besuch der Beobachterin als willkommene ‚Abwechslung‘, zumal sie häufig mit den Kindern ‚allein sei‘. Während des Vorlesens halten sich alle drei Kinder im gemeinsamen Wohnzimmer der Familie auf; aus der eher bescheidenen Einrichtung des kleinen Wohnraums sticht ein überdimensional großer Fernsehapparat heraus.

Angesichts der verschiedenen Aktivitäten und Aufmerksamkeitsforderungen der Kinder – die zweijährige Sandra übt sich in ersten Laufversuchen – bereitet es der Mutter erhebliche Mühe, den Prozeß der Bilderbuch–Lektüre überhaupt in Gang zu setzen. So ist auch die hilfreich gemeinte Ankündigung des Vorlesens durch die Beobachterin (‚Jetzt liest die Mama das Buch vor. Achtung!‘) ein Indiz für das äußerst turbulente Gesprächs– und Vorleseklima in dieser Familie. Unmittelbar nach der Eröffnung des Vorlesens bittet der vierjährige Patrick um das ‚Abstellen‘ des Aufnahmegeräts, weil er zur Toilette muß. Auch an dieser Stelle wieder schaltet sich die Beobachterin ein, zumal die Mutter, ungeachtet der vorübergehenden Abwesenheit des Kindes, mit der Lektüre fortfährt (‚Wenn Sie mal'n Moment warten, sonst hört er das ja gar nicht‘). Der vorlesenden Mutter ist jedoch gerade an einer ‚ungehinderten‘ Präsentation der Bilderbuch–Geschichte gelegen; mit verständnisvollem Lachen und gleichzeitigen Ermahnungen reagiert sie auf die verschiedenen Einwürfe der sechsjährigen Sandra, die sich speziell über die stereotype Wiederholung der dialogischen Textsequenzen des Bilderbuch–Textes entrüstet (K2 (aufgebracht nachahmend): Sagte der kleine Bär. ‚Gut‘, sagt der kleine Bär. ‚Gut‘, sagt der kleine Bär [...]; K2 (entnervt) ‚Nich zu fürchten, nich zu fürchten, nich gu türchten'. Äscht, das find' ich bescheuert [...]; K2 (stöhnt): Ohh, ‚sagte der kleine Bär', ‚sagte der kleine Bär', ‚sagte der kleine Bär' [...] Bllll. Oh, Mann! M: (ermahnend) Janine! K2: Find' ich läpsch! M: (liest leise lachend weiter)).

Eine ähnliche Rollen–Verteilung wie in der beobachteten Vorlesesituation, bei der die zahlreichen zwischengeschalteten Frageversuche und Kommentare des vierjährigen Patrick grundsätzlich übergangen werden, bestimmt auch die Aufnahme eines zweiten Vorlesegesprächs zwischen Mutter und Sohn (K: Wie sieht der d'n aus?/ M: Mußte ma gucken. (liest weiter); K: Mama! Und was sagt der da?/ M: Muß ich vorlesen, Schatz!). (Hier anzumerken ist, daß alle Familien dazu aufgefordert wurden, eine von insgesamt zwei Rezeptionssituationen mit dem Janosch–Bilderbuch selbst aufzunehmen, um solchermaßen den ‚Beobachtungscharakter' der dokumentierten Vorlesesituationen eingrenzen bzw. genauer bestimmen zu können.)

Welcher Art die Rezeptionsbedingungen sind, die von der vorlesenden Mutter ‚angestrebt' werden, dokumentiert besonders deutlich die (nicht geforderte) Aufnahme einer weiteren Vorlesesituation mit einem familieneigenen Bilderbuch; dazu der folgende Auszug aus dem Gesprächsprotokoll:

M: So, da komm hierhin (lachen). So: Das „Große Wichtelbuch". So! Komm! + „Durch den Wald marschiert ein Wichtel + macht ein trotziges Gesichtel + ist zu Hause weggelaufen + möcht' am liebsten tüchtig raufen + Hörte noch die Mutter sagen + kannst du dich denn nie vertragen + mußt du immer Unfug machen + jeden Tag nur dumme Sachen (leise lachen) [...].

K: Mama, dann noch, richtig dann, die Geschichte, ja? Ja?
M: (leise) Ja.
K: Richtig die Geschichte, ja?
M: (abwehrend) Ja, erst die! Und dann muß ich [...]
K: Die Geschichte von der Bär und der Löwe!

Trotz ihrer eigenen ‚Lese–Präferenzen' gibt die Mutter selbst in dieser Situation Patricks Wünschen nach einer nochmaligen

Lektüre des ‚Panama–Bilderbuchs' nach; aber auch dieser Vorleseprozeß wird aufgrund des rasch ‚abflauenden' Interesses des Vierjährigen frühzeitig unterbrochen.

Im Verlauf des Interviews mit der Mutter von Patrick stellt sich heraus, daß ihre Bereitschaft zur Mitwirkung an dem Projekt wesentlich aus ihrem persönlichen Vorlesevergnügen an dem ‚Großen Wichtelbuch' resultierte – einem offenbar zufälligem ‚Geschenk' und zugleich dem einzigen Kinderbuch in dieser Familie. Ähnlich wie die beobachtete Vorlesesituation verläuft auch das Interview in diesem Familien–Kontext unter außerordentlich farbigen Gesprächsbedingungen – der Vierjährige ‚spielt' mit dem Aufnahmegerät, das Kleinkind quengelt, später streiten sich die beiden älteren Geschwister um ein Spielzeug, das im Verlauf dieser Auseinandersetzung zerbricht. Anläßlich einer einzelnen Interview–Frage, durch die die Mutter aufgefordert wird, ihre subjektive Sicht auf die (möglichen) Differenzen zwischen gemeinsamen Vorlese– und Fernsehaktivitäten mit den Kindern darzulegen, schaltet die älteste Tochter das Fernsehen an; zugleich mit dem Verbot dieser Initiative werden die Kinder von der Mutter auf einen späteren Zeitpunkt vertröstet (M: Gleich mach' ich wieder Fersehen an, ja?).

Auffälligstes Merkmal bei der teilnehmenden Beobachtung des Vorlesens bzw. bei der Interview–Situation in dieser Familie ist die ‚Vielstimmigkeit' des Familiengesprächs – hierzu gerechnet werden muß wohl auch die ‚ergänzende Stimme' des Fernsehens –, d. h. die allgemeine Toleranz gegenüber verschiedenen, parallel verlaufenden Spiel– und Gesprächsaktivitäten auf engstem Raum. In einem solchen familialen Gesprächsklima ist Vorlesen eine Aktivität unter vielen, so daß ‚ausschließliche' Aufmerksamkeit für den Text und die auf jedes einzelne Kind ausgerichtete kommunikative Zuwendung der vorlesenden Erwachsenen nicht gegeben ist.

5.2. Familie B

Mutter: Steuerberaterin (alleinerziehend); Vater: Rechtsanwalt; zwei Töchter: Alexandra und Stephanie 4;9 J. (Zwillinge).

Die Familie bewohnt seit etwa einem Jahr ein Reihenhaus mit Garten in einer bürgerlichen Wohngegend; dorthin sind Mutter und Kinder nach der Scheidung der Eltern umgezogen; vor der Trennung wohnte die Familie in einem Kölner Villenviertel.

Auf das bei der Kontaktaufnahme vorgetragene Anliegen der Vorlesestudie hatte die Mutter mit der Bemerkung reagiert: „Na, da gibt sich ja wohl jeder besonders viel Mühe". Aus dem ersten ausführlicheren Gespräch geht deutlich hervor, wie sehr sie sich in ihrer gegenwärtigen Situation – der veränderten Familienkonstellation und der Doppelbelastung durch Kindererziehung und ganztägige Berufstätigkeit – gefordert sieht. In überzeugender Weise bekundet sie jedoch ihre Affinität bezüglich des Vorleseprojekts, das sich offenbar mit einer zentralen Komponente im Alltagsleben dieser Familie deckt.

Auch nach der Trennung der Eltern ist die Mutter nicht die einzige Vorlesende in dieser Familie. Noch im Rückblick auf die frühere Verteilung der Vorlese-Rollen zwischen beiden Eltern rühmt die Mutter, die von sich selbst sagt, sie könne eigentlich „nur vorlesen", die Phantasiebegabung des Vaters, seine Fähigkeit, den Kindern selbsterfundene Geschichten zu erzählen. Auch bei den gegenwärtigen Wochenend-Besuchen beim Vater, der den Kindern regelmäßig Bücher kaufe, werde offenbar an die familiale Vorlese- und Erzähltradition angeknüpft.

Aufgrund der Berufstätigkeit der Mutter – die Zwillinge besuchen ganztägig einen Kindergarten – wurde für die Beobachtung der Vorlesesituation und das Interview ein Termin an einem Sonntag vereinbart. Die beiden Mädchen begegnen der Beobachterin aufgeschlossen, breiten eilfertig einen Stapel ihrer ‚Lieblings-Bilderbücher' auf dem Wohnzimmer-Sofa aus und exerzieren unter (kichernder) Geheimhaltung ihrer

Vornamen das für Zwillinge charakteristische Verwechslungs–Spiel. Beide Kinder sind aufmerksame Bilderbuch –Rezipientinnen und schalten sich im Zuge der fortschreitenden Lektüre zunehmend durch eigene Kommentare und verständnissichernde Nachfragen in den Vorlese–Vortrag der Mutter ein.

Im Verlauf des sich an die Vorlesesituation anschließenden Interviews, welches die Mutter den Töchtern gegenüber deutlich als ein Gespräch „unter Erwachsenen" kennzeichnet (M: Kannste einen Moment mal warten, Ali? Gleich! [...] Ich wollte mich gerade mal ein bißchen unterhalten, Alexandra, ja?), ziehen sich die Kinder in ihr eigenes Zimmer zurück. Dieses Kinderzimmer, das der Untersucherin später gezeigt wird, erscheint in seiner architektonisch ausgeklügelten Innenausstattung – ausschließlich ,naturhölzernes' Mobiliar mit diversen Kletter– und Turnmöglichkeiten, Mal–, Bastel– und Schreibplätzen und verborgenen ,Kuschelecken' – durchaus geeignet, einen kindlichen ,Wohntraum' zu realisieren. In dem Zimmer untergebracht ist auch die Kinderbibliothek der Familie, bei der es sich um ein ausgewähltes Sortiment von ca. 50 Titeln, ausschließlich renommierten und z. T. kostspieligen Kinder– und Bilderbüchern handelt.

Es ist vor allem der hohe Lebensstandard der Familie und das Bildungsniveau beider Eltern, die den sozialen Rahmen für die ersten Erfahrungen des ,Bücher–Lesens' durch die vierjährigen Zwillinge kennzeichnen. Sowohl die Interaktionssituation des Vorlesens als auch die des ruhigen und konzentrierten Gesprächs besitzen in dieser Familie ,natürliche Geltung' und werden gezielt vor äußeren Störungen geschützt. Auffällig ist, daß speziell das Vorlesen in dem Maße zur bevorzugten Interaktionsform von Eltern und Kindern wird, in dem sich der Anteil der gemeinsam verbrachten Zeit im Alltagsleben der Familie verringert. So dokumentiert auch der durch die Mutter geführte Familienhaushalt, für dessen Ausstattung im Sinne einer kindgerechten Lebens– und Lesewelt (und auch im wörtlichen Sinn) ,kein Preis zu hoch' ist, unverkennbar den Versuch, die häufige Trennung von Eltern und Kindern durch besonderes finanzielles und kommunikatives Engagement in der verbleibenden Zeit zu kompensieren.

6. Auswertung eines Vorlesegesprächs zum ausgewählten Bilderbuch

Anknüpfend an die zuvor skizzierten Beobachtungen zum Vorlese- und Gesprächsklima in einer Familie der oberen Mittelschicht soll im folgenden ein einzelnes Vorlesegespräch zwischen Mutter und Töchtern derselben Familie eingehender beschrieben werden. Dabei geht es um die wiederholte Rezeption des ‚Panama'-Bilderbuches – und zwar in Abwesenheit der Untersucherin. Auffälligstes Merkmal dieses Vorlesedialogs sind die zahlreichen Gesprächsinitiativen der beiden vierjährigen Mädchen, welche nahezu ausnahmslos von der vorlesenden Mutter aufgegriffen werden. Das Gespräch enthält mehrere Hinweise auf eine bereits erfolgte Lektüre des Bilderbuches und dokumentiert zugleich das anhaltende Bemühen der Vierjährigen um eine ‚verstehensuchende' Annäherung an das fiktive Handlungsgeschehen der Bilderbuch-Geschichte. Die schrittweise Erarbeitung einer von Mutter und Kindern ‚geteilten' Vorstellung in bezug auf eine reale oder erträumte Wirklichkeit, in der sich alles erfüllt, „was das Herz begehrt", markiert das zentrale Thema dieses Dialogs (M: „Es war einmal ein kleiner Bär und ein kleiner Tiger, die lebten unten am Fluß. [...] Sie wohnten in einem kleinen gemütlichen Haus mit Schornstein. ‚Uns geht es gut', sagte der kleine Tiger, ‚denn wir haben alles, was das Herz begehrt'"/ K: ‚Was mag die denn gerne?' / M: ‚Der sitzt da schön auf dem Schaukelstuhl, ganz gemütlich und schaukelt vor sich hin.' [...] „Der kleine Bär [...] kochte jeden Tag das Essen; denn er war ein guter Koch."/ K: ‚Der mag gerne Fische'). In diesem Gesprächszusammenhang bildet die weitreichende Übereinstimmung zwischen den dialogischen Gestaltungsprinzipien des Bilderbuch-Textes und der musterhaften Interaktion zwischen Mutter und Kindern eine entscheidende Verstehenshilfe. Im Vergleich zu den anderen am Vorleseprojekt beteiligten Vierjährigen zählen Stephanie und Alexandra keineswegs zum engen Kreis der sowohl im Hinblick auf ihre sprachliche Ausdrucksfähigkeit als auch ihre kognitiv-analytische Scharfsichtigkeit herausragenden kindlichen Bilderbuch-Rezipient/inn/en. Eher auf einer affektiv-emotionalen Spur vollzieht sich der Prozeß der literarischen Begegnung der vierjährigen Zwillinge – und zwar untrennbar verbunden mit einer im Alltagsleben dieser Familie eher seltenen Freizeit–Situation, in der die Kinder die langfristige Aufmerksamkeit und intensive kommunikative Zuwendung durch die Mutter genießen. Den vornehmlich spielerischen Charakter der gemeinsamen Bilderbuch–Rezeption illustriert eine von der Mutter angeregte Rezeptions–Aktivität des ‚Buch–Beschnupperns‘, welche zugleich auf die Bewußtseinsebene der Geschichte verweist (M: „Aber eines Tages schwamm auf dem Fluß eine Kiste vorbei. Der kleine Bär fischte die Kiste aus dem Wasser, schnupperte und sagte: ‚Ooooh, Bananen.‘“/ K: ‚Zeig mal!‘/ M: ‚Da. Riech mal dran!‘/ K: ‚Nein, das riech‘ überhaup‘ nich!‘/ M: (lachen): ‚Nee, du kannst ja die Kiste gar nich‘ riechen. Aber der kleine + Bär, der hat die Bananen gerochen.‘). Und schon hier zeigen die Erklärungsversuche der Vierjährigen, wie sehr sie sich mit der Perspektive der fiktiven Protagonisten identifizieren und speziell den ‚kleinen Bären‘ – den Initiator der Panama–Reise – in seiner Argumentation beim Wort nehmen (K: ‚Ja, das steht ja drauf: Panama.‘/ M: (lachen) ‚Richtig!‘/ K: ‚Panama is Bananen!‘; vgl. den Buch–Text: „‚Pa–na–ma‘, las der kleine Bär. ‚Die Kiste kommt aus Panama und Panama riecht nach Bananen‘“).

Wie im Zuge der fortschreitenden Bilderbuch–Lektüre literarische Fiktion und der reale Kontext des Vorlesens in der Wahrnehmung der Kinder miteinander verschmelzen, dokumentiert der aufgeregte kindliche Hinweis auf ein sich ankündigendes Gewitter (K: ‚Das hat dedonnert!‘). Denn trotz der unmittelbaren Korrektur durch die Mutter (‚Nee, da‘s nebenan, da macht jemand die Jalousien runter‘), erfährt dieser Kommentar durch den im weiteren Verlauf des Vorlesegesprächs explizit hergestellten Bezug zwischen fiktiver und realer Wirlichkeit eine indirekte Bestätigung (M: „Bald fing es auch noch an zu regnen, und das Wasser tropfte vom Himmel“/ K: ‚Oh je!‘ […] M: „Abends baute der kleine Bär aus zwei Blechtonnen eine Regenhütte. Sie zündeten ein Feuer an und wärmten sich.“ / K: ‚Wie/ ehm, das regnet wie draußen.‘/ M: ‚Ja, genau, wie‘s heute hier regnet, ne?‘).

Es ist der ausgeprägte Gesprächscharakter dieser Vorlesesituation, der den Kindern die Etablierung einer eigenen und auffällig ‚ernsthaften‘ Rezeptionshaltung gegenüber der – aus der Sicht erwachsener Leser vornehmlich ‚witzig-ironischen‘ – Bilderbuch-Geschichte möglich macht. Dabei erweist sich insbesondere der Rückgriff auf die eigenen Alltagserfahrungen als unverzichtbare Orientierungsgröße für die schrittweise Annäherung der Kinder an die symbolische Struktur von Text und Illustration. Eher erahnt oder vermutet wird die Signifikanz einer literatursprachlichen Metapher wie der vom ‚alten Fuchs‘ und setzt in der Perspektive der Vierjährigen zunächst einmal die Vergegenwärtigung des ‚realen‘ Lebensalters älterer Spielgefährten voraus – Überlegungen, die noch weit entfernt sind von Attributen der ‚List‘ und der ‚Schliche‘, auf die die im Bilderbuch geschilderte ‚gemeinsame‘ Geburtstagsfeier von Fuchs und Gans anspielt (K: ‚Der hat heute Geburtstag.‘/ M: ‚Ja, der hatte Geburtstag, hm.‘/ K: ‚Wie alt is?‘/ M: ‚Tja, weiß ich nich.‘/ K: ‚Neun.‘/ M: ‚Vielleicht ‚neun‘, genau.‘/ K: ‚Oder ‚acht‘.‘). In ganz ähnlicher Weise wird eine einzelne Buch-Illustration, die Bär und Tiger im strömenden Regen mit Hut bzw. einem zur Kopfbedeckung umfunktionierten Kochtopf zeigt, von den Kindern vornehmlich in ihren potentiell ‚gefahrbringenden‘ Aspekten wahrgenommen – in diesem Fall unter direkter Bezugnahme auf die aus der Alltagspraxis vertraute elterliche Warnung vor der ‚Erstickungsgefahr beim Überstülpen von Plastiktüten‘ (K: ‚Der kann nix mehr sehen.‘ / M: ‚Nee, ne? Die wollten aber nicht naß werden, deshalb hat der Topf so über den Kopf geho/ gezogen.‘ / K: ‚Da sterbt man!‘/ M: ‚Nee, da stirbt man nicht!‘).

Mit derselben Ernsthaftigkeit, mit der die Mutter den Buch-Komentaren der Vierjährigen begegnet, werden auch die vorgelesenen Fragen des Bilderbuch-Textes in den ‚realen‘ Dialog zwischen Mutter und Kindern aufgenommen (M: „[...] denn wenn man immer nach links geht, wo kommt man dann hin?“ K: ‚Nach Bauernhof.‘ / M: „Richtig! Näm\“, ‚nee, Schatz, nich nachem Bauernhof, der Bauernhof war rechts‘). Auffällig dabei ist die strukturelle Übereinstimmung zwischen der ‚realen‘ Gesprächssequenz und dem dialogischen Format des Bilderbuch-Textes: Die für Vierjährige ‚zu schwierige‘ Frage wird – in singendem Tonfall und wahrscheinlich durch eine kreisende Zeigegeste begleitet – anschaulich gemacht und durch die Mutter selbst beantwortet (M: ‚Aber wenn de immer links gehst […], links, links, links, links … […] Da kommste daher, wo du hergekommen bist‘). Die Kinder bringen nun wiederum ergänzend diejenigen Einsichten ein, die sie anhand der Illustrationen – dem spezifischen ‚Rezeptionsterrain‘ der Noch–nicht–Leser – gewonnen haben, und werden auch darin durch die Mutter ausdrücklich bestätigt (‚Genau!‘).

Die Vertrautheit mit einem dialogischen Gestaltungsprinzip des Bilderbuch–Textes, nämlich dem des Fragens, Argumentierens und Bewertens reicht im Fall der vierjährigen Zwillinge bis in ihre eigenen Buch-Kommentare hinein (M: „,[…] wenn man einen Freund hat, der eine Regenhütte bauen kann. Dann braucht man sich vor nichts zu fürchten‘“. K: ‚Das stimmt!‘).

Die für die Zwillinge fast schon familiäre Sprachgebung der Bilderbuch–Geschichte (vgl. oben im Kontrast die ‚entrüstete‘ Reaktion der sechsjährigen Janine) ist eine wichtige Voraussetzung für die sehr intensive identifikatorische Aneignung des im Bilderbuch geschilderten Reise–Ideals (K: ‚Ich au’ ma’ bald in Panaman!‘/ M: ‚Möchtst du auch ma’ nach Panama, ja?‘/ K: ‚Aber erst ma in Villingen‘/ M: ‚Erst ma fahrn wer nach Villingen‘/ K: ‚Wieviel, wieviel + schlafen noch?‘). Auch hier wieder ist es der hergestellte Bezug zu den eigenen Alltagserfahrungen – konkret: zu den anstehenden Weihnachtsferien bei den Großeltern in ‚Villingen‘–, der dem durch die Lektüre evozierten ‚Reise-Traum‘ Kontur verleiht und selbst seine Verwirklichung in überschaubare Nähe rückt (M: ‚Noch sieben mal schlafen‘. K: (aufgeregt) ‚Wie Christkind!‘). Der dialogische Austausch zwischen Mutter und Kindern wird zum Handlungsgerüst für die Ausbildung eines ersten Bewußtseins bezüglich der dialektischen Beziehung zwischer fiktiver und realer Wirklichkeit, die sich wechselseitig konstituieren und solchermaßen auch schon für Vierjährige den Prozeß der gemeinsamen Bilderbuch-Rezeption als potentiellen Beitrag zur eigenen ‚Lebensbewältigung‘ erfahrbar machen können.

7. Schlußbetrachtung

Wie die vorgestellten Beobachtungen veranschaulichen, ist die ,Erlebnisqualität' der gemeinsamen Bilderbuch-Rezeption mit vierjährigen Kindern in entscheidender Weise davon abhängig, daß das Vorlesen als Gesprächsanlaß wahrgenommen wird und gerade jüngeren Kindern die für sie unverzichtbare Chance eröffnet, auch ihre eigenen Fragen, Bewertungen und Assoziationen zu einer Bilderbuch-Geschichte zum Ausdruck zu bringen. Mit der ausführlicheren Beschreibung eines in dieser Hinsicht sehr gelungenen Rezeptionsbeispiels, das speziell die affektive Dimension familialer Vorleseprozesse beleuchtet, soll zugleich auf eine grundlegende Differenz bezüglich der primären Literatur-Erfahrungen von Vorschulkindern aufmerksam gemacht werden. Denn die in verschiedenen sozialen Milieus beobachteten Vorlesegespräche unterscheiden sich insbesondere im Hinblick auf die Aufmerksamkeit und Wertschätzung, die den vielfältigen und schwer kalkulierbaren Bilderbuch-Kommentaren der Vierjährigen zuteil wird. Die besonderen ,Gelingensaspekte' des vorgestellten Rezeptionsbeispiels erhellt der Kontrast zu der im Milieu der sozialen Unterschicht beobachteten Vorlesepraxis, bei der das Kind auf die Rolle des stillschweigenden Zuhörers festgelegt wird. In Familie B erlaubt es die ,geschützte' Situation, im Vorlesen einen Dialog zu entfalten, in dem die Mutter alle Anmerkungen der Kinder konstruktiv aufgreift, so daß ein geteiltes Verständnis des vorgelesenen Textes erarbeitet wird. In Familie A geht die ,Vielstimmigkeit' der Situation Hand in Hand mit dem Bemühen der Mutter, sich als Vorlesende gegenüber konkurrierenden Aktivitäten zu behaupten und den Prozeß des Vorlesens in der Hand zu halten (zu kontrollieren). Speziell diese, auf einen ,kontrollierten Ablauf' des Rezeptionsgeschehens ausgerichtete Strategie der Vorlesenden A, die weder die Verstehensinteressen und -schwierigkeiten der Kinder noch die eigenen Gefühle des Unbehagens gegenüber der ,fremden' Sprachgebung eines Bilderbuches zur Entfaltung kommen läßt, mündet in dieser Subkultur nahezu durchgängig im rasch erlahmenden Vorleseinteresse der Vierjährigen und deren zumeist lautstarker Suche nach alternativen Beschäftigungsmöglichkeiten.

Der Hinweis auf grundlegende Differenzen in der vorschulischen Gesprächs– und Vorleseerfahrung von Kindern unterstreicht die Bedeutsamkeit der ersten Literatur–Begegnungen in einem pädagogisch strukturierten Kontext. Zu vermuten ist, daß die Vorlesepraxis der Familien A und B dem standardsprachlichen Unterricht der Schule (paradoxerweise) gleichzeitig nahe und fern steht. Denn die Schule setzt die kontrollierte Interaktion der Familie A fort; gleichzeitig aber unterstellt sie Fähigkeiten zur Bedeutungskonstitution, die man in diesem Interaktionstyp nur schwer erwerben kann. Über diese unterstellten Fähigkeiten verfügen die Kinder der Familie B, während für sie die Interaktionsroutinen der Schule einen Bruch bedeuten. Den unterschiedlichen Voraussetzungen der Kinder – und ihrem gemeinsamen Bedürfnis nach ‚retardierenden Gesprächsmomenten‘ des (Vor–)Lesens – am ehesten gerecht wird eine didaktische Konzeption, die ein breites Spektrum an Handlungsmöglichkeiten im Umgang mit literarischen Texten vorsieht:

„Texte in andere Medien, Aussageformen und Situationen hinein übersetzen; sie variieren, modifizieren, ergänzen, verändern; ihnen widersprechen, sie spielen, aktualisieren, verfremden […], produktiv und aktiv mit ihnen umzugehen, ihnen nicht nur mit Gedanken, sondern auch mit Gefühlen begegnen, auf sie in jeder findbaren Form reagieren" (Haas 1984, S.7).

Michael Charlton

Zum Umgang kleiner Kinder mit Medien

Wir haben uns angewöhnt, den Mediengebrauch von Kindern aus quantitativer Sicht zu beschreiben. Zum Beispiel wissen wir, daß Kinder zwischen 6 und 13 Jahren in Deutschland im vergangenen Jahr durchschnittlich 104 Minuten täglich ferngesehen haben, wobei es aber große individuelle Abweichungen nach beiden Seiten gibt (Klingler und Windgasse 1994). Ausgesprochene Vielseher verbringen 4 und mehr Stunden täglich vor dem Fernsehgerät. Diese Zahlen erfüllen uns mit Sorge, da wir uns nicht vorstellen können, daß dieses Verhalten für die Entwicklung eines Kindes förderlich ist.

In bezug auf andere Medien haben wir eher Bedenken, daß sie zuwenig genutzt werden. Ich denke hier an das Lesen von Büchern und anderen Druckmedien wie z. B. Zeitungen. Einerseits kann uns hier zwar die neuere Leseforschung (Lesesozialisation 1993) ein wenig beruhigen: Fernsehkonsum und Buchlektüre schließen sich nicht gegenseitig aus, andererseits müssen wir aber auch zur Kenntnis nehmen, daß 2–3 Millionen Deutsche als funktionelle Analphabeten gelten (Eigler 1990), weil sie weder lesen noch schreiben können bzw. die Schrift nur äußerst unvollkommen beherrschen.

Unsere Freiburger Arbeitsgruppe hat sich in den letzten Jahren weniger mit diesen quantitativen Aspekten des Medienkonsums beschäftigt. Wir wollten die Vorliebe der Kinder für das Fernsehen oder andere elektronische Medien nicht einfach als eine Volksseuche betrachten, die sich aus unbekannten Gründen in den Wohnzimmern und Kinderzimmern ausgebreitet hat, sondern interessierten uns für die Gründe, warum Kinder Medien nutzen, welche Medien Kindern für welchen Zweck geeigneter erscheinen, und schließlich welche Folgen der Medienkonsum für das soziale Zusammenleben mit Freunden und in der Familie hat.

Eine Forschungsrichtung, die sich mit dem persönlichen Nutzen des Medienkonsums beschäftigt, ist unter dem etwas umständlichen Namen „uses and gratifications approach" (dt. etwa: Nutzen– und Belohnungsansatz) bekannt geworden (vgl. Rosengren, Wenner und Palmgreen 1985). Meist werden in den diesem Ansatz zugerechneten Arbeiten Personen dazu befragt, warum sie ein bestimmtes Medium nutzen, welchen Gewinn sie sich von der Nutzung versprechen usw. Wie sich unschwer in einem Selbstversuch erproben läßt, sind die Antworten hierauf nicht sehr erhellend: Man liest die Zeitung, um Neues zu erfahren, man hört Musik, um zu träumen, man sieht fern, um sich zu entspannen, usw. In unserem Fall kam erschwerend hinzu, daß wir den Umgang von ganz kleinen Kindern mit Medien untersuchen wollten. Kinder dieses Alters können zu ihrem Verhalten noch keine Selbstauskünfte abgeben. Daher schied die Methode für uns von vornherein aus.

Stattdessen haben wir uns dazu entschlossen, ganze Familien oder einzelne Kinder beim Mediengebrauch zu beobachten. Etwa fünfzig ausführlich dokumentierte Einzelfälle sind auf diese Weise im Laufe der Zeit zusammengekommen. Zwölf Kinder konnten wir über ein bis zwei Jahre hinweg regelmäßig etwa alle drei Wochen beobachten. So ließen sich Entwicklungsfortschritte und Mediengebrauchsformen besonders anschaulich aufeinander beziehen.

Da unser Blick vor allem auf den Mediengebrauch im sozialen Kontext gerichtet war, also auf die Bedeutung der Medien für das Zusammenleben, unterscheiden sich unsere Ergebnisse auch deutlich von denen der obengenannten Studien. Nicht der individuelle Aspekt der Mediennutzung (Entspannung, Information usw.) stand im Mittelpunkt unserer Beobachtungen, sondern das Dreieck Kind – Medium – Erwachsener (oder Freund). Man könnte unsere Fragestellung daher auch so reformulieren: Wie finden Menschen im Mediengebrauch zusammen? Wie verbinden sich beim Kind die Alltagserfahrungen und die Medienerfahrungen?

1. Der Beginn der (Medien-)Kommunikation

Die erste Studie aus unserer Arbeitsgruppe, auf die ich eingehen will, ist eine gerade fertiggestellte Dissertation von Frau Barbara Braun mit dem Titel *Vorläufer der literarischen Sozialisation in der frühen Kindheit – eine entwicklungspsychologische Fallstudie* (Braun 1994). Untersuchungsmaterial dieser Arbeit waren Beobachtungen zur Interaktion einer Mutter mit ihrem Kind beim Bilderbuchlesen. Zwischen dem 11. Lebensmonat und dem 20. Monat wurden die Mutter und ihre Tochter Anna insgesamt 16mal mit der Videokamera dabei gefilmt, wie sie zu Hause miteinander Bilderbücher anschauten. Jede Lesesituation wurde ausführlich dokumentiert, entscheidende Passagen liegen als Transkript vor.

Frau Braun rekonstruiert in ihrer Dissertation aus den Gesten und Worten des Kindes sowie aus den Sprechhandlungen der Mutter die zu einem jeden Zeitpunkt vorherrschenden Regeln der sprachlichen und nicht-sprachlichen Kooperation. Zum ersten Beobachtungszeitpunkt – als das Kind Anna 11 Monate alt ist – besteht die Rolle der Mutter hauptsächlich darin, die Situation des Bilderbuchlesens als ein besonderes Ereignis aus dem Fluß der Spielhandlungen hervorzuheben. Die gemeinsame, auf das Buch gerichtete Aufmerksamkeit und ein referierender, also zeigender Umgang mit den Abbildungen müssen überhaupt erst einmal etabliert werden.

Beispiel: Beim ersten Beobachtungszeitpunkt beschäftigten sich Mutter und Tochter mit einem Bilderbuch „zum Fühlen", das durch Applikationen aus verschiedenen Materialien zum Ertasten eines Objekts – einer Wolke, eines Luftballons, eines Tieres – anregen soll. Diese „handfesten" Bilderbucher erleichtern den Einstieg in das wechselseitige Zeigen. In einer von Frau Braun dokumentierten Szene sah das etwa so aus: Die 11 Monate alte Anna fährt mit der Hand über die Seite des Stoffbilderbuchs und macht einen Laut, der wie „eii" klingt. Die Mutter sagt: „Ja, ei, zart ist das, ne, zart, ei". Das Kind geht mit der Hand zur nächsten Seite weiter und streichelt über den dort abgebildeten Ballon. Die Mutter streicht ebenfalls über den Luftballon und kommentiert: „Ja, da knistert's, da knistert der Ballon".

Mit 12 Monaten bringt das Kind beim „Lesen" schon protosprachliche Äußerungen hervor. Die Aufgabe der Mutter besteht nun darin, einen passenden Kontext zu den kindlichen Äußerungen zu suchen, der diese als potentiell sinnmotiviert erscheinen läßt.

Beispiel: Mutter und Kind beugen sich über ein aufgeschlagenes Tierbilderbuch. Auf der vor ihnen liegenden Seite sind eine Gans und mehrere Pferde zu sehen. Anna sagt: „Wewaewewe..." Die Mutter daraufhin: „Das ist kein Wauwau, Anna, das ist ein Pferd. Das ist kein Wauwau. Wollen wir einen Wauwau suchen? Wo ist der Wauwau?" Während sie dies sagt, blättert die Mutter zurück zum Hundebild. Anna schaut der Mutter beim Blättern zu. Als das Bild des Hundes erscheint, sagt sie: „Wawawö". Das Kind kann jetzt bereits auf Abbildungen zeigen und die Aufmerksamkeit der Mutter durch Blickkontakt lenken.

Im Alter von 15 Monaten sind die kindlichen Äußerungen schon so gegenstandspezifisch geworden, daß sich Mutter und Kind kleine Wort-, Benenn- und Symbolspiele ausdenken können. Bei den häufig zu beobachtenden Lauttierspielen ahmen Mutter und Kind z. B. abwechselnd das Quaken einer im Buch abgebildeten Ente oder das Brummen eines Lastwagens nach. Diese Wortspiele haben einen fast musikalischen, auf jeden Fall sehr verspielten Charakter und fördern ganz offensichtlich den emotionalen Austausch von Mutter und Kind.

Andere Gespräche dienen der Verknüpfung von medialer Buchwelt und alltäglicher Erfahrungswelt des Kindes. In diesem Alter sind Bücher sehr beliebt, die kleine Szenen aus dem Familienleben darstellen: Kinder beim Anziehen, die Familie beim Frühstücken usw. Als Anna 19 Monate alt ist, ist die Entwicklung der Medienkompetenz wieder einen Schritt weiter gekommen: Erstmals liefert das Kind ansatzweise eine spontane „Erzählung". Die Mutter erzählt zu einem Bild:

„... die Mama hat einen schwarzen Becher – und guck mal hier, was da passiert ist auf dem Tisch". (Im Buch sieht man, daß der Becher umgekippt ist. Das Getränk ist ausgelaufen.) Anna sagt „aua". Obwohl sich Anna hier erst ganz sparsam und rudimentär an der Ausgestaltung einer Erzählung beteiligen kann, die die Mutter vorbereitet hat, geht aus dieser Szene doch zweifelsfrei hervor, daß Mutter und Kind bereits über ein gemeinsames Skript–Wissen verfügen.

Diese neuerworbene Fähigkeit wird in der abschließend beobachteten Lesesituation vom 20 Monate alten Kind dazu benutzt, nun selbst in kreativer Weise Ausgriffe von den Bucherfahrungen auf die eigene Alltagswelt vorzunehmen. Anna spielt symbolisch eine Bilderbuchszene über das morgendliche Anziehen nach, indem sie spielerisch versucht, sich das Buch als Schuh anzuziehen.

Eine der entscheidenden Leistungen, die von Mutter und Kind beim Bilderbuchlesen erbracht werden müssen, ist die gemeinsame Organisation der Referenz. Referenten sind im vorliegenden Kontext in erster Linie die Bilder im Bilderbuch. Allgemein handeln Mutter und Kind in allen Beobachtungsfällen – also unabhängig vom Alter des Kindes – so, daß zuerst ein Objekt ausgewählt und benannt wird. Auf dieser Basis kann dann in einem weiteren Schritt mehr über das Objekt mitgeteilt werden: Der Schnee ist kalt, die Ente schwimmt im Wasser, die Mutter ist erschrocken über die umgefallene Tasse, usw. Es läßt sich zeigen, daß das Referieren beim Bilderbuchlesen in erster Linie dem Lexikonerwerb des Kindes dient, während die Expansion dazu genutzt wird, um zwischen kindlicher Welt und Medienwelt zu vermitteln. Am Ende des Untersuchungszeitraums übernimmt das ein Jahr und acht Monate alte Kind in der Regel die Initiative bei der Auswahl des Referenten, während sich die Mutter sowohl inhaltlich wie auch formal diesen Vorgaben anpaßt.

In einem ihre Dissertation abschließenden Teil beschäftigt sich Frau Braun noch einmal systematisch mit den erwähnten Vermittlungsprozessen zwischen kindlicher Erfahrung und Buchgeschichte (siehe Tab. 1). Es läßt sich zeigen, daß die Mutter aus einem gleichbleibenden Spektrum von Vermittlungstechniken, jeweils angepaßt an den kindlichen Entwick-

Sinnliche Vermittlung:
  Haptisch–taktiler Umgang mit dem Medium

Symbolische Vermittlung:
— Zeigen und Benennen von Objekten im Buch
— beschreibende Erweiterungen, die die gezeigten
  Objekte in weitere szenische Zusammenhänge stellen
— erlebnisbetonte Erweiterungen
— imitative Stimm– und Wortspiele
— biographische Verortung im Erfahrungswissen des
  Kindes
— Symbolspiele

Tab. 1: Formen der Vermittlung zwischen Kind und Welt beim Bilderbuchlesen (nach Braun 1994).

lungsstand, unterschiedlich komplexe Angebote auswählt. Durch expressive, gefühlsbetonte Äußerungen gelingt es ihr, die persönlichen Erfahrungen des Kindes in der Lesesituation präsent zu machen und zugleich deren interindividuellen, konventionellen Aspekt herauszuarbeiten. Diese allgemeine Handlungsregel wird jedoch altersspezifisch sehr unterschiedlich realisiert, da das Kind schrittweise vom anfangs haptisch–taktilen, konkret–anschaulichen und stark vorlagenbezogenen Umgang mit dem Buch zu einem sprachsymbolisch anspruchsvolleren, zunehmend abstrakteren Mediengebrauch voranschreitet.

Kehren wir zur Ausgangsfrage zurück: Wie finden Menschen im Mediengebrauch zusammen? Wie verbinden sich beim Kind die Alltagserfahrungen und die Medienerfahrungen? Wir können feststellen, daß die Eckpunkte des Dreiecks „Kind–Medium–Mitwelt" auf vielfache Weise miteinander verbunden sind (siehe Tab. 2).

Erstens wird mit Hilfe des Mediums (in unserem Beispiel waren es Bilderbücher) eine neue Form der Zusammenarbeit zwischen Kind und Bezugsperson ermöglicht. Das Buch bietet für dieses frühe Alter in hervorragender Art und Weise Gegenstände an, über die man sprechen kann. Die weitestentwickelte Kooperationsform, deren allererste Anfänge wir bei

KIND

Weltwissen
Reflexivität

Handlungs-
koordination
(Referenz)
Spracherwerb
Erzählerwerb

MEDIUM
Buch
Fernsehen

Darstellung von
sozialen Handlungsweisen
und Normen

MITWELT
VorleserIn
Gesprächs-
partnerIn

Tab. 2:   Das Interaktionsdreieck „Kind–Medium–Mitwelt"

Anna mit gut eineinhalb Jahren beobachten konnten, ist das gemeinsame oder wechselseitige Erzählen. Das Erzählen-Können und das Erzählungen–verstehen–Können sind Fähigkeiten, die bekanntlich bis in die Sekundarschulzeit hinein weiterentwickelt werden müssen. Ihren Ausgangspunkt haben sie jedoch bereits viel früher, jedenfalls früher, als wir uns das üblicherweise vorstellen.

Andere Medien, z. B. das Fernsehen, sind längst nicht so günstig für diese gemeinsamen Gespräche, weil die Auswahl des gemeinsamen Referenzobjekts durch die ständig wechselnden Bilder sehr erschwert wird. Etwas ältere Kinder können aber auch auf bewegte Bilder zeigen (vgl. Böhme–Dürr 1990; Lemish 1987), besonders dann, wenn sie immer wiederkehren, wie z. B. die Mainzelmännchen im Werbeblock des ZDF.

Aber müssen es überhaupt Medien sein? Können Mutter und Kind nicht über Alltagsgegenstände sprechen, die konkret vor ihnen liegen? Diese Frage führt uns zur zweiten Besonderheit des Dreiecks „Kind–Medium–Mitwelt". Gerade die Eigenschaft von Bildern, daß man sie nicht wie einen Gebrauchsgegenstand für die Lösung von alltagspraktischen Aufgaben verwenden kann, erzeugt eine Distanz, die durch Sprache überwunden werden muß. Das Bild des Löffels erleichtert Gespräche über das Essen, aber es ist nur sehr bedingt dazu geeignet, um damit Brei in den Mund zu schieben. Medien fördern also den Spracherwerb im frühen Kindesalter, sie fördern aber auch, ganz unabhängig vom Alter des Rezipienten, die reflektierende Distanz gegenüber Alltagssituationen. In Medien finden wir zwar unseren Alltag wieder, aber wir müssen uns mit den dargestellten Situationen nicht praktisch, sondern theoretisch auseinandersetzen. Das Wechselspiel von imaginativer Teilhabe an der Mediengeschichte und kritischer Distanzierung von der Darstellung ist zentral für jede Auseinandersetzung mit Medien (vgl. Rapp 1973).

Die Beschäftigung mit Medien setzt drittens Weltwissen voraus und vermittelt darüberhinaus zusätzliche Erkenntnisse. Wenn man Medien nutzen will, muß man zuvor bereits etwas über die darin abgebildete Welt wissen. Kinder können schon um die Mitte des ersten Lebensjahres vertraute Gegenstände auf Abbildungen wiedererkennen und von der Realität unterscheiden. Ein besonderer Teil dieses Weltwissens bezieht sich auf die Formen und Regeln des sozialen Zusammenlebens. Ich habe hierfür vorhin den gebräuchlichen Begriff des Skript-Wissens verwendet. Skripte sind Repräsentationen von sozialen Handlungsabläufen. Dieses Wissen über faktische Handlungsverläufe wird ergänzt von normativem Wissen, das sich darauf bezieht, wie man handeln soll. Das ganze Leben hindurch lernen wir faktisches und normatives Handlungswissen mindestens ebenso häufig durch Medien wie durch die Beobachtung von tatsächlichen Situationen.

Für den Erwerb von sozialem Handlungswissen scheint nun wiederum das Fernsehen mit seinen bewegten Bildern besonders geeignet zu sein. Zweifellos kennen auch wir Erwachsene viele Handlungsbereiche nur aus dem Fernsehen. Wir wissen, wie ein amerikanisches Schwurgerichtsverfahren abläuft, weil wir Perry-Mason-Filme gesehen haben („Einspruch, Euer Ehren"), wir kennen die Diskussionsrituale im deutschen Bundestag, wir haben schon einmal gesehen, wie man die englische Königin mit einem Hofknicks begrüßt. Allerdings ist zu befürchten, daß die dargestellten Verhaltensregeln sehr viel enger und stereotyper sind als die tatsächlich vorherrschenden Umgangsformen. Dies gilt gerade auch für Sendungen, die sich an kleine Kinder richten. Von besonderer Penetranz sind die Werbefilme für Kinderspielzeug, die vermutlich einen großen Beitrag zur Geschlechtstypisierung leisten. Kleine Mädchen bekommen hier eine süßlich verlogene Barbiewelt vorgestellt. Die von Barbie verkörperte Frauenrolle ist ganz auf Männerfang durch Körperpräsentation und Perfektion im Haushalt angelegt. Die Jungen dagegen werden mit Symbolen der Kraft und des Angriffs ausgestattet, wie z. B. jener Kreuzung aus Geländewagen und feuerspeiendem Drachen, für die ein großer Spielwarenkonzern in diesem Jahr wirbt. Aber auch im redaktionellen Teil von Kindersendungen herrscht heute viel mehr „mainstreaming" vor als noch vor zwanzig Jahren, als z. B. die „Sesamstraße" speziell zum eher selbstbestimmten, kreativen Sozialverhalten anregen wollte.

Schon Säuglinge ahmen spontan andere Personen nach. Das beginnt mit dem wissenschaftlich als Gefühlsansteckung bezeichneten Phänomen, daß viele Neugeborene mitweinen müssen, wenn ihre „Kollegen" auf der Wöchnerinnenstation schluchzen, jammern oder brüllen, und zeigt sich später in dem besonders von dem Entwicklungspsychologen Jean Piaget beschriebenen Phänomen der verzögerten Nachahmung, wenn Kinder im zweiten Lebensjahr Handlungen spielerisch imitieren (z. B. indem sie die Eltern mit einer imaginären Speise „füttern"). Dennoch wird die Fähigkeit zur Rollenübernahme aus Medien von Eltern noch einmal gezielt beim gemeinsamen Bilderbuchlesen gefördert. Wie bereits erwähnt, präsentieren Eltern Mediengeschichten häufig unter Verweis auf eigene Erlebnisse des Kindes. Wenn also im Bilderbuch eine Radtour dargestellt ist, dann erinnert die Mutter ihr Kind an den selbst erlebten Ausflug, und häufig gibt sie den dargestellten Personen auch Namen aus der eigenen Familie („das ist die Oma Mathilde, und da stehst Du und winkst ..."). Auf diese Weise lernt das Kind, ständig zwischen seiner eigenen Erfahrung und der Bildergeschichte hin- und herzupendeln. Es lernt die Bedeutung seiner eigenen Verhaltensweisen besser kennen, indem sie so zum Objekt der Wahrnehmung und des Nachdenkens gemacht werden, und es fällt ihm leichter, Verhaltensangebote aus Medien zu übernehmen und im eigenen Alltag zu erproben.

2. Unterschiedliche Vorlesemuster

Bislang habe ich von *dem* Kind und *der* Mutter gesprochen, wenn es um die Routinen des Bilderbuchlesens und deren Bedeutung für die Kooperationsentwicklung ging. Eine weitere in Freiburg soeben abgeschlossene Dissertation (Schneider 1994) ging der Frage nach, inwiefern in Abhängigkeit von den beteiligten Personen oder vom Alter des Kindes unterschiedliche Vorlesemuster realisiert werden. Frau Schneider analysierte zu diesem Zweck 60 Videoaufnahmen von Bilderbücher lesenden Jungen und Mädchen, die zum Zeitpunkt der Beobachtung zwischen 11 und 34 Monaten alt waren. Vorgelesen haben die Mütter und Väter dieser Kinder.

In Anlehnung an die Arbeiten von Jerôme Bruner (z. B. Bruner 1983) erwartete Frau Schneider, daß Eltern ihre Kinder durch einen Handlungsrahmen oder ein Gerüst (engl.: scaffold) dabei unterstützen, selbständig sozial zu handeln. Die Kunst des elterlichen Gerüstbaus besteht nun darin, dem Kind einerseits genügend Spielraum zu geben, um selbständig den Verlauf der Handlung bestimmen zu können, andererseits die Handlungssituation aber auch weitgehend so zu strukturieren, daß das Kind seine Intentionen wirklich durchführen kann und daß die Kommunikation nicht abbricht.

Mit fortschreitender Entwicklung des Kindes verändert sich auch der Rahmen, den die Eltern vorgeben. So zeigte z. B. Bruner (1977), daß Eltern beim Bilderbuchlesen anfangs das Kind selbständig im Buch blättern lassen, um dann auf der jeweils aufgeschlagenen Seite auf ein Bild zu deuten und dieses zu benennen. Später nimmt das Kind den Finger des Vorlesenden, zeigt auf ein Bild, aber das Benennen bleibt die Aufgabe der Erwachsenen. Noch später kann der Erwachsene auf das Bild deuten, und das Kind benennt jetzt schon selbständig den gezeigten Gegenstand. In diesen Fällen verändert sich die Art der Rahmung zwar ständig, das Ausmaß an elterlicher Strukturierung könnte aber dennoch über die ganze Zeit hinweg gleichbleiben. Tatsächlich sprechen die Beobachtungsergebnisse von Frau Schneider dafür, daß die Intensität der Rahmung eher ein Merkmal der elterlichen Persönlichkeit als einen Indikator für den kindlichen Entwicklungsstand darstellt.

Die einzelnen Eltern–Kind–Paare ließen sich folgenden Strukturierungstypen zuordnen (nach Schneider 1994):

Das flexible Gerüst

— Die Eigenaktivität des Kindes wird auf der Grundlage sozialer Regeln gefördert
— Interaktionsroutinen werden entsprechend den wachsenden Fähigkeiten des Kindes erweitert
— Anforderungen werden bei offensichtlicher Überforderung gesenkt
— Der Umgang mit dem Buchinhalt ist relativ frei

Beispiel: Der Vater hat seiner 2 Jahre und vier Monate alten Tochter Antonia eine Zeitlang vorgelesen. Nun bringt sie ihm ein weiteres Buch. Er fordert sie auf, jetzt einmal selbst vorzulesen. Antonia ist überfordert und lehnt ab. Der Vater schlägt nun vor, sie könne die Geschichte ja einfach erzählen. Obwohl Antonia zustimmt, weiß sie nicht, wie beginnen. Schließlich einigt man sich, daß doch wieder der Vater lesen soll. Der Vater liest so leise, daß Antonia ihn nicht versteht. Als sie protestiert, empfiehlt er ihr, ihn (wie ein Radiogerät) lauter zu drehen. Es entwickelt sich ein kleines Rollenspiel. Offensichtlich ging es dem Vater darum, seine Tochter aktiver als bislang in die Vorlesetätigkeit einzubinden. Im Verlauf der Szene wird auf flexible Art und Weise nach einer Aktivität gesucht, die den kindlichen Möglichkeiten entspricht.

Das rigide oder starre Gerüst

— Die Mutter bzw. der Vater dominiert das Interaktionsgeschehen
— Die Asymmetrie der Eltern–Kind–Beziehung wird betont
— Der Spielraum für die Eigenaktivität des Kindes ist begrenzt
— Starre Orientierung am Buchinhalt

Beispiel: Die Mutter liest ihrem zwei Jahre und einen Monat alten Sohn Johannes ein bereits bekanntes Bilderbuch vor, indem sie immer wieder kurze Passagen erläutert und dann, in der Art einer Lehrerin, dazu Fragen stellt oder den Satz unterbricht und durch Hebung der Stimme andeutet, daß Johannes ihn fortführen soll. Es entwickelt sich ein kleiner Machtkampf, weil Johannes eine „falsche" Antwort gibt. Als die Mutter auf einer Korrektur besteht, beißt er sie in die Hand.

Das instabile Gerüst

— Passive oder reaktive Haltung von Mutter bzw. Vater, teilweise verbunden mit Interessenkonflikten
— Kind entwickelt viel Eigenaktivität, die von Mutter bzw. Vater toleriert, aber nicht gezielt unterstützt wird
— Das Kind orientiert sich mangels anderer Hilfen stark am Buchinhalt
— Gefahr eines kindlichen „Aktionismus"

Beispiel: Die Mutter der ein Jahr und fünf Monate alten Nora ist außerordentlich zurückhaltend beim Vorlesen. Nora zeigt zunächst, ohne eine Reaktion zu erzielen, auf verschiedene Abbildungen auf einer Seite des großformatigen Buches. Schließlich lautiert sie „daja". Die Mutter sagt leise „das ist das kleine Kätzchen". Später blättert das Kind scheinbar ziellos im Buch. Gelegentlich kommentiert die Mutter, aber gegenseitige Mißverständnisse werden nicht aufgeklärt.

Die Beispiele machen deutlich, daß Kinder ganz unabhängig von der Strukturierungsleistung des vorlesenden Erwachsenen nach einer Möglichkeit zur Eigenaktivität suchen. Wenn die von der Mutter vorgegebenen Rahmenbedingungen relativ starr und rigide sind, wie im zweiten Beispiel, dann „verpufft" die kindliche Energie weitgehend im Kampf mit diesen engen Grenzen. Wenn das unterstützende Gerüst zu wenig tragfähig ist, wird das Kind zwar selbständig nach einer Form des Medienumgangs suchen, aber es scheitert an den unlösbaren Verständigungsproblemen. Nur im ersten Beispiel findet das Kind eine Atmosphäre vor, die es ihm erlaubt, seine Fähigkeiten stetig weiterzuentwickeln.

Welche Leistungen muß die Bezugsperson beim sogenannten „scaffolding", also beim Unterstützen durch ein Handlungsgerüst, vollbringen? Um diese Frage besser beantworten zu können, haben wir sowohl gelingende als auch mißlingende Kooperationsversuche von Erwachsenen und Kindern beim Bilderbuchlesen untersucht (Braun, Charlton, Orlik, Schneider und Sutter 1994; vgl. auch Sutter 1994). In einer der Beobachtungsszenen versucht der zwei Jahre und fünf Monate alte Georg in Gegenwart seiner Mutter dem Beobachter ein Bilderbuch „vorzulesen". Es handelte sich in diesem Fall um ein Buch, in dem verschiedene Szenen einer Eisenbahnfahrt abgebildet waren. Von besonderem Interesse war für Georg die Seite mit der Darstellung der Zugtoilette und eines Kindes, das dort gerade sein Geschäft macht. Sprachlich befand sich Georg noch weitgehend im Ein– oder Zweiwort–Stadium, das heißt, er konnte noch keine Sätze mit Subjekt, Prädikat und Objekt bilden.

Zwischen Georg und dem Beobachter etablierte sich rasch ein einfaches Lesemuster. Georg erinnerte sich an frühere Erzählungen seiner Mutter und äußerte ein Stichwort, z. B. „drehn" (für den Vorgang des Drehens am Papierspender). Anschließend zeigte er auf den entsprechenden Bildausschnitt, und der Beobachter vervollständigte die kindliche Äußerung aufgrund seines eigenen Situationswissens, z. B. „da kann man drehen, an dem Knopf". Dieses Muster ließ sich solange anwenden, bis Georg auf einen „Eimer" verwies, den er aber nicht finden konnte und den auch der Beobachter nirgends entdeckte. Die Situation wurde rasch unangenehm für Georg. Immer wieder äußerte er mit weinerlicher Stimme „Eimer". Schließlich wandte sich der Beobachter an die Mutter um Hilfe. Diese vermutete, Georg wolle möglicherweise auf einen nicht sichtbaren Abfalleimer für Papierhandtücher hinter einer Tür unter dem Waschtisch verweisen, von dessen Existenz er aus früheren Erzählungen wissen konnte. Der Beobachter übernahm diese Erläuterung und prüfte, ob Georg mit dieser Interpretation einverstanden sein würde. Tatsächlich war dies der Fall, und Georg erweiterte nun sogar seine Erzählung noch um das Wort „bah". Man einigte sich darauf, daß der Müll im Eimer schmutzig sei.

Die Lösungsstrategie für diesen kleinen Verständigungskonflikt bestand darin, zu analysieren, warum Georgs Erzählformat diesesmal nicht funktioniert hatte. Auf nicht sichtbare Gegenstände war das etablierte Muster nicht anwendbar. Das gemeinsame Referenzobjekt konnte nicht definiert werden und deswegen konnte der Beobachter auch die Äußerung von Georg nicht komplettieren. Die Interaktionsteilnehmer drohten mitten auf dem Weg abzustürzen, als sich vor ihnen ein tiefes Loch auftat. Nur die Mutter hatte aufgrund ihres Wissens die Möglichkeit, die entstandene Leerstelle zu überbrücken. Ihr Stichwort konnte die fehlende Abbildung ersetzen. Erst danach war der Beobachter in der Lage, den Weg fortzusetzen. Die Situation war gerettet.

Wir sehen worin das „scaffolding" besteht. Auf der Basis ihres Wissens über die kindlichen Handlungsmöglichkeiten strukturiert die Mutter die Situation soweit vor, daß das Kind bei seinen tastenden Gehversuchen nicht abstürzen kann. Sie bietet ihm gerade so lange ein festes Gerüst aus bewältigbaren Interaktionssituationen an, wie das passende Handlungsformat noch nicht verfügbar ist.

Für Bruner (1983) ist der Erwerb von Handlungsformaten die Eintrittskarte für die Teilhabe an der Kultur. Das Format „Gemeinsam ein Bilderbuch lesen" nimmt innerhalb der kulturellen Orientierungen einen ganz besonders hervorgehobenen Platz ein. Wie wir oben gesehen haben, umfaßt dieses Format Anleitungen dazu, wie man Medien nutzt, wie man mit anderen Personen kommuniziert (Spracherwerb, Erzählen) und wie man eigene Erfahrungen symbolisch verarbeitet und reflektiert. Wenn einmal das gemeinsame Bilderbuchlesen zur Routine geworden ist, dann erschließen sich dem Kind sehr rasch weitere Medien und zusätzliche Mediengebrauchsformen.

3. Die Entwicklung kindlicher Mediennutzung

Werfen wir zum Schluß noch einen kurzen Blick auf die weitere Entwicklung der Mediennutzung im Vorschulalter. In unserer systematischen Längsschnittsstudie über den Mediengebrauch im Kontext der Familie (Charlton und Neumann(-Braun) 1990) konnten wir beobachten, wie sich die bisher geschilderten Fertigkeiten in den folgenden 3 bis 4 Jahren ausdifferenzierten. Grundsätzlich bleiben die Eckpunkte des Dreiecks Kind–Medium–Mitwelt erhalten, aber das Kind wird immer geschickter darin, Medien zur Gestaltung der eigenen Handlungsspielräume einzusetzen.

Die Aktivität des Kindes gegenüber den medialen Angeboten erweitert sich in drei Richtungen: Erstens wird das Kind zunehmend autonomer bei der Festlegung der Themen, mit denen es sich anhand von Medien beschäftigen will. Wir konnten verfolgen, wie Kinder Medien gezielt dazu benutzten, mehr über ihre eigene Lebenssituation zu erfahren. Sie wählten Bücher, Tonbandkassetten, Fernsehfilme usw. so aus, daß sie sich mit Geschichten beschäftigen konnten, die für ihr eigenes Leben von Bedeutung waren. Zweitens entwickelten die Kinder Techniken, wie sie die Intensität der Medienerfahrung steuern konnten. Durch Wegschauen und Weghören, Rezeptionsabbrüche, simultanes Spielen oder Reden gelang es ihnen, gerade soviel Medieneinflüsse zuzulassen, wie sie von ihnen selbst als angenehm erlebt wurden. Während der letztgenannte Punkt die Achse „Kind und Medium" betrifft (vgl. Tab. 2), spiegeln sich in der thematischen Voreingenommenheit des Kindes seine Lebenssituation und die aus dem Zusammenleben mit der sozialen Mitwelt entstehenden Aufgaben wider. Ein dritter Schritt, den wir „Aneignung des Medienthemas" genannt haben, läßt sich meist erst nach Beendigung der Rezeption beobachten. Medienerfahrungen tauchen in Gesprächen, vor allem aber im freien Spiel des Kindes, wieder auf. Es wird deutlich, daß das Kind in diesen Wiederaufnahmen nach der Bedeutung des Gesehenen oder Gehörten für das eigene Leben sucht. Manches wird spielerisch übernommen, eventuell modifiziert und der eigenen Situation angepaßt. Dies geschieht aber – wie wir meinen – nicht aus einem dumpfen Drang zur Nachahmung des Gesehenen, sondern es unterstützt die eigene Planung und Phantasie bei der Lösung von Alltagsproblemen.

Auch die Achse Kind und Mitwelt läßt sich durch die Nutzung von Medien in besonderer Weise gestalten. Wir konnten beobachten, wie Kinder Medien gebrauchen lernen, um sich Zuwendung und Nähe zu holen (z. B. sich beim Vorlesen ankuscheln und verwöhnen lassen), wie Kinder Medien zur Machtbehauptung ausnutzen (z. B. ein Kinderlexikon holen und zeigen, daß man in einem bestimmten Punkt Recht hat) oder wie Kinder Medien zur Stimmungskontrolle oder als Stichwortgeber einsetzen (z. B. ein fröhliches Kinderlied auf dem eigenen Kassettenrekorder laufen lassen, um die Familie aus einem Streit oder einer Lethargie herauszuholen).

Man könnte zu dem Fazit kommen: Schon im Vorschulalter verfügen Kinder über ein immenses Repertoire an kulturellen Handlungsmöglichkeiten und über großes Geschick, Medien zur Bewältigung des eigenen Lebens einzusetzen. Schon kleine Kinder haben mit Hilfe der Medien die Möglichkeit, auf ihre Weise an unserer Kultur teilzunehmen. Aber: Wenn wir so reden, haben wir die Rechnung ohne den Wirt gemacht. Vom Säuglingsalter über die frühe Kindheit zum Vorschulalter haben sich nicht nur die medialen Formen gewandelt, sondern auch deren Inhalte. Während die frühen Bilderbücher Tiere, Alltagsgegenstände und Alltagsszenen zeigen, sieht sich das Vorschulkind im Fernsehen einem enormen Werbedruck ausgesetzt und in den „Werbepausen" (wenn die Werbung einmal pausieren muß) kann es zwischen verschiedenen Zeichentrickfilmen wählen, die auf einer Skala zwischen Action und Kitsch anzuordnen sind. Kinder können aktiv mit Medien umgehen, und sie können selbstbestimmt und zielgerichtet zwischen Angeboten wählen. Wo aber das Mediensystem keine Wahl zuläßt, da stößt auch die kindliche Medienkompetenz an eine Grenze.

Kaspar H. Spinner

Die Entwicklung literarischer Kompetenz beim Kind

Auf die Frage, in welchem Maße Kinder dichterische Texte verstehen können, werden sehr unterschiedliche Antworten gegeben. Mindestens seit der Romantik kennen wir die Vorstellung, daß das Kind einen unmittelbaren Sinn für das Poetische habe, weil die Kraft der Phantasie bei ihm noch nicht durch den Verstand verdrängt sei, ja, weil es selbst noch in einer poetischen Welt lebe und das Wirkliche und das Wunderbare für es noch nicht getrennt seien; in seinen Spielen sei es in gewisser Weise selbst ein Künstler und Dichter. Als „poetisches Lebensalter" hat Albert Ludwig Grimm die Kindheit bezeichnet (zit. nach Richter 1987, S.248).

Aber es gibt auch die andere Auffassung, nämlich, daß dem Kind der eigentliche Sinn für das Ästhetische, für die spezifische Ausdrucksweise von Literatur noch verschlossen sei. Es habe keinen Sinn für die künstlerische Form, für den Stil von literarischen Texten, es achte nur auf den Inhalt, wolle nur Spaß und Spannung; es verstehe Metaphern und parabolische Bedeutung nicht, sondern nehme alles wörtlich und fasse den fiktionalen Text somit wie einen Sachtext auf.

Welche Auffassung ist zutreffend? Können wir davon ausgehen, daß Kinder einen selbstverständlichen Zugang zum Literarischen haben, oder entwickelt sich das Verständnis erst im Verlauf des Heranwachsens, unterstützt durch unsere Unterweisung? Ich möchte im folgenden zeigen, daß beide Auffassungen eine gewisse Berechtigung haben, aber keine ganz zutreffend ist. Es gibt Unterschiede im literarischen Verstehen zwischen Erwachsenen und Kindern, es gibt eine Entwicklung, aber diese ist nicht einfach eine Kompetenzsteigerung.

Um dies deutlich zu machen, argumentiere ich exemplarisch mit Kinderäußerungen, und zwar zuerst mit Gesprächen über Gedichte, dann mit Interviewantworten zu erzählenden Kinderbüchern und schließlich mit Gedichten, die Kinder selbst geschrieben haben. Abschließend charakterisiere ich dann knapp zusammenfassend die grundlegenden Entwicklungslinien.

1. Äußerungen zu Gedichten

Ich beginne mit Rezeptionsäußerungen zu einem Gedicht, an dessen Eignung für Kinder ich selber zuerst zweifelte, als es ein Lehrer in einer Unterrichtsstunde besprach. Inzwischen habe ich meine Meinung geändert, und zwar insbesondere durch Ute Andresen (vgl. Andresen 1993), die mit Kindern Gespräche über Gedichte geführt und aufgezeichnet hat.

Zunächst zum Text. Es handelt sich um das Gedicht „Zum Einschlafen zu sagen" von Rainer Maria Rilke:

Ich möchte jemanden einsingen,
bei jemandem sitzen und sein.
Ich möchte dich wiegen und kleinsingen
und begleiten schlafaus und schlafein.
Ich möchte der Einzige sein im Haus,
der wüßte: die Nacht war kalt.
Ich möchte horchen herein und hinaus
in dich, in die Welt, in den Wald.
Die Uhren rufen sich schlagend an,
und man sieht der Zeit auf den Grund.
Und unten geht noch ein fremder Mann
und stört einen fremden Hund.
Dahinter wird Stille. Ich habe groß
die Augen auf dich gelegt;
und sie halten dich sanft und lassen dich los,
wenn ein Ding sich im Dunkel bewegt.

Das Gedicht ist an mehreren Stellen nicht ganz einfach zu verstehen, und es ist auch nicht aus der Perspektive eines Kindes geschrieben. Deshalb erschien mir das Gedicht zunächst doch eher für Erwachsene geeignet. Aber Kinder finden trotz der Schwierigkeiten einen unmittelbaren Zugang zum Text. Ich zitiere einen Ausschnitt aus einem Gespräch, das Ute Andresen mit Kindern geführt hat (Andresen 1993,S.176):

Marie: Das find' ich so schön, das Gedicht.
Jan: Da kann man gut drauf schlafen.
Kirja: Schön gemütlich.
Marie: Da denkt man immer, daß man wirklich beschützt ist irgendwie.
Jan: Das stimmt.
Ute Andresen: Wer beschützt einen denn dann?
Sandra: Der Gedanke.
Kirja: Das ist so geschrieben von diesem Rainer Maria Rilke, daß man sich richtig reinfühlen kann, so Art reinlegen in das Gedicht.

Wir Erwachsenen würden kaum in dieser Weise über das Gedicht sprechen; unsere Ausdrucksweise wäre distanzierender. Die Kinder nehmen das Gedicht sozusagen mit ihrem ganzen Körper auf, „sich reinlegen in das Gedicht" ist der Ausdruck, mit dem Kirja ihr Verständnis kennzeichnet. Das ist ein sehr konkreter Zugang zum Gedicht, aber konkret nicht in dem Sinne, wie wir Erwachsenen das Konkrete und Wörtliche dem Abstrakten gegenüberstellen. In ein Gedicht reinlegen kann man sich nicht wirklich, das kann man nur in einem imaginären Raum. Als Erwachsene würden wir vielleicht sagen, dieses „sich reinlegen" sei metaphorisch zu verstehen, aber gerade damit werden wir dem kindlichen Verständnis nicht gerecht. Das Kind nimmt die imaginäre Welt als gegeben hin. Es übersetzt nicht die Fiktion in eine wirklichkeitsbezogene Aussage, es abstrahiert nicht von der dichterischen Bildlichkeit, im Gegenteil, es baut sie in seinem Verstehen weiter aus; es entschlüsselt nicht Metaphern und sucht nicht nach übertragenen Bedeutungen, wie wir das immer wieder tun. Für uns treten Schein und Sein, Fiktion und Wirklichkeit, Zeichen und Bedeutung auseinander (vgl. Kreft 1986), wir übersetzen ständig von einem Bereich in den anderen und sehen gerade darin den Ausdruck literarischer Kompetenz. Das Kind kann solche Übertragungen nicht vornehmen, und es sieht auch keinen Anlaß dafür, weil es im imaginären Raum, in dem sich sein Verstehen bewegt, diese Trennungen nicht gibt.

Wie aber gehen die Kinder mit denjenigen Stellen im Gedicht um, die für das Verständnis schwierig sind und eines Nachdenkens bedürfen? Im aufgezeichneten Gespräch nennen die Kinder selbst eine solche Stelle, nämlich die beiden Verse

Die Uhren rufen sich schlagend an,
und man sieht der Zeit auf den Grund.

Dazu geben sie folgende Erläuterung (Andresen 1993, S.179):

Marie: Wenn alle Uhren läuten, dann treffen sie sich halt irgendwo, die Klänge treffen sich. Dann weiß man halt, wieviel Uhr es ist, und dann sieht man der Zeit auf den Grund.

Jan: Ich stelle mir vor, daß so ein Klang weitergeht zur nächsten Uhr und den Klang dann mitnimmt.

Kirja: Man hört ja bloß, man sieht ja nicht. Außer, man ist in der Kirche drin.

Marie: Wenn man auf den Grund sieht, heißt das doch, daß man alles sieht. Also, bis auf den Grund.

Die Kinder bemühen sich, wie man hier sieht, durchaus um ein genaues Verständnis. Ihr Verstehen hat die Struktur des konkreten Denkens im Sinne der Kognitionspsychologie; das wird in Ausdrücken deutlich wie „Ich stelle mir vor, daß so ein Klang weitergeht zur nächsten Uhr und den Klang dann mitnimmt". Das ist, um mit Piaget zu sprechen, eine konkrete Denkoperation. Auf uns wirkt die Ausdrucksweise wiederum metaphorisch, aber auch hier ist es richtiger zu sagen, daß die Kinder durchaus konkret denken, allerdings innerhalb einer Vorstellungswelt, die noch nicht vom Diktat des erwachsenen Realitätsbewußtseins beherrscht ist. Sie metaphorisieren nicht, sie imaginieren. Deshalb wirken ihre Erklärungen auf uns fast poetisch.

Man darf somit sagen, daß die Kinder einen ausgesprochenen Sinn für die imaginäre Welt des Poetischen haben und daß, im Vergleich zu manch' abstrahierender Deutung Erwachsener,

ihr Verstehen näher an das heranführt, was dichterische Ausdrucksweise bewirken will: Daß sich unsere Vorstellungskraft
entfaltet. Man könnte es auch so ausdrücken: Während Erwachsene beim literarischen Verstehen immer wieder von den
Bildern wegwollen, hin zu einem tieferen Sinn oder einer Intention des Autors oder einer verdeckten Aussage, lassen Kinder sich auf die Bilder ein und bringen sie in der Imagination
zur Entfaltung. Das kindliche Verstehen ist eindimensionaler
in bezug auf verschiedene Bedeutungsebenen, aber es ist von
gefüllter Intensität. Beides ist Teil der literarischen Kompetenz.

An einem Ausschnitt aus dem Gespräch über ein anderes Gedicht möchte ich das Ausgeführte noch einmal belegen und
verstärken. Es geht um ein Gedicht von Wilhelm Lehmann
mit dem Titel „Im Winter zu singen" (Andresen 1993, S.81):

Die Jäger spannen die Tellereisen,
Die Füchse entwischen.
Der Südost nietet die letzte Spalte
Über Aalen und Fischen.

Aus Lappland flogen die roten Drosseln,
Ihre Stimme fällt weich wie Schnee.
Kein Messer schneidet den Schlaf der Erde,
Auch der Maulwurf tut ihr nicht weh.

In weiser Ohnmacht werden die Larven
Für andere Zeiten bewahrt.
Den trächtigen Schafen wächst das Euter,
Den Ziegenböckchen der Bart.

Auf die Frage, wovon das Gedicht erzähle, antworten die
Kinder (Andresen 1993, S.82):

Christian:	Von Stille. Vor allem von Schlaf. Von Lebewesen, die schlafen wollen. Da ist nichts Beunruhigendes drin oder Lautes, sondern alles ganz, ganz ruhig.
Theodor:	Nur am Anfang, da ist es halt bißchen wild, wie dann die bösen Menschen kommen und dann die Falle stellen und dann wie die

	Füchse vor Angst fliehen. Irgendwie stell' ich mir da so eine Musik vor, eine wilde Musik.
Christian:	Der Schnee fällt. Und mittendrin, da zerreißt das Bild, das ruhige, und die Jäger kommen und stellen die Tellereisen auf und spannen sie und warten, bis die Füchse kommen. Dann wird es wieder ruhig, ganz ruhig, und dann plötzlich – bumm,bumm – kommen die Füchse und wittern das und laufen dran vorbei. Und dann wird es wieder ganz still, weil die Füchse weggelaufen sind.

Bei diesen Äußerungen fällt besonders auf, wie sich die Kinder den Inhalt als ein Geschehen vorstellen und wie darin zugleich Visuelles und Klangliches eine Rolle spielt. Man könnte von synästhetischem Erleben sprechen: Der handlungsmäßige Inhalt ist für die Kinder zugleich Klang und Bild. Wir Erwachsenen würden das gleiche wahrscheinlich im Modus der Uneigentlichkeit ausdrücken, also z. B. sagen: Es ist wie ein Bild, das zerreißt, und nicht: „da zerreißt das Bild".

Wenn man literarische Kompetenz nur im Entschlüsseln von Metaphorik, Parabolik, Symbolik und anderer Formen der uneigentlichen Redeweise sieht, dann muß man sie bei den Kindern als wenig entwickelt betrachten. Aber wenn man die Intensität der Imagination als weiteres und wesentliches Kriterium des literarischen Verstehens sieht, dann kommt auch Kindern literarische Kompetenz zu.

2. Äußerungen zu erzählenden Texten

Die Beobachtungen zum kindlichen Verständnis von Gedichten sollen nun mit Beobachtungen zum Verstehen erzählender Texte ergänzt werden. Ich wähle als Bezugstext den „Kinderroman" „Ben liebt Anna" von Peter Härtling, und zwar die Stelle ziemlich am Anfang des Buches, wo Ben im Schulhof beim Klingeln auf Anna wartet, nachdem er sie in der Pause mit einem Ball getroffen hat. Bei Härtling lautet die Stelle so:

„Bernhard rannte mit den andern fort. Die Pause war zu Ende.

Ben schlenderte hinterher, ging aber nicht ins Klassenzimmer. Er wollte doch auf Anna warten. Sie kam nicht. Er lief zurück auf den Hof. Sie stand noch immer unterm Kastanienbaum. Er wollte rufen: Anna! Aber das wäre zuviel gewesen. Sie könnte denken, er wollte sich an sie ranmachen.

Es tat ihm leid, daß er geworfen hatte. Sonst nichts.

Anna, sagte er dann doch so laut, daß sie es hören mußte.

Sie blieb mit dem Rücken zu ihm stehen, rührte sich nicht. Wenn die nicht will, dachte er sich. Selber schuld. Da guckte sie zu ihm hin. Auf ihren Backen waren Streifen von Dreck. Sie hatte sich mit den Händen die Tränen weggewischt. Ihre Augen wirkten noch trauriger als sonst. Mannomann, solche Augen! Sie ging die paar Schritte auf ihn zu. Die Hände hielt sie vor dem Bauch gefaltet, als wollte sie gleich losbeten.

Ben sagte: Tschuldigung.

Anna sagte: So schlimm war's nicht.

Aber du hast geheult.

Weil ihr alle mich nicht mögt.

Ich mag dich aber, sagte er. Das hatte er gar nicht sagen wollen. " (Härtling 1979, S.15)

Wie Kinder eine solche Textstelle verstehen, zeige ich an der mündlichen Nacherzählung einer Schülerin. Die Lehrerin hatte bei der Behandlung des Buches in einem dritten Schuljahr die Szene vorgelesen. Rosi erzählt daraufhin die Stelle mit den folgenden Worten nach (Höppner 1984, S.103):

Dann gingen die anderen Kinder alle in die Klasse. Und Ben, der ging ganz langsam. Ging aber nicht in die Klasse, wollte warten auf Anna. Aber Anna kam nicht. Dann ging er wieder auf den Hof. Und er kam zu ihr und sagte dann: „Entschuldigung!" Dann sagte die Anna: „Ach, das macht nichts." Danach sagte der Ben: „Du hast aber geweint." „Ja, weil keiner mich gern hat." Da sagte er auf einmal: „Ich!"

Wenn man diese Wiedergabe mit dem Text von Härtling vergleicht, dann fällt auf, daß die Gedanken von Ben weggelassen sind. Rosi gibt fast nur äußeres Geschehen wieder. Man könnte angesichts dieses Fehlens der Innenperspektive meinen, Rosi sei eine wesentliche Dimension des Literarischen verschlossen; Aussagen über innere Prozesse charakterisieren ja die erzählende Literatur, man denke nur an literarische Ausdrucksmittel wie innerer Monolog oder erlebte Rede. Aber man spürt bei der Nacherzählung von Rosi, daß die innere Dramatik der Szene völlig präsent ist, trotz der Beschränkung aufs Äußere. Dieses wird nicht nur als äußeres Bild angeschaut, sondern lebendig vorgestellt und miterlebt. Das zeigt m.E. der Schluß von Rosis Äußerung im Vergleich zum Originaltext. Bei Härtling heißt es: „Ich mag dich aber, sagte er. Das hatte er gar nicht sagen wollen." Rosi erzählt: „Da sagte er auf einmal : ‚Ich!‘" Härtlings Aussage über das, was im Inneren von Ben vor sich geht, also die Aussage „Das hatte er gar nicht sagen wollen", ist bei Rosi in den handlungsbezogenen Ausdruck „auf einmal" umgesetzt. In diesem „auf einmal" ist die psychische Dynamik enthalten. Und mit der Reduktion von Bens Äußerung auf das bloße Wort „Ich!" nimmt Rosi eine Zuspitzung vor, die die kleine Szene zu einem kulminierenden Abschluß bringt. Man darf also aus der Tatsache, daß Kinder in der literarischen Rezeption auf Äußeres Bezug nehmen, nicht schließen, daß nur das äußere Handlungsgeschehen für sie wichtig sei. Man müßte eher formulieren, daß für Kinder Äußeres und Inneres noch weniger getrennt sind als für uns Erwachsene.

Das bedeutet nun allerdings auch, daß die Kinder das psychische Geschehen stärker als einen einheitlichen Zustand oder als lineare (eben der Handlung folgende) Entwicklung verstehen und weniger das Ineinander und Nebeneinander verschiedener innerer Regungen nachvollziehen. Das zeigt sich an den zitierten Sätzen ebenfalls sehr deutlich: Rosi macht das Geschehen eindeutig, wo Härtling das widersprüchliche Nebeneinander verschiedener innerer Regungen zum Thema macht. So wird aus Härtlings „Ich mag dich aber, sagte er. Das hatte er gar nicht sagen wollen" bei Rosi „Da sagte er auf einmal: ‚Ich!‘"

Ich ergänze diese Hinweise zur erzählenden Literatur mit einigen Beobachtungen zu Astrid Lindgrens „Brüder Löwenherz", einem der umstrittensten Kinderbücher – Lieblingsbuch vieler Heranwachsender, in Rezensionen und Forschung jedoch kontrovers diskutiert. Gundel Mattenklott spricht kritisch von einem „todessüchtigen" Buch, das so konsequent wie kein anderes den Tod in den Mittelpunkt stelle (Mattenklott 1989, S.247 und 250). Interessant ist nun aber, daß Kinder den Tod nicht als Hauptthema des Buches sehen. Auf die Frage, was ihnen an der Geschichte gefallen habe, sagen zehnjährige Kinder (in Einzelinterviews, Flamm 1994, S.A2, A8, A20):

„Daß das Land dann frei war. "

„Daß der Junge die ganze Stadt halt gerettet hat und so. Im Heckenrosental. "

„Wie das Haus gebrannt hat, wo der Jonathan seinen Bruder gerettet hat. "

Zum umstrittenen Schluß des Buches, also zum Sprung der beiden Brüder in den Abgrund, sagt das Kind, von dem auch die zuletzt genannte Äußerung stammt (Flamm 1994, S.A23):

„Ich finde das wirklich gut, weil am Anfang hat der Jonathan seinen Bruder gerettet und am Schluß rettet der Krümel seinen Bruder. Das ist toll. "

Und nach dem ausdrücklichen Hinweis der Befragerin, im Buch gehe es unter anderem um das Sterben und den Tod, antwortet das Kind auf die Frage, ob es dies auch so sehe (Flamm 1994, A24):

„Nein".

Wichtiger sei ihm,

„wie der Jonathan die Menschen da im Heckenrosental befreit hat. Für mich geht es nicht um den Tod. "

Das Buch von Astrid Lindgren ist beides, ein Buch über den Tod und ein Buch über Rettung und Befreiung (Gerhard Haas hat in einem Artikel diese unterschiedlichen Schichten sehr klar herausgearbeitet, vgl. Haas 1987). Die Erwachsenen betonen in der Regel stärker das problemorientierte Thema, den Tod (das zeigen z. B. Rezensionen und Forschungsliteratur ganz deutlich), die Kinder dagegen das handlungsorientierte Thema, nämlich Rettung und Befreiung. Aber auch hier muß man gleich hinzufügen, daß das Interesse der Kinder für die Handlung natürlich immer auch inneres Geschehen, das die Handlung begleitet, mit einschließt: Rettung und Befreiung ist nicht nur Rettung aus äußerer Not, sondern auch Befreiung von Furcht. Und im Hinweis des Kindes, daß am Anfang Jonathan seinen Bruder und am Schluß Krümel Jonathan gerettet habe, ist ein Grundmuster erwünschter persönlicher und sozialer Identität, wie sie sich Kinder wünschen, zum Ausdruck gebracht: Jeder ist Retter und Geretteter zugleich.

3. Gedichte von Kindern

Als dritten Zugang zur Beobachtung literarischer Kompetenz von Kindern wähle ich Gedichte von Kindern. Dabei zeige ich auch die Entwicklung über das Kindesalter hinaus zum Jugendalter auf.

Das erste Gedicht stammt von einem neunjährigen Kind (Steinbrinker 1978, S.138).

Mütze und Pfütze

Ich war einmal ne Mütze
die lag in einer Pfütze.
Da holte mich nen Junge raus
und brachte mich zu sich nach Haus
und setzte mich auf.
Jetzt war ich zu Haus.

Wir finden in diesem Gedicht Charakteristika wieder, die uns schon in den Gesprächsausschnitten begegnet sind: Das Gedicht ist handlungsbezogen, und es spielt sich in einer imaginierten Wirklichkeit ab (das Ich als Mütze). Das äußere Geschehen ist zugleich inneres Geschehen: Das Gedicht handelt vom Weggeworfensein und Aufgehobenwerden, es geht um Trennung und Entwertung auf der einen, um Heimfinden und Angenommenwerden auf der anderen Seite. Das Sich–zu–

Hause–Fühlen, womit das Gedicht endet, ist ein Grundmotiv in literarischen Texten von Kindern, wobei das Zuhause das elterliche Zuhause sein kann, aber ebenso ein eigenes Zuhause, in dem Sinne, wie sich Kinder z. B. eine Hütte bauen oder eine Ecke in ihrem Zimmer als eigenes Heim imaginieren. In diesem Zuhausesein drückt sich eine typische Form der kindlichen Selbstvergewisserung aus: Die Identität ist sozusagen räumlich verbürgt.

Das zweite Gedicht, von einem Kind aus dem vierten Schuljahr verfaßt, ist nicht optimistisch wie das erste, aber es zeigt doch ähnliche Grundzüge, insbesondere die narrative Struktur. Man kann hier eine Auswirkung des schulischen Musters der Erlebniserzählung vermuten (Baehr 1977, S.321):

Es ist ein schöner Tag,
ich lieg' vergnügt im Bad.
Die Sonne scheint so heiß,
ich sehne mich nach Eis.
Doch da merke ich, oh Schreck!
Mein ganzes Geld ist weg.
Ich suche es sehr,
doch ich finde es nicht mehr.
Mit meiner Badelust ist es aus,
und ich gehe langsam und traurig nach Haus.

Dieses Gedicht ist realistischer als das erste. Das ist nicht untypisch für das Alter – im 4.Schuljahr kann man bei Kindern immer wieder einen ausgeprägten Realismus in der Weltauffassung feststellen; die Selbstverständlichkeit im Umgang mit dem Imaginären geht zurück. Dafür werden nun Gefühle schon deutlicher benannt; das zeigt sich in diesem Gedicht alleine schon im Adjektivgebrauch („vergnügt" und „traurig"). Wieder endet das Gedicht mit dem Zuhause, wenn auch nicht in der optimistisch getönten, selbstgewissen Art wie im ersten Gedicht.

Eine ganz andere poetische Ausdrucksweise finden wir im dritten Gedicht, verfaßt von einem 15jährigen Mädchen, Katja Dittrich (aus Conrady 1988, S.68).

ich mache schritte in sand
kleine unbedeutende schritte
wasser kommt
und spült sie fort
doch ich will
daß sie bleiben
ich stampfe tiefere schritte
und wieder
spült das Wasser
sie fort
ich weine
und stampfe
und weine
und mir wird klar
daß all das Wasser
tränen derer sind
die kleine schritte stampfen
und merken
wie unbedeutend
sie sind

Dieses Gedicht hat nicht mehr eine narrative Grundstruktur, es ist sehr viel reflexiver. Im Vordergrund stehen die Gedanken und Gefühle des Ich. An die Stelle der Selbstgewißheit ist der Ausdruck der jugendlichen Identitätskrise getreten, die keiner Lösung zugeführt wird. Das Behaustsein ist dem Alleinsein in der Weite der Natur gewichen, so wie wir das auch von vielen Gedichten der Erwachsenenliteratur her kennen. Bewußt wird hier mit symbolischen Bezügen gearbeitet.

4. Zusammenfassende Charakterisierung der Entwicklung literarischer Kompetenz beim Kind

Es dürfte deutlich geworden sein, daß kindliches Literaturverständnis nicht einfach defizitär, sondern anders ist als das der Erwachsenen. Das Kind hat die Fähigkeit, sich besonders intensiv auf die Welt des Imaginären einzulassen. Das zeigt sich auch im Spiel der Kinder: sie vermögen in einer Selbstvergessenheit Mutter und Kind, König und Königin usw. zu spielen, die uns Erwachsenen abgeht. In dieser Fähigkeit der Imagination sind sie in der Tat den Dichtern verwandt, die fiktive Welten entwerfen.

Die imaginäre Vorstellungswelt der Kinder ist geschehensorientiert, d. h. sie entfaltet sich in Geschichten – das zeigt sich beim Spiel der Kinder ebenso wie in den von mir zitierten Rezeptionsdokumenten. Das Innere kommt im Äußeren zum Ausdruck und wird dabei in eine lineare Abfolge gebracht. Daß Innenwelten vielschichtig sind, daß es widersprüchliche Gefühle gibt, daß Verschiedenes gleichzeitig im Inneren präsent sein kann, ist Kindern noch wenig bewußt und erschließt sich ihnen erst allmählich im Verlauf des Heranwachsens. Das hat unmittelbare Bedeutung für das literarische Verstehen, weil die Darstellung psychischer Prozesse in ihrer Vielschichtigkeit eine Hauptfunktion literarischer Ausdrucksweise ist.

In besonderem Maße ist eine Entwicklung der Verstehensfähigkeit zu beobachten, wenn es um das Verstehen fremder psychischer Prozesse geht. Kinder sind in ihrem Verstehen noch stark egozentrisch, das heißt, sie beziehen das Gelesene auf sich selbst bzw. setzen sich an die Stelle einer literarischen Figur. Die Fähigkeit, fremde Perspektiven in ihrer Andersartigkeit nachzuvollziehen, entwickelt sich erst allmählich. Da erzählende Literatur uns immer wieder fremde Perspektiven und auch die Verflochtenheit von Sichtweisen vermittelt, kann man von einer engen Wechselbeziehung zwischen der Fähigkeit der sozialkognitiven Perspektivenübernahme (wie wir in der Psychologie sagen) und dem literarischen Verstehen ausgehen. Die Fähigkeit, sich auf fremde Sichtweisen einzulassen, ist eine Voraussetzung für literarisches Verstehen, und umgekehrt fördert das Lesen die Fähigkeit des Fremdverstehens (vgl. Spinner 1989a).

Die Vertrautheit des Kindes mit dem Imaginären heißt schließlich, daß es die Literatur noch nicht als uneigentliche Aussage auffaßt. Metaphorische, parabolische Ausdrucksweisen sind ihm fremd, bzw. es geht mit ihnen anders um als wir Erwachsenen. Darin liegt die Stärke und die Grenze seines Verstehens. Es verfällt weniger der Gefahr, über das anschaulich Gestaltete hinwegzulesen. Die Fähigkeit jedoch, vielfältige symbolische, parabolische Bezüge wahrzunehmen, die

Doppelbödigkeit ironischer Aussagen zu begreifen, Metaphern bewußt zu entschlüsseln, entwickelt sich erst schrittweise im Verlauf des Schulalters (Genaueres zum Forschungsstand vgl. Spinner 1993).

Diese Entwicklungslinien vom Kindes– zum Jugendalter sind nun noch zu ergänzen durch einen Blick auf das, was vor dem Alter geschieht, das hier in den Mittelpunkt gerückt worden ist. Meine Beispiele und damit meine Aussagen haben sich auf die Kindheit im Schulalter bezogen. Die Verstehensweisen, die sich dabei gezeigt haben, sind ihrerseits bereits Ergebnis einer vorangegangenen Entwicklung. Der Erwerb literarischer Kompetenz beginnt lange, bevor Kinder lesen lernen; schon Kleinkindern werden Geschichten erzählt und vorgelesen, sie hören Kassetten, sehen Fernsehsendungen. Wenn man die Verstehensentwicklung in dieser Lebensphase untersucht, dann zeigt sich, daß die Fähigkeit, Geschichten als lineare Abfolge von Handlungsgeschehen zu erfassen, ein erster wesentlicher Schritt darstellt. Man kann das am besten an der Art zeigen, wie Kleinkinder auf Bilderbücher reagieren. Sie zeigen mit dem Finger auf einzelne abgebildete Gegenstände und sagen „da", „da". Sie nehmen sozusagen noch punktuell wahr. Diese Phase wird überwunden, wenn die Kinder Geschichten als zeitlich ablaufendes Geschehen zu erfassen vermögen. Diese Fähigkeit wird nicht nur vermittelt, wenn das Kind Geschichten hört, sondern ebenso durch das alltägliche Erzählen von Erlebnissen. Auch da findet eine Art Literarisierung statt: Wenn ein Kind sich an etwas Erlebtes erinnert und das Erinnerte erzählt, dann löst es das Erlebte aus der unmittelbaren Situation, oder, wie man auch sagen könnte, es imaginiert eine Situation, die nicht mehr präsent ist. Die Alltagserzählung ist in diesem Sinne situationsabstrakt und enthält damit ein Charakteristikum, das in gesteigertem Maße dem literarischen Text zukommt.

Auch hier zeigt sich wieder, daß literarische Kompetenz eng mit Verstehensweisen im alltäglichen Lebensvollzug verflochten ist. Kinder, die Gelegenheit erhalten, von Erlebtem erzählen zu dürfen, erwerben schon damit erste Grundlagen literarischer Kompetenz, und umgekehrt fördert das Hören von Geschichten bei den Kindern die Fähigkeit, das eigene Erleben rekapitulierend zu verarbeiten. Ebenso ist das kindliche Spiel als Einübung in imaginäres Handeln eine Vorschule des literarischen Verstehens, wie umgekehrt das Aufnehmen von Geschichten die Spielfähigkeit fördern kann.

Ich schließe mit einer allgemeinen pädagogischen Folgerung. Kinder brauchen unsere Unterstützung für die Entwicklung ihrer Verstehenskompetenz – nicht unbedingt unsere Belehrung, aber unsere Anregung, unser Gespräch, unsere verstärkende Ermunterung. Aber auch wir Erwachsene können immer wieder von den Kindern lernen, weil sie sich in einer Unbefangenheit, Intensität und Direktheit im imaginären Raum zu bewegen vermögen, die wir oft verloren oder vielleicht besser: in uns zurückgedrängt haben.

Werner Graf

Fiktionales Lesen und Lebensgeschichte

Lektürebiographien der Fernsehgeneration

Aus autobiographischen Veröffentlichungen können zahlreiche und eindrucksvolle Zitate beigebracht werden, um die lebensgeschichtliche Bedeutung des Lesens zu belegen. Ein besonders prägnantes stammt von dem Schriftsteller Martin Walser, der zur Wirkungsmöglichkeit der Literatur einmal bemerkt:

> *„Dabei hat wahrscheinlich jeder schon die Erfahrung gemacht, daß Literatur in der Naturgeschichte eines Lebens eine Rolle spielen kann, die so wichtig ist wie die Rolle des Vaters, des ersten Gewitters oder der ersten Eisenbahnfahrt. "* (Walser 1965, S.113)

Ein solches Bekenntnis zum nachhaltigen Einfluß der Literatur auf die geistige Entwicklung eines jungen Menschen ist sicher am wenigsten überraschend, wenn es von einem Schriftsteller abgelegt wird. Hervorzuheben ist jedoch – was auch für andere autobiographische Würdigungen von Leseerlebnissen zutrifft –, daß Walser die Wirkung von Literatur nicht auf die literarische Sozialisation beschränkt, sondern auf die gesamte ‚Naturgeschichte eines Lebens' ausdehnt. Dem jugendlichen Lesen spricht Walser aus eigener Erfahrung für die Identitätsfindung eine langanhaltende prägende Kraft zu.

Wenn wir uns nicht nur für die Lektüre geistiger Eliten interessieren, sondern allgemein für den Lesealltag in der Gegenwart, müssen zwei Punkte geklärt werden:

— Erstens: Inwieweit gilt die Wertschätzung für Literatur, wie wir sie beispielsweise aus Künstlerbiographien kennen,[1] auch für die Leser, die nicht selber publizieren?

— Und zweitens: Da Walsers literarische Pubertät in eine Zeit fiel, in der es noch kein Fernsehen gab, kein Video und keine Computer, muß überprüft werden, inwieweit solche Aussagen für die Gegenwart noch zutreffen. Diese Fragen stecken das Thema ab: Die Aktualität der biographischen Dimension des Lesens im Medienzeitalter.

Um die Praxis und Genese heutiger Leser kennenzulernen, habe ich von Studenten und Studentinnen unterschiedlicher Fachrichtungen Lektüreautobiographien schreiben lassen. Auf dieses empirische Material beziehen sich meine Ausführungen.[2] Das Erkenntnisinteresse richtet sich nicht auf die mengenmäßige Verteilung oder die Reichweite von Büchern in der Medienkonkurrenz, sondern auf qualitative Einblicke in die Verwobenheit von literarischem Lesen und Leben in der Entwicklung von der Kindheit bis zum jungen Erwachsenen.

Beginnen möchte ich mit einem Zitat aus der Lektüreautobiographie einer Lehrerstudentin – ich nenne sie Katrin T.[3] –, die es sozusagen mit Walser hält:

„Doch es gibt Bücher, die haben tiefe Spuren in meinem Leben hinterlassen (ja, ja – obschon es noch recht kurz ist), immer wieder erinner' ich mich an das Geäußerte, denke darüber nach, nehm' das Buch ein weiteres Mal zur Hand." (N4w)[4]

Diese Leserin hat zugespitzt formuliert, was in der Tendenz öfter gesagt wird. Mit stilistischem Gespür hat die Autorin dieser Lektüreautobiographie ihr Lesebekenntnis ironisiert;

---

1 Vgl. z. B. Unseld 1975; Pleticha 1978.
2 Mir liegen ca. 300 Lektüreautobiographien vor, die mit den von Erich Schön gesammelten und analysierten vergleichbar sind, vgl. z. B.: Schön 1991.
3 Die Namen sind frei erfunden; sie sollen der besseren Orientierung dienen und den biographischen Zusammenhang durchsichtig machen in den Fällen, die in diesem Text ausführlicher dargestellt sind.
4 Sigel meiner Lektüreautobiographien–Sammlung.

denn anscheinend entspricht es nicht mehr selbstverständlichen Erwartungen an einen jungen Erwachsenen, von Büchern geprägt zu sein. Aber es wird – zumindest in einem anonymen Text – dezidiert darauf hingewiesen, in einem essentiellen Sinn literarisch gebildet zu sein. Vielleicht darf man bereits hier eine Vermutung äußern: Möglicherweise hat das öffentliche Vertrauen in die Wirkung von Literatur schneller abgenommen als die private biographische Wertschätzung für Leseerfahrungen. Nachdem also literarische Bildung aus der Lernzieltaxonomie und aus dem Mediendiskurs verschwunden ist, kann gefragt werden, ob eine persönlich wichtige Lesepraxis als Privatsache überlebt.

Die öffentliche Diskussion ist bekanntlich von der Sorge um das Ende der Lesekultur im allgemeinen und die Fernsehsucht von Kindern im besonderen geprägt. Unbegründet sind solche Kassandrarufe nicht, die Ausstattung der Haushalte mit Fernsehapparaten und die der Kinderzimmer mit Zweitgeräten sowie die hohen täglichen Nutzungszeiten können zur Begründung angeführt werden. Deshalb muß untersucht werden, ob – und in welchen Konstellationen – Bücher in der kindlichen Freizeit gegen die Attraktivität der audiovisuellen Medien noch eine Chance haben.

1. Primäre literarische Initiation

Um Hinweise auf den Beginn von Lesekarrieren in der Medienkonkurrenz zu bekommen, durchkämmte ich die Lektüreautobiographien nach frühen Leseanregungen. Ein typisches Zitat lautet:

> „Meine Leseerfahrung beginnt meiner Meinung nach bereits mit dem Ansehen von Bilderbüchern und dem Vorgelesen bekommen von Geschichten und Märchen durch meine Eltern. Dies weckte mein Interesse bereits vor der Einschulung für Bücher. " (E3m)

Auch wenn von Lesen im strengen Sinn in der Vorlesezeit nicht gesprochen werden kann, so wird doch unverkennbar Neugier auf Bücher gerichtet. Die Erinnerung an Vorlese-

oder Erzählsituationen gehört – besonders bei späteren Lesern – zu den bleibenden frühen Geborgenheitserlebnissen.

Für manche Kinder beginnt das Lesen bereits vor dem offiziellen Lesenlernen:

> *„Das erste mal, daß ich mich aus eigenem Interesse für das Lesen interessiert habe, war im Kindergarten. Da hatte ich einen Freund der bereits lesen konnte mit dem, oder besser er hat mir dann des öfteren vorgelesen. Ich fand das toll!"* (E17m)

Der Kindergarten ist eine zu wenig gewürdigte literarische Sozialisationsinstanz, aber auch Freunde und Freundinnen, deren Einfluß dann mit dem Älterwerden immer wichtiger wird, können bereits in der Vorschulzeit literarische Impulse vermitteln.

Die ersten Leseerinnerungen bleiben oft im Vagen. Angela R., die später gern Märchenplatten hörte und als ‚Pferdenärrin‘ auch die einschlägigen Bücher las, beginnt ihre Lektüreautobiographie so:

> *„Zuerst fällt mir auf, wie schwer es mir fällt, mich daran zu erinnern, wann ich mit dem ‚eigentlichen‘ Lesen begonnen habe. Ich weiß nicht mehr, ob ich schon etwas lesen konnte, als ich in die Schule kam, oder wie sich der Lernprozeß durch den Leseunterricht bei mir entwickelte."* (N18w)

Erinnerungsunsicherheiten sind typisch für die Rekonstruktion jener Phase der eigenen Lesegeschichte, in deren Mittelpunkt das Lesenlernen steht. Doch die Alphabetisierung einschließlich der Erfolgserlebnisse, die Fortschritte in diesem Leseprozeß gewähren, wird unterschieden von dem literarischen Lesen einschließlich der Gratifikationen, die der Entwicklung dieser Fähigkeit zu verdanken sind, indem ein ‚eigentliches Lesen‘ hervorgehoben wird.

Bestimmend für die frühe literarische Förderung des Kindes ist das Verhalten der Eltern.

> *„... ich bin mir sicher, was schon frühzeitig in mir das Bedürfnis weckte, Lesen und Schreiben zu lernen, nämlich*

*das Vorbild meiner Eltern, die eigentlich immer Lektüre
hatten. Ich wollte einfach wissen, wie diese Zeilen von
Zeichen zu entschlüsseln waren und wie man mit einem
Stift so kunstvoll und schwungvoll Sätze aufs Papier
brachte [...], deshalb drängte ich meine Eltern derartig,
daß sie mir irgendwann Lesen und Schreiben beigebracht
haben.* " (N1w)

Eine potentiell verlockende Vorstellung von diesem Lesen
können Kinder in günstigen Familienkonstellationen bekommen, bevor sie selbst lesefähig sind. Katrin T., für die Bücher
später zu prägenden Erfahrungen werden, beginnt ihre Lektüreautobiographie mit dem Eingeständnis der Verständnislo-
sigkeit.

*„Wann ich eigentlich begonnen habe zu lesen, weiß ich
nicht mehr genau. Ich erinnere mich lediglich daran, daß
ich meine ältere Schwester, die früher sehr viel las – als
mich noch gar nichts daran reizen konnte – verständnislos
beobachtete, währenddessen sie, fernab von mir, in anderen Welten, welche mir verborgen waren, gemeinsam mit
den Figuren Abenteuer ausstand, litt, rätselte, träumte. "*
(N4w)

Das Lesen tritt ins Bewußtsein als Verhaltensweise anderer,
besonders der Eltern oder der älteren Geschwister. Auch re-
präsentative Erhebungen zeigen, daß für einen buchorientier-
ten Beginn der literarischen Sozialisation besonders das Leseklima in der Familie wichtig ist (vgl. Lesesozialisation 1993,
1). Wenn also im Wahrnehmungsraum des Kindes gelesen
wird, gewinnt es oft bereits in einem Alter, bevor es selber lesen kann, oder auch in der Phase, in der das Buchstabieren
noch Mühe macht, eine Vorstellung vom Lesen als einer zukünftigen Handlungsmöglichkeit, deren verlockende Attraktivität durch die Erfahrung des Vorlesens noch gesteigert werden kann.

*„Das Stadium des Zuhörens vor der Grundschule weckte
in mir großes Verlangen, zu lesen, wann ich wollte und
nicht nur dann, wann mein Vater gerade Zeit hatte. So
lernte ich recht schnell lesen, und begann die alten Vorle-*

segeschichten durch eigenes Lesen neu zu entdecken. "
(N6m)

Wenn der Wunsch, Geschichten selber lesen zu können, der
Fähigkeit vorauseilt, treten keine Motivationsprobleme auf,
dann gewährt das elementare Lesenkönnen Gratifikation.

> *„Als Kind habe ich es genossen Geschichten zu hören, ob
> vorgelesen oder auf Schallplatten gehört. Ich kann mich
> erinnern, daß ich z. B. viele Schallplatten auswendig
> kannte, weil ich sie jeden Tag hörte. Teile daraus weiß
> ich heute noch. "* (N5w)

Interessanterweise macht Sonja P. keinen Unterschied zwischen Vorlesen und Schallplattenhören, das Gemeinsame, also
die vorgetragene Geschichte, ist ihr wichtiger als der Unterschied zwischen persönlicher und medialer Kommunikation.
Sonja P. schaffte einen schnellen, problemlosen Übergang
zum Selberlesen:

> *„Mein erstes eigenes Buch hieß ‚Unser kleiner Esel Jan‘
> und war in Schreibschrift, danach folgte ‚Mein schwarzer
> Freund‘. Diese beiden Bücher habe ich unzählbare Male
> gelesen. Wenn ich mit einem Buch fertig war, habe ich es
> sofort nochmal gelesen. "* (N5w)

Wenn einem Kind vertraut ist, welchen Genuß Geschichten
bereiten können, dann kann es durchaus sein (auch heute
noch), daß die Mühen des Lesenlernens durch die Möglichkeit
aufgewogen werden, sich selbständig das vertraute Vergnügen
zu bereiten. Spätere Leser erinnern selten Probleme dieses
Überganges.

> *„Mit der Einschulung und dem Erlernen des Lesens konn-
> te ich jetzt endlich die Geschichten und Märchen, die mir
> und meinen Geschwistern vorgelesen worden sind, nach-
> lesen bzw. selber lesen. Dieses war für mich eine schöne
> Erfahrung jetzt unabhängiger zu sein als vorher. "* (E3m)

In der Selbstdeutung wird das Lesenkönnen als Gewinn an
Unabhängigkeit gefeiert.

> *„Bereits kurz nach der Einschulung begann ich selbstän-
> dig und aus eigenem Interesse zu lesen. [...] Ein besonde-*

res Interesse hatte ich an den alten Märchenbüchern, aus denen man mir früher etwas vorgelesen hatte. Es war faszinierend, diese Texte nun selbständig entziffern zu können. Es war ein neuer Abschnitt im Leben. Man konnte durch das Lesen an einer Welt teilhaben, die früher nur den Erwachsenen vorbehalten war. " (E8m)

Auch wenn solche Stilisierungen wie ‚Teilhabe an der Welt‘ als retrospektive Aufwertungen des Erwachsenen zu durchschauen sind, die nicht der kindlichen Wahrnehmung entsprechen, weist doch der Nebensatz auf ein mächtiges Handlungsmotiv des Kindes hin, nämlich den Wunsch, etwas den Erwachsenen gleichtun zu können.

Die Anstrengungen dieses Emanzipationsschritts sind nicht immer vergessen. Zuweilen wird, besonders von Wenig- bzw. Nichtlesern, der Übergang vom Oralen zum Schriftlichen als Qual erinnert. Trotzdem erlaubt das empirische Material insgesamt eine zuversichtliche Bewertung.

Das literarische Lesen kann sich in Wechselwirkung mit der Alphabetisierung relativ autonom entwickeln, wenn in der Vorschulzeit eine literarische Disposition aufgebaut wurde. In den anderen Fällen sind Anstöße von außen notwendig. In zahlreichen Lektüreautobiographien werden erfolgreiche Anregungen zum Lesen hervorgehoben, das Spektrum der Möglichkeiten scheint unendlich zu sein.

Ein Leser ließ sich beispielsweise vom Bücherbus, der ins Dorf fuhr, dazu animieren, Bücher auszusuchen, später gewann er in einem Preisausschreiben ein Buch, und diesen Gewinn würdigte er dann auch (F1m). Vom glänzend bunten Einband, der im Schaufenster ausgestellt ist, bis zum vergilbten Bändchen vom Dachboden reichen die Verlockungen.

Bei Kindern dominieren Anregungen im Familienkreis, also von Eltern, Geschwistern, Tanten und anderen Verwandten.

> *„Gottseidank trug aber die gesamte Verwandtschaft im Laufe der folgenden Jahre zur Auffüllung meiner Kinderbibliothek bei.* " (N1w)

So werden Buchgeschenke erinnert. Besonders neugiererregend scheinen jedoch die Bücher der Geschwister oder anderer Familienmitglieder zu sein. Lesenden Vorbildern wird nachgeeifert, ihre Bücherregale oder Heftchensammlungen werden durchstöbert oder regelrecht geplündert.

In der Praxis ist es freilich selten purer Zufall oder reine Eigeninitiative, wenn Kinder Bücher ‚entdecken'.

> *„Ich muß auch zugeben, daß meine Mutter bis zu dieser Zeit sehr stark dafür verantwortlich war, daß ich gelesen habe, denn sie hat immer wieder dafür gesorgt, daß neue Bücher bei mir im Bücherregal standen. Und Bücher, die bei mir im Bücherregal standen, die wurden auch immer von mir gelesen. "* (E15m)

Die Mutter erweist sich immer wieder als die Zentralfigur der frühen literarischen Sozialisation, wobei dieses Beispiel besonders schön zeigt, daß zurückhaltendes Handeln erfolgversprechend ist: es darf auf die Verlockungsqualität des Buches vertraut werden. Hinterher jedoch möchten die Kinder ganz gerne über das reden, was sie gelesen haben.

Auch der Vater kann eine fördernde Rolle spielen, in Ausnahmefällen sogar, ohne selber zu lesen:

> *„Angefangen habe ich hauptsächlich mit Tierliteratur, weil mein Vater Tierarzt war und ich eigentlich als kleines Kind schon Tierarzt werden wollte. (Leider hat es nicht geklappt.) Das Verhalten und das Umgehen mit Tieren hat mich [...] sehr interessiert. "* (E21w)

Schließlich werden in den Erinnerungen auch die Schule, Lehrer und Lehrerinnen gewürdigt:

> *„Auch in der Grundschule wurde mein Lesebedürfnis durch meine Lehrerin noch weiter gefördert, indem sie mir Lesetips gab, aber auch durch eine Klassenbücherei. "* (N1w)

Selbstverständlich sind auch die öffentlichen Bibliotheken wichtige Anreger und Nachschublager für Lesestoff:

> *„Aus der Grundschulzeit fällt der Frau (diese Lektüreautobiographie ist in der 3. Person formuliert, W. G.) nur noch ein, daß sie sehr häufig in die Bücherei (Stadtbücherei) gegangen ist, um sich eine Unmenge an Bü-*

chern auszuleihen, die sie verschlang: Kinderbücher, Märchenbücher, Geschichtenbücher..." (N2w)

Wie wichtig die frühen literarischen Erlebnisse sind, kann daraus geschlossen werden, daß sie zuweilen als private, lebensgeschichtliche Tradition regelrecht gepflegt werden. Oft ist Erwachsenen noch ihr erstes Buch präsent, jedoch besonders dann, wenn es später wiederholt gelesen wurde oder wenn es bis heute als Merkposten erhalten ist.

> *„Ich erinnere mich noch genau an mein erstes Buch – Tommy und die Feuerwehr – mit vielen Bildern. Ich habe es bis jetzt nicht übers Herz gebracht, dieses völlig zerfetzte Büchlein wegzuschmeißen. Es hat denselben Stellenwert wie mein Teddy, der sein Gnadenbrot auf meinem Regal bekommt. Bücher leben irgendwie!"* (D10w)

Bücher werden auch oft als Freunde bezeichnet, die Beziehung kann so intensiv sein, daß sie als Teil des eigenen Lebens aufgefaßt werden. Das erste Buch, das wie eine Reliquie verwahrt und verehrt wird, ist sicher als symbolischer Hinweis auf die bleibende Bedeutung früher Leseerlebnisse für das Leseverhalten der Erwachsenen zu werten, und es ist ein Beleg für die lebensgeschichtliche Genese von Bibliophilie und von Lesepräferenzen.

Freilich bricht nach den ersten Anregungen nicht immer sogleich die intensive Lesesucht aus, in vielen Lektüreautobiographien wird von einer vorausgehenden, allerdings oft kurzen Phase berichtet, in der das Bücherlesen einen indifferenten Charakter aufweist, weniger wichtig ist, Mühe macht, und manchmal erscheint es wie eine heftige, aber kurze Leidenschaft.

> *„Als ich 10 oder 11 war, kam die Zeit der Verehrung des größeren Bruders, so wie es jeder in diesem Alter tat. Die Bettlektüre meines Bruders umfaßte alle 12 Bände von Geheimagent Lennet. [...] Was mein Bruder tat wollte ich auch tun. Also fing ich an, eines von den Büchern zu lesen. Es packte mich und ich las es innerhalb eines Abends durch. Immerhin fast 200 Seiten [...] In den kommenden Wochen machte ich mir sogar einen Plan, welchen der verbliebenen 11 Bände ich als nächsten lesen werde und*

innerhalb der Sommerferien hatte ich alle 12 Bände durch. " (E27m)

Ein typischer Fall von produktiver Geschwisterrivalität, möchte man meinen. Bereits mit dem ersten Band scheint der Text seine Wirkung zu entfalten, der Leser ist ‚gepackt‘, wir haben ein schönes Beispiel gefunden für den geheimnisvollen Übergang von der angeregten Lektüre zur anregenden. Doch dann heißt es weiter:

> *„Es waren die ersten und einzigen Bücher, die ich je gelesen habe [...] Denn die Verehrung und Bewunderung des Bruders ließ mit der Zeit nach und damit auch das Lesen.* " (E27m)

Auch eine zunächst sehr erfolgversprechende Leseanregung garantiert keine dauerhafte Lesekarriere. Gleichwohl sind Starthilfen für Lesebiographien so wichtig, daß sie auch ohne Erfolgsgarantie immer wieder gegeben werden sollten. Die Analyse der Textstellen zum Titel ‚Leseanregung‘ läßt in dem umfangreichen Spektrum von Einzelinterventionen der Grundschulphase auch Übereinstimmungen erkennen. So sind erfolgreiche Anregungen fast immer konkrete Verführungen zum Lesen.[5] Lesende Vorbilder sind erfolgreicher als leistungsorientierte Ermahnungen oder lesepädagogische Anstrengungen. Anregungen sind also notwendig, aber – wie man formelhaft sagt – nicht hinreichend.

Die Fähigkeit, beim Lesen Lust zu empfinden, stellt sich nicht naturwüchsig ein, sie muß im sozialen Kontext erlernt und eingeübt werden. In dieser primären literarischen Initiationsphase kann es bereits zu lange nachwirkenden Versäumnissen kommen, sie verdient deshalb hohe lesepädagogische Aufmerksamkeit. Freilich ist es nicht (ganz) ausgeschlossen, später noch zum Leser zu werden.

---

5   Vgl. zur Repräsentativität dieses Phänomens Köcher 1988.

2. Kinderlektüre

Die auffälligste Gemeinsamkeit der Lektüreautobiographien von erwachsenen Lesern ist die Schilderung einer Phase intensiver, privater Kinderlektüre. Oft wird diese Erinnerung von den Autoren selbst zum Erzählzentrum der Lektüreautobiographie stilisiert. (Wenn z. B. Leser ihre Passion damit ‚erklären‘, daß sie bereits als Kind intensive Leser waren.)

Die Leserin Ingrid W. erinnert sich an ein Buch mit dem Titel ‚Der Prinz der blauen Berge‘:

> *„Ich weiß absolut nicht mehr, worum es in dem Buch ging aber ich kann mich noch genau an das Gefühl erinnern, das ich beim Lesen hatte. Es ist fast nicht zu beschreiben, aber es war irgendwie ein blaues Gefühl, wie auch schon im Titel steht. Und ich weiß noch genau, daß ich das Buch fast in einem Zug durchlas und dabei eine Tafel Schokolade aufaß, die ich noch von meinem Geburtstag hatte. Das machte ich mit Schokolade, die ich geschenkt bekam, immer so. Ich bewahrte sie auf, um sie dann zusammen mit einem besonders guten Buch an einem Nachmittag aufzuessen. Das war sozusagen die Krönung.“*
> (D13w)

Lesen ist für Ingrid W. ein Genuß wie Süßigkeitenlutschen, es erregt ein gutes, ein ‚blaues Gefühl‘: Süßes für die Seele. Der angenehme emotionale Zustand der Lektüre bleibt in der Erinnerung haften, nicht der Textinhalt, der in dieser affektiven Funktion verdampft. Kinder werden vor allem solche Gefühlsleser. Durch Bücher können sie sich in Stimmungen versetzen, in denen sie dem alltäglichen Kontext zu entschweben scheinen.

Regelmäßig wird in den Lektüreautobiographien der Eintritt in eine andere Welt betont, also die Entrücktheit des kindlichen Lesers. Besonders die Metaphorik des ‚Entschwebens‘ oder ‚Wegtauchens‘ erinnert an Schilderungen von mystischen

Erfahrungen, vom Lesen wird wie von einem Glückserlebnis erzählt.[6]

Die Selbstcharakterisierung des intensiven Leseerlebnisses fällt stereotyp aus, es wiederholen sich Wörter wie ‚verschlingen‘ oder ‚reinziehen‘, oft wird beteuert, von einem Buch ‚nicht mehr losgekommen zu sein‘ oder gar ‚gefesselt‘ gewesen zu sein, also Hinweise auf eine orale Suchttendenz.

Ein Zeichen für die Intensität des Lesens in diesem Alter ist die verbreitete Wiederholungslektüre. Sonja P., deren erstes Lieblingsbuch ‚Unser kleiner Esel Jan‘ bereits erwähnt wurde, erinnert sich daran, alle Bücher mindestens zweimal gelesen zu haben.

> *„Kinder– und Jugendromane bzw. –bücher wie Nesthäkchen, Pucki, Hanni und Nanni, 5 Freunde, Unser kleines Hausgespenst, Dolly, Tanja, Weinen streng verboten usw. habe ich massenhaft verschlungen. "* (N5w)

Die zum Teil bereits von den Müttern und Großmüttern geschätzten Mädchenbücher sind auch heute noch weitverbreitet, und auch in der Jungenlektüre begegnen uns die unverwüstlichen Abenteuerhelden von Karl May.

Während sich die nach Titeln sortierten Lesepräferenzen von Mädchen und Jungen deutlich unterscheiden, weil die Kinderbücher bis in die Gegenwart Funktionen im Prozeß der geschlechtsspezifischen Sozialisation übernehmen, weist die Leseweise dagegen Gemeinsames auf: Mädchen und Jungen diesen Alters ist das primär lustvolle Verhältnis zu fiktionalen Geschichten gemeinsam. Sonja P. drückt es rückblickend so aus:

> *„Als Kind kannte ich Lesen nur zum Vergnügen. "* (N5w)

Die lektürebiographischen Schilderungen Erwachsener evozieren zuweilen ein verlorenes Glück, die Kindheit erscheint als goldenes Lesezeitalter. Für Ingrid W. hatte das literarische Eldorado freitags geöffnet – es war die Bibliothek:

---

6 So plädiert Ludwig Muth (1993b) dafür, das Lesen als Glück im Sinne der ‚Flow–Psychologie‘ von Csikszentmihalyi aufzufassen.

„Sie war immer freitag morgens, bevor die Schule (an-
fing), für eine Stunde geöffnet, und ich war jeden (oder
fast jeden) Freitag dort und verbrachte die ganze Stunde
damit, Bücher auszusuchen. – Die Bücherei war für mich
fast wie eine Offenbarung, weil ich als Kind Bücher gera-
dezu verschlang. Durch sie hatte ich die Möglichkeit, fast
jede Woche an neue Bücher zu kommen. Was ich las, war
mir eigentlich egal, weil ich fand, daß jedes Buch eine
eigene Welt war, in die man beim Lesen einsteigen
konnte. Ich las damals vor allem solche Sachen wie ‚5
Freunde' und die ganzen anderen Bücher über Detek-
tivbanden, Internatsgeschichten, Pferdegeschichten, Karl
May, alles, was ich in die Finger bekam. Wenn ich frei-
tags in der Bücherei war, freute ich mich den ganzen Vor-
mittag darauf, nach Hause zu kommen und das Buch an-
zufangen. Ich fand es aufregend, ein noch ungelesenes
Buch in der Tasche zu haben und hatte auch nicht eher
Ruhe, bis ich es durchgelesen hatte. Wenn das Buch be-
sonders gut war, las ich es nach der Schule sofort weiter,
nahm es nach dem Mittagessen, abends, wenn ich vom
Spielen nach Hause kam, beim Abendbrot, danach und
schließlich noch im Bett. Ich fühlte mich dann die ganze
Zeit genauso wie die Personen, die in dem Buch beschrie-
ben waren, das ich gerade las. " (D13w)

Besonders eindrucksvoll finde ich die Schilderung der Vor-
freude auf ein ungelesenes Buch, das quasi als literarische
Beute aus der Bücherei nach Hause getragen wird. Bei dieser
gesteigerten literarischen Neugier gibt es selbstverständlich
keine Zeitprobleme. So wird Zeitmangel, also die bevorzugte
Erklärung von erwachsenen Weniglesern, als Rationalisierung
eines Motivationsmangels oder –schwundes kenntlich. Lese-
begeisterte Kinder finden immer Lücken im alltäglichen Stun-
denplan, und das bestimmt nicht nur, weil sie über mehr Freizeit verfügen als Erwachsene.

Die Leserin fühlte sich ‚die ganze Zeit' ‚genauso' wie ‚die
Personen, die in dem Buch beschrieben waren'. Die Identifikation – dafür ist dieses Zitat typisch – wird als wichtigster
lustgewährender Lesemechanismus benannt. Allerdings warnt
der verwendete Plural davor, verengend nur an die Identifika-

tion mit einer Person, dem Helden, zu denken. Vielmehr versetzt das Lesen diese Leserin als emotionale Teilnehmerin, als Mitspielerin in eine komplexe interaktive Gefühlswelt, die durch die Handlungen und Empfindungen unterschiedlicher Personen konstituiert wird.

Das lesende Auswandern in eine andere Welt wird oft als Flucht kritisiert, dieses Lesen wird als evasorisch oder eskapistisch charakterisiert, und es wird ihm eine kompensatorische Wirkung unterstellt. Solche Bewertungen verkennen jedoch wesentliche Bedeutungsschichten dieser kindlichen Lektüre, die im Selbstverständnis der Leser oft als intensives Bei–sich–Sein verstanden wird.

> *„Man findet die eigene Person in Gedanken und Worten der Handelnden."* (S71w)

Indem Leser in eine fiktionale, sie faszinierende Welt eintreten, lockern sie zwar zweifellos vorübergehend die Konturen ihrer alltäglichen sozialen Identität, sie setzen Ich–Strukturen außer Kraft, aber diese Negation geschieht, um einen geistigen Raum zu öffnen, in dem potentielle Möglichkeiten und Sehnsüchte spielerisch erprobt werden können. Leser fliehen ihr Ich, tun dies aber auf der Suche nach sich selbst oder nach einem Selbst, das sie sein könnten und wollten.

An den oben zitierten Erinnerungen fällt auf, daß die hohe Bewertung der erfundenen ‚eigenen Welt‘, in die man durch das Buch gelangen konnte, sowie die Auszeichnung des Gefühls beim Lesen einhergehen mit einer unverkennbaren Vernachlässigung und sogar Abwertung des Inhalts der geliebten Jugendbücher: ‚was ich las, war mir eigentlich egal‘, heißt es, oder ‚Ich weiß absolut nicht mehr, worum es in dem Buch ging‘. Diese Bewertungsdiskrepanz paßt zu einer Annahme der psychoanalytischen Deutung von literarischen Rezeptionsprozessen: Die Kommunikation mit Büchern läuft auf zwei Ebenen ab, wobei der manifeste Inhalt, der zunächst für das Bewußtsein der einzige zu sein scheint, in der Erinnerung zurücktritt hinter den latenten Inhalt, der für die Leselust der entscheidende ist, auch wenn er unbewußt bleibt. Der manifeste Inhalt erweist sich rückblickend als austauschbar, was auch erklärt, warum sich in der oft erwähnten Wiederholungslektüre die Faszination nicht verbraucht. In der doppelten Kommunikation der Leser mit ihrem Text erzeugt die Handlungsoberfläche nur scheinbar die Spannung, ‚gefesselt' ist der Leser von der Tiefenschicht, die mit seinem Unbewußten korrespondiert.

3. Phantasiebefriedigung

Mit Sigmund Freud kann der abgehobene Glückszustand, in welchen Kinderlektüre versetzt, als „milde Narkose" (Freud 1930, S.212) bezeichnet werden. Die Illusionen der Bücherwelt entstammen dem Phantasieleben, das – wie es in ‚Das Unbehagen in der Kultur' entwickelt wird – der „Erfüllung schwer durchsetzbarer Wünsche" dient, das Lesen wird als „Phantasiebefriedigung" (ebd.) qualifiziert.

Wie die tagträumerische Leselust des Kindes als phantastische Wunscherfüllung und Angstvermeidung psychoanalytisch verstanden wird, soll an einem Beispiel gezeigt werden:

Käte Friedländer (1941) skizziert in ihrem grundlegenden Aufsatz ‚Über Kinderbücher und ihre Funktion in Latenz und Vorpubertät' zunächst einige Themen, die sich in besonders beliebten Kinderbüchern trotz aller Unterschiede der Figuren- und der Handlungsoberfläche wiederholen. So leben beispielsweise die kindlichen Helden beliebter Kinderbücher selten in einer vollständigen Familie mit Vater und Mutter; oft ist dagegen ein Elternteil tot, oder es sind sogar beide gestorben. Der Tod, meistens des gleichgeschlechtlichen Elternteils, spielt in der Geschichte jedoch keine Rolle, im Gegenteil, er erscheint als Voraussetzung für eine phantastische Familienkonstellation, die anziehend ist für das Latenzkind. Heidi und ihr Großvater sind ein berühmtes Beispielpaar.

Um plausibel zu machen, warum diese unvollständige Familie eine anziehende Illusion abgibt, ist ein Hinweis auf die Beschreibung der psychischen Situation in der Latenzphase nötig. Der Ödipuskonflikt, also die Rivalität mit dem gleichgeschlechtlichen Elternteil um die Gunst des gegengeschlechtlichen, ist abgelöst worden durch die Identifikation des Sohns mit dem Vater bzw. der Tochter mit der Mutter, wobei gleichzeitig die inzestuösen Triebwünsche verdrängt wurden. Das Fehlen des Vaters in Jungengeschichten bzw. der Mutter in Mädchenbüchern erlaubt es dem Kind, diese freie Position einzunehmen, den verstorbenen Elternteil zu ersetzen, so eine gelungene Identifikation darzustellen und sich den Ödipuswunsch ohne Angst-, Schuld- oder Aggressionsgefühle zu erfüllen.

Die psychoanalytische These – das Lesen gewähre die Erfüllung von altersspezifischen Triebwünschen im Rahmen der Ödipussituation – erscheint plausibel, läßt sich aber auf der Basis von Lektüreautobiographien nicht zwingend darstellen. Für eine Analyse der psychischen Funktionen im einzelnen wären intensive Interviews bzw. sogar Therapiegespräche die Voraussetzung.

Die Kommunikation zwischen dem kindlichen Leser und seinen Büchern wirkt in dieser intensiven Lesephase autonom; das lesende Kind bedarf nun keiner Anregung von außen mehr. Da das Lesen Lustgewinn gewährt, treten keine Motivationsprobleme auf; im Gegenteil, das Buch kann als Belohnung fungieren oder als Trostspender in unangenehmen Situationen.

> *„Gerade von meiner Mutter habe ich viele Bücher bekommen. Wenn ich krank war, gute Noten geschrieben habe, Probleme hatte, dann brachte sie oft ein Buch mit.“* (N5w)

Für Sonja P. hat sich die als Kind erlebte Gratifikation erhalten, als Erwachsene kann sie sich diese Belohnung selbst gewähren.

> *„Auch heute bemerke ich an mir, daß ich mir Bücher kaufe, wenn ich mich z. B. nicht wohlfühle, oder mich belohnen will. Es gibt sowieso nichts Schöneres für mich, als ein gemütliches Plätzchen, etwas zu Knabbern und zu trinken und dabei ein gutes Buch zu lesen.“* (N5w)

Auch für die erwachsene Sonja P. wirkt das Lesen wie in der Kindheit als Gratifikation, weil sich die damals internalisierte affektive Einstellung zu Büchern lebensgeschichtlich fortsetzen ließ.

Allgemeiner kann formuliert werden:

Die Erinnerung an das befriedigende, lustvolle kindliche Leseerlebnis vergegenwärtigt die biographisch wichtige und unzerstörbare Erfahrung, daß Lesen einmal eine Lustquelle war, und damit die Erwartung, daß es auch für den Erwachsenen so sein könnte.

Allerdings belegen die Klagen über den Verlust der Leselust, die von vielen Erwachsenen zu hören sind, die das Lesen in der Kindheit emotional befriedigend erlebt haben, daß diese Lesemotivation lebensgeschichtlich verschüttet werden kann.

Die literarische Sozialisation steht also am Ende der Kindheit vor der Entwicklungsaufgabe, das gesamte Leseverhalten, also die kindspezifische Lesekonstruktion[7] so zu transformieren, daß auch unter veränderten psychischen Bedingungen Lesegenuß möglich ist.

---

7   Mit dem Begriff ‚Lesekonstruktion' benenne ich den individuellen Sinnzusammenhang des Lesens, also das gesamte System von Regeln, Mechanismen und Affekten, durch welches das Lesen eines Lesers organisiert wird. Lektürebiographien können analytisch in verschiedene Lesekonstruktionen zerlegt werden, also in abgrenzbare, in sich kohärente Komplexe, die Aspekte des Leseverhaltens wie Auswahl, Funktion, Gratifikation, Motivation, Kompetenz und Wirkung integrieren. Im Falle der lustorientierten Kinderlektüre deckt sich die Lesekonstruktion weitgehend mit der Lesephase. Der erwachsene Leser verfügt dagegen in der Regel über mehrere ausgeprägte Lesekonstruktionen und kann sie wechselnd gebrauchen. In die Genese und in den Gebrauch von Lesekonstruktionen zeichnen sich Momente der biographischen, historischen und gesellschaftlichen Kontexte ein.

4. Lesekrise am Ende der Kindheit

Ein Student der Betriebswirtschaft, der im Alter zwischen 11 und 13 Jahren „sämtliche Bücher von Enid Blyten" verschlungen hatte, fährt dann fort:

> *„Anschließend wurden plötzlich andere Sachen wichtiger: die 1. Freundin, Feten und das selber erlebte Leben."* (P12m) Gelesen wurde nur noch die ‚Bravo'. (Heute liest er Sachbücher.)

Mit dem Eintritt in die Vorpubertät verliert der kindliche Lesestoff plötzlich seine Attraktivität. Der von Käte Friedländer eindrucksvoll gezeigte Zusammenhang zwischen Themen, Handlungsstrukturen und Personenkonstellationen der Kinderliteratur einerseits und psychischer Disposition der Latenzphase andererseits wird mit dem sexuellen Reifeschub obsolet. Die der kindspezifischen Bedürfnis– und Wunschsituation entsprechenden Lesemotivationsmuster garantieren nicht länger die gewohnte lesende Befriedigung.

Die Begrenztheit der Lesekonstruktion ‚lustorientierte Kinderlektüre' kann den Lesern auf der Formebene bewußt werden. Katrin T. berichtet von dieser Lesephase, um dann lapidar festzustellen:

> *„Ungefähr mit 16/17 Jahren hatte ich diese Neigung dann glücklich überstanden: das ‚Schema F' mit all seinen Unwahrscheinlichkeiten und Utopien war durchschaut und langweilte nur noch."* (N4w)

Lesequantitäten können also Qualitätssprünge bewirken. Die Entwicklung der Lesekompetenz destruiert hier die Faszination von jahrelang fesselnden Texten, weil deren Machart durchschaubar und damit langweilig wird. Die intensive Lektüre kann, wenn sie zum literarischen Lernprozeß wird, den süchtig verschlungenen Lesestoff plötzlich fad werden lassen.

Das Lesen gerät in der Pubertät oft in eine Krise. Zunächst treten Veränderungen in der Lesehäufigkeit auf, so gibt es Fälle von starken Einbrüchen der Lesefrequenz bis hin zu Lesepausen, aber es tritt gerade in dieser Phase auch verstärkte Leseintensität auf. Interessanter als solche quantitativen Schwankungen sind jedoch die qualitativen Veränderungen. Der Ausgang dieser Krise entscheidet über den weiteren Verlauf der literarischen Sozialisation. So entstehen in dieser Phase die drei hauptsächlichen Ausprägungen des erwachsenen Verhältnisses zu Büchern, wenn man von wenigen Ausnahmen absieht.

1. Die meisten Nicht– bzw. Wenigleser sind Produkte der Pubertät. Die Lesekarriere wird abgebrochen, weil der Übergang zu einem befriedigenden Lesen für Jugendliche bzw. junge Erwachsene nicht gelingt.

2. Als Lesetyp entsteht nach Beendigung der Kinderlektüre der oft männliche Sach– oder Fachbuchleser, der die fiktionale Lektüre nicht fortsetzt.

3. Die meistens weiblichen erwachsenen Belletristik–Leser finden für sich eine modulierte Lesehaltung, um weiterhin an Fiktionalem Gefallen haben zu können.

Im folgenden beschäftige ich mich ausschließlich mit dieser Gruppe der Belletristik–Leser, was auch bedeutet, daß Probleme der literarischen Sozialisation ausgeblendet sind, die im Zusammenhang mit der ersten und der zweiten Gruppe thematisiert werden müssen.

5. Sekundäre literarische Initiation

Das Weiterlesen nach dem Ende der Kinderlektüre wird oft wie ein Neuanfang empfunden, für den wieder Anregungen von außen notwendig sind. Eine Studentin der Betriebswirtschaft, der als Kind das Lesen nicht wichtig war, die dann verzögert mit 13/14 Jahren ‚die typischen Mädchenbücher las, wie z. B. Pferdebücher‘, war später mit 17/18 von Sidney Shelden-Romanen begeistert.

„Eine Freundin gab mir das Buch ‚Zorn der Engel‘ und sagte, daß ich es unbedingt lesen müsse. Der Anfang dieses Buches begeisterte mich schon so, daß es relativ schnell ging, bis ich es zu Ende gelesen hatte. Daraufhin kaufte ich mir weitere Bücher von Sidney Shelden.

An das Buch selbst kann ich mich nur schwach erinnern. Es handelt um eine Anwältin, der jemand versucht die Karriere zu beenden. Jedoch ist sie hartnäckig und kämpft, wie sich später herausstellt gegen eine Mafia-Familie. Dabei verliebt sie sich in den Sohn des Mafiabosses. Das ist die einzige Erinnerung, die ich an dieses Buch habe. " (C1w)

Hier eröffnet der Hinweis einer Freundin eine Lesereihe, die sich verselbständigt, von derselben Autorin werden die Romane ‚Kirschblüten und Coca Cola‘, ‚Blutspur‘ und ‚100 Karat/Diamanten Dynastie‘ gelesen. Diese Romane befriedigen offenbar Leseerwartungen, die bereits vorhanden waren.

In der Lektüreautobiographie eines Lesers, der einmal von ‚Rolltreppe abwärts‘ gefesselt war, wird von einer weiteren erfolgreichen Anregung zum Lesen berichtet:

„Ich saß mit ein paar Freunden zusammen, und einer fing an, vom neuen Stephen-King-Buch zu erzählen, und auch alle anderen wußten was zu den SK-Büchern zu erzählen, nur ich saß daneben und wußte nicht einmal, wer dieser Stephen King nun war. Das wurmte mich, also ging ich kurzerhand in die Buchhandlung und kaufte mir das erstbeste SK-Buch, das ich fand. Es war eine spannende Mischung aus einem Psycho-Thriller und einer Horror-Geschichte. Die Schreibweise von SK faszinierte mich so sehr, daß ich bisher ca. 10 seiner Bücher las. " (M1m)

In beiden Beispielen bedurfte das Lesen einer äußeren Anregung, aber zum Leseereignis wurde es nur, weil dieser Anstoß einen eigenen Antrieb auslöste, weil in der Kommunikation von Text und Leser die Vorlust aufs Weiterlesen produziert wurde. Weil ihn die Schreibweise ‚faszinierte‘, las er weiter, weil es ihn ‚nicht mehr los‘ ließ, wurde er zum Leser.

Ähnlich wie bei der Kinderlektüre überdeckt die Erinnerung an die affektive Qualität des Leseerlebnisses die an die Textgestalt. Triviale Aufbereitungen von Stoffen um ‚Kampf und Liebe‘ werden nicht nur in diesem Fall am Ende der Kindheit als Anschlußlektüre bevorzugt. Diese Lesepräferenz ist aus zwei Gründen verständlich: erstens bietet die Trivialliteratur ‚Themen für Erwachsene‘, sie verlockt zum Lesen wie ein

Film ‚ab 18' zum Kinobesuch. Zweitens wirft sie nur geringe Kompetenzprobleme auf, da der Komplexitätsgrad der Sprach- und Erzählform den der Kinder- und Jugendlektüre nicht wesentlich übersteigt. Diese Lesehaltung kann auch vom Erwachsenen beibehalten werden, so heißt das aktuelle Lieblingsbuch jener Leserin ‚Nicht ohne meine Tochter' von Betty Mahmoody, und sie liest diesen ‚Erfahrungsbericht', wie sie die Trivialromane las.

Durch eine Freundin war der Siebzehnjährigen ein Roman empfohlen worden, der sie begeistert hatte. Wirkungsvoll sind Anregungen erst dann, wenn die angelesenen Bücher eine innere Lesemotivation aktivieren. Wenn ein Leser so in den Text hineingekommen ist, daß er zum Weiterlesen keine Willensanstrengung mehr aufbringen muß und auch keiner Unterstützung von außen bedarf, dann ist das freiwillige Lesen in einen Prozeß übergegangen, der durch die empfundene Leselust sich selbst trägt und fortsetzt.

Das Anregungszentrum wandert in dieser zweiten Initiationsphase aus der Familie hinaus. Hinweise auf Bücher und Autoren geben nun überwiegend Freunde und Freundinnen, aber auch die Schule. Bei letzterer Institution konkurrieren Schülerbücherei und Deutschunterricht miteinander – und oft wird die Person des Deutschlehrers ausgezeichnet, z. B. von Ingrid W.:

„In der 12. Klasse bekam ich einen guten Deutschlehrer, und seitdem gefallen mir die ‚anspruchsvollen' Bücher. [...] Jetzt interessiert mich an Büchern neben dem unterhaltenden Aspekt auch das Leben des Autors, die Epoche, aus der das Buch stammt etc. Bücher, die mir jetzt gefallen, sind vor allem solche, die mir bestimmte Ideen vermitteln, oder in denen ich mich selbst wiederfinde."
(D13w)

Mein schönster Fund zum Thema schulische Leseanregung stammt jedoch aus einem anderen Fach: Immer wenn ein Schüler in einer Physikarbeit einen längeren Satz schrieb, statt einer kurzen Formel, pflegte der Physiklehrer zu mahnen, keine kafkaesken Texte zu dichten. Mindestens einen Schüler provozierte die abfällige Bemerkung dazu, selber Kafka zu

lesen, es war übrigens derselbe, der sich früher durch Bücherbus und Preisausschreiben hatte anregen lassen (F1m). Leider
wurde dieser neugierige Leser von Kafkas Text nicht gewonnen.

Auf ein Buch aufmerksam gemachte potentielle Leser führen
die Lektüre nicht immer zu Ende. Anregungen zum Lesen
sind also in ihrer Reichweite begrenzt. Ein solcher Abbruch
der Lektüre markiert die Grenze zwischen Anregung (von
außen) und (innerer) Motivation. Wenn sich letztere nicht
einstellt, wenn also kein befriedigendes Leseerlebnis entsteht,
dann verdankt sich die Fortsetzung der Lektüre allenfalls
Sekundärtugenden. Eine Empfehlung, die erfolgreich zu sein
schien, weil sie zu einer Kontaktaufnahme zwischen Leser
und Buch führte, kann sich im nachhinein als erfolglos erweisen, wenn der Leser die Lektüre abbricht. Es reicht folglich
für alle Formen der Leseförderung nicht aus, wenn eine Anregung nur anregend ist, sie muß vielmehr mit ihrem Buch-
vorschlag eine für die gesamte Lektüre tragfähige Motivati-
onsgrundlage treffen oder aktivieren, um einen Leseprozeß
einzuleiten, der zur eigenen Sache gemacht wird.

6. Literarische Pubertät

Die relative Homogenität des kindlichen Leseerlebnisses löst
sich in der Pubertät auf. Die Lektüreautobiographien zeigen
drei Verlaufsformen für das weitere Schicksal der Leselust:

Erstens. Die eben zitierte Ingrid W., die sich durch ihren
Deutschlehrer motivieren ließ, schildert die Veränderungen
so:

> *„Ungefähr mit 12 Jahren ließ das Lesen beträchtlich*
> *nach. So mit 12–16 Jahren sah ich lieber fern, anstatt zu*
> *lesen. Mit 17 ungefähr fing ich dann wieder an, mehr zu*
> *lesen; allerdings lange nicht so viel wie früher. Ich glau-*
> *be vor allem, weil ich ‚anspruchsvollere‘ Bücher lesen*
> *wollte, die ich nicht so schnell durch hatte und teilweise*
> *auch nicht so gerne in die Hand nahm.“* (D13w)

Leser der ersten Gruppe beklagen den Verlust der kindlichen Leselust. Für das Lesen als Erwachsene haben sie sich eine sekundäre Motivation aufgebaut, wie z. B. das Streben nach literarischer Bildung oder das Interesse an sozialkritischer Literatur. Sie verfügen über ein Lesekonzept, das sie lesend bestätigen, deshalb nenne ich sie ‚Konzeptleser'.

Diese Leser sind, in Erinnerung an das frühere Leseglück, aufmerksam für unterschiedliche Lesegratifikationen. Ihr Verhältnis zur Schule ist ambivalent, oft machen sie für den Verlust der Lesefreude den Deutschunterricht verantwortlich, andererseits wird ihre neue Lesemotivation nicht selten in Verbindung mit dem Literaturunterricht aufgebaut.

Zweitens gibt es Leser, denen die Fortsetzung der lustbetonten Leseweise aus der Kindheit auch im Erwachsenenalter möglich ist. Ursula V. bekennt:

> *„Wie schon erwähnt ist es wichtig, daß das Buch einen positiven Ausgang hat. Wenn dies nicht der Fall ist, denke ich mir ein anderes Ende aus. Wenn ich ein problemorientiertes Buch gelesen habe, bin ich nicht richtig zufrieden. "* (N26w)

> *„Eigentlich lese ich noch immer so, wie ich als Kind gelesen habe. "* (N26w)

Solche Leselust – viele frönen ihr anfallartig in den Ferien – gewähren in der Regel Bücher aus einem eingeschränkten Spektrum der Unterhaltungsliteratur.

An eine einschlägige Lesephase erinnert sich Sonja P.:

> *„Als ich dann im Teenager–Alter war, habe ich oft Bücher von meinen Eltern gelesen, z. B. Simmel, Konsalik, Fischer usw. Oft waren auch Bücher darunter, in denen hin und wieder erotische Szenen auftauchten. Diese Bücher sollte ich von meinen Eltern aus nicht lesen. Daraufhin habe ich dann andere Schutzhüllen um diese Bücher geklebt und sie trotzdem gelesen. "* (N5w)

Sehr oft wird die Übertragung der kindlichen Lesehaltung auf Trivialliteratur für Erwachsene als vorübergehende literarische Praxis eingegrenzt, eine Feststellung, die auch für die Trivialisierung anspruchsvoller Texte gilt.

> *„Während der Pubertät habe ich dann viel Liebesromane gelesen. Dann habe ich immer davon geträumt, auch so umschwärmt zu sein, wie die Mädchen im Buch. "* (N7w)

Die Suche nach unmittelbarer Bestätigung von schlichten Tagträumen zeigt die Nähe zur Kinderlektüre. Weil dieser Lesemodus stark affektiv geprägt ist, nenne ich diese Leser ‚Gefühlsleser‘.

Wieder Sonja P.:

> *„Mit ca. 16 oder 17 Jahren entwickelte ich dann eine Vorliebe für Teenager– und Liebesromane für ca. 2,60 DM. Die habe ich wohl kiloweise verschlungen. Ich fand das alles unheimlich romantisch: Frau trifft reichen Mann und wird mit ihm glücklich. Geschwelgt habe ich in dieser Zeit. Bis ich dann schließlich feststellte: In der Realität sieht das aber völlig anders aus!"* (N5w)

Dieses schwelgerische Lesen kann in Frage gestellt werden, wenn sich in diesem literarischen Refugium des Lustprinzips das Realitätsprinzip Geltung verschafft.

Drittens gibt es die Leser, denen eine Transformation der Leselust gelingt. In den entsprechenden Lektüreautobiographien werden nachhaltige Veränderungen im Leseverhalten hervorgehoben, wobei eine hohe Lesemotivation erhalten bleibt, wenn auch zuweilen mit kurzen Unterbrechungen.

> *„Während der Pubertätszeit interessierte ich mich besonders für solche Bücher, die sich mit den Problemen der Jugendlichen befaßten. Das Thema ‚Liebe‘ stand natürlich an oberster Stelle. Man hatte selbst noch nicht viel erlebt oder begann gerade ‚erste Erfahrungen zu machen‘ und wollte wissen, ‚wie es so ist‘. Ich bemerkte anhand dieser Bücher, daß ich nicht die einzige war, die vielleicht Probleme hatte. Zusammen mit meiner besten Freundin lieh ich mir diese Bücher aus unserer Stadtbücherei aus. Wir tauschten die Bücher untereinander aus und fanden so genügend Gesprächsstoff, indem wir den Inhalt der Lektüre auf unser eigenes Leben übertrugen. "* (N18w)

Ein Kennzeichen des Lesens in der Pubertät ist oft der Versuch, zwischen der literarischen und der alltäglichen Welt intensivere Beziehungen herzustellen. Für Angela R. und ihre ,beste Freundin' werden Leben und Lesen im Gespräch zu einer essentiellen Einheit verquickt.

Cordula S. beobachtet und beschreibt in ihrer Lektüreautobiographie, wie ihre Leseeinstellung in dieser Phase komplizierter wurde.

„In mir herrschte jetzt ein gemischtes Gefühl. Einerseits konnte ich mich noch immer derart in eine Handlung oder eine einzelne Person hineinversetzen, so daß ich seine ,Abenteuer' selber erlebte, andererseits stellte sich eine gewisse Distanz ein. Während ich las, tauchten Fragen auf, was der Autor denn aussagen will, was er mit diesem oder jenem bezweckt. Ich beschäftigte mich immer mehr mit Jugendproblematik und mit dem Erwachsenwerden. "
(N27w)

Im Wechsel von Identifikation und Distanzierung wird der Leseprozeß in sich widersprüchlich, er regt intellektuell an und weckt Diskussionsbedürfnisse. Erreichen die Verwerfungen im Leseverhalten das Stadium einer produktiven Krise, in der die bisherige Lesekonstruktion der Kinderlektüre zur Disposition gestellt wird und zugleich lesend andere Lesehaltungen erprobt werden, kann sinnvoll von einer literarischen Pubertät (Graf 1980) gesprochen werden. Cordula S. schreibt weiter:

„Diese Fragen, die sich mir beim Lesen stellten, diskutierte ich mit Freunden oder im Deutschunterricht, und je mehr ich mit anderen darüber sprechen konnte, um so mehr Bücher las ich. "[8] (N27w)

Von Lesern dieser Gruppe wird oft auf die oben vorgestellte zweite Anregungsphase hingewiesen, die nicht selten mit dem Literaturunterricht (besonders der gymnasialen Oberstufe) verkoppelt ist.

---

8 In dieser Situation fragte die Leserin ihren „damaligen Deutschlehrer nach ein paar Büchern, die er mir empfehlen könne. "

In literarisch angeregten Gesprächen zeichnet sich eine Lösung für das zentrale Entwicklungsproblem der literarschen Sozialisation ab, wird doch für den erwachsenen Leser der Zugang zum literarischen Kosmos geöffnet, ohne die Lust am Lesen zu verlieren.

Ein Leser erinnert sich an sein Leseengagement:

> *„Zunächst ließ ich mir eine mehrbändige Literaturgeschichte schenken und forschte dort nach Stoff, der mich interessieren könnte."* (D3m)

In einer ausgeprägten literarischen Pubertät wird das ästhetische Lesen entdeckt, das Kunstgenuß oder Freude an literarischer Erkenntnis erschließt und so die kindliche Leselust aufhebt.

Kennzeichen dieser erwachsenen Leselust ist einerseits die antipositivistische Wertschätzung für ‚erfundene Wahrheiten‘, für eine eigene (zweite) poetische Welt, und andererseits die Bereitschaft bzw. das Bedürfnis, über Texte zu kommunizieren, sie zu interpretieren und sie bewußt mit eigenen Problemen in Beziehung zu setzen. Die engagierte Auseinandersetzung mit Texten höherer Qualität fördert die Entwicklung der literarischen Rezeptionskompetenz, triviale Geschichten werden abgelehnt. Ästhetische Erfahrung als Zentralbegriff dieser Lektüre bewahrt in ihrem utopischen Kern in verwandelter Form das zentrale Motiv der Kinderlektüre, nämlich einen Möglichkeitssinn, der wunschorientiert über die Bedingungen der Realität hinausschweift. Das Wunschmoment dieses Lesens widerstrebt der kompensatorischen Versuchung, wenn es die Differenz zwischen Wunsch und Wirklichkeit steigert, und so fehlende Realbefriedigung bewußt macht (vgl. Messner/Rosebrock 1978, S.178). Lesende Phantasiebefriedigung löst die psychische Spannung nie endgültig auf – weswegen Leser immer weiterlesen wollen.

7. Resümee

Biographische Beobachtungen mahnen zu Vorsicht mit generellen Aussagen über Lesefunktion, -kompetenz und -motivation. So läßt es sich z. B. oft nur im biographischen Zusammenhang entscheiden, ob und wie eine Lektüre kompensatorisch funktioniert oder ob und wie sie Entwicklungsprobleme löst; denn möglich ist beides. Und nur mit biographischer Einsicht kann beurteilt werden, ob ein Text auf seinem literaturwissenschaftlich beschreibbaren Kunst-Niveau rezipiert wird oder ob er für ‚Überlebenszwecke' gebraucht oder ‚mißbraucht wird'.[9] Über Funktions- und Gratifikationskonzepte hinausgehend erschließt der Begriff der Leselust das Verständnis der subjektiv-biographischen Bedeutung des privaten Lesens von fiktionalen Texten, ohne die Textqualität zu vernachlässigen. Die Theorie ästhetischer Leseerfahrung integriert beide Pole der literarischen Rezeption, den Genuß des Lesers und den Gehalt des Textes.

Analytisch betrachtet läßt sich die Figur des Lesers in zwei Dimensionen zerlegen: die Lesemotivation und die literarische Rezeptionskompetenz. Für den Verlauf der literarischen Sozialisation ist das Verhältnis aussagekräftig, in dem diese beiden Komplexe jeweils zueinander stehen. Aufs ganze gesehen würde ich der Lesemotivation nach dem Modell der Kinderlektüre ein Primat einräumen: Wenn es gelingt, beim Lesen Lust zu empfinden, dann wird auch ein Weg gefunden, Bücher zu verstehen. Freilich ist damit auf die Gefahr einer Verstehenshemmung hingewiesen: Wenn das Lesen dem Zweck der Lustgewinnung dient, ist die Versuchung groß, Texte so zu verstehen, daß der Lesegenuß nicht getrübt wird. Literarische Rezeptionskompetenz ist andererseits nicht sinnvoll zu denken ohne das Kriterium Textadäquatheit. Auch wenn man einräumt, daß die Fähigkeit, Lesegenuß zu erleben, als Teil der Kompetenz definiert werden kann, muß man die Fähigkeit, einen Text zu verstehen, an seinen Gehalt binden, wie

---

9   Eine solche Form des lebenswichtigen ‚Mißbrauchs' stellt Thomas Bernhard in der Fiktion dar, vgl. Bernhard 1985, S.287.

ihn literaturwissenschaftliche Interpretation zu analysieren versucht.

Die Interdependenz zwischen Kompetenz und Motivation stellt sich je nach Entwicklungsmodus der Leselust unterschiedlich dar:

Beim ‚Konzeptleser' funktionieren Motivation und Kompetenz als voneinander relativ unabhängige Systeme, beim ‚Gefühlsleser' kann die aus der Kindheit fortgesetzte hohe Lusterwartung an Texte die Kompetenzentwicklung anschieben oder hemmen, und beim ästhetischen Leser fördert zunächst der Kompetenzgewinn die Leselust, dann kann sich eine produktive Wechselwirkung einstellen.

Gemeinsam ist diesen Lesemodellen – bei allen unterschiedlichen Ausprägungen und Niveaus – die Fähigkeit und die Bereitschaft, in einer literarischen Illusion phantastische Befriedigung zu erleben. Deshalb ist das Lesen in jedem der drei Modelle keine von außen auferlegte Tätigkeit, sondern eine von innen gewollte. Dem lesenden Subjekt gewähren Bücher nicht nur diverse Gratifikationen, vielmehr wird das Lesen selbst Teil der Herstellung und der Äußerung der Subjektivität. Auch das genießende Schmökern bringt mehr als bloß unterhaltende Freizeitbeschäftigung; denn es ist immer verwickelt in den Versuch, sich psychisch im Gleichgewicht zu halten, sich zu bestätigen und die bedrohte Identität affektiv zu sichern.

In phantastischer Wunscherfüllung geht das ästhetische Lesen jedoch nicht auf; denn es kann – besonders in der literarischen Pubertät – zum Medium der Selbsterkenntnis werden. Bruno Bettelheim spricht vom ‚Erkenntnisschock', den Bücher auslösen können (und bei ihm selbst ausgelöst haben), und er vergleicht diesen Erkenntnisschock mit dem, den er in seiner eigenen Psychoanalyse erfuhr (Bettelheim 1990, S.110). Eine solche literarische Erfahrung sprengt verfestigte oder entfremdete Denk- und Empfindungsgewohnheiten (vgl. ebd., S.111).

Wenn die Lesepraxis wissenschaftlich untersucht und beschrieben wird, dann sollten solche begrifflich schwer zu greifenden intensiven Leseereignisse nicht durch die Maschen des

Erkenntnisnetzes fallen. Die emphatische Leseerfahrung zeichnet sich wahrscheinlich gerade dadurch aus, daß sie in den eingeübten Rezeptionsgewohnheiten nicht aufgeht, sondern das Lesen und das Leben verändert. Solche literarische Erkenntnis und Selbsterkenntnis mag selten sein, aber letztlich begründet die vitale Kunsterfahrung die eminente Bedeutung, die der Bücherkultur zugeschrieben wird. Martin Walser hat in dem eingangs zitierten Aufsatz den Punkt, auf den es ankommt, so formuliert:

> *„Bei Proust las ich später, ein Leser sei, wenn er liest, ‚ein Leser seiner selbst'. Das Werk des Schriftstellers sei ‚dabei lediglich eine Art von optischem Instrument, das der Autor dem Leser reicht, damit er erkennen möge, was er in sich selbst vielleicht sonst nicht hätte erschauen können'. "* (Walser 1965, S.123)

Das Einlassen auf fiktionale Texte kann die Augen öffnen für die eigene Wirklichkeit. Als Selbsterfahrung wäre das Lesen von dem Verdacht befreit, doch eigentlich nur ein geistiger Ersatz für das wirkliche Leben zu sein, es wäre dann eher als Bewußtmachung, als Intensivierung des Lebens zu verstehen.

Beate Ziegenhagen

Öffentliche Bibliotheken und Schulbibliotheken

— ohne Einfluß auf die Mediensozialisation von Kindern und Jugendlichen?

Eine rhetorische Frage? Gewiß. Gelten im allgemeinen doch primär das Elternhaus und ergänzend die Schule als *die* Mediensozialisationsinstanzen, die das Lektüre- und Medienverhalten entscheidend prägen. Diese Zusammenhänge nicht grundsätzlich in Frage stellend, soll im folgenden gleichwohl nach der Rolle der Bibliotheken und ihren möglichen Einflüssen gefragt werden.

Dies will ich zum einen versuchen, indem ich von außen wahrgenommene Bibliothekseinflüsse betrachte, hier in ausgewählten empirischen Untersuchungen, und zum anderen, indem ich aus der bibliothekarischen Innensicht über kinder- und jugendbibliothekarische Arbeit berichte.

1. Bibliotheken und ihre NutzerInnen – nicht nur – in Zahlen
Die Angebotsseite

Es gibt in der Bundesrepublik etwa 4700 *öffentliche Bibliotheken* mit hauptamtlichen Personal, darüberhinaus etwa 9000, die durch ehren- oder nebenamtliches Personal betreut wer-

den. Auf die 4700 entfallen 79 % der Medienbestände und 88 %
der Entleihungen.

Eine flächendeckende Versorgung ist nicht erreicht; der Ver-
sorgungsgrad ist regional sehr unterschiedlich. Durchschnittlich stehen zwar für knapp 70 % der Einwohner hauptamtlich
betreute Bibliotheken zur Verfügung, aber gerade in kleineren
Gemeinden ist der mögliche Zugriff auf Öffentliche Bibliotheken deutlich geringer (Bibliotheken '93, S.76f).

Auch wenn ministerielle Verlautbarungen gelegentlich den
Eindruck erwecken, in nahezu allen Schulen ihres Bundeslan-
des gäbe es Schulbibliotheken, so verbergen sich hinter diesen
Quantitäten häufig traurige Realitäten. Die Probe aufs Exem-
pel machten jüngst ein Dozent und eine Lehrbeauftragte des
Fachbereichs Bibliothek und Information der Fachhochschule
Hamburg. Auch unter den von der Schulbehörde durchaus
empfohlenen Einrichtungen erwiesen sich manche der soge-
nannten Bibliotheken als notdürftig verwaltete, dabei veraltete
Bestände, untergebracht in weder funktional sinnvollen noch
atmosphärisch aninierenden Klassenräumen oder Fluren (vgl.
Kübler/Graf 1994).

Schulbibliotheken entstanden in den alten Bundesländern im
Gefolge der Bildungsreform der 70er Jahre, vorwiegend in
Gymnasien und Gesamtschulen, z. T. als kombinierte Schul-
und Öffentliche Bibliotheken. In den neuen Bundesländern
werden seit der Wende unter widersprüchlichen Voraussetzungen Schulbibliotheken eingerichtet oder von der Schlie-
ßung bedrohte Öffentliche Bibliotheken in Schulbibliotheken
umgewandelt, was einer sinnvollen Schulbibliothekskonzep-
tion meist widerspricht.

Im Zuge der Leseförderungsideen haben einige Bundesländer
auch Initiativen ergriffen, um die Schulbibliothekseinrichtun-
gen in Grundschulen zu unterstützen (z. B. Rheinland–Pfalz).

Einzelne Städte (Bremen, Frankfurt/M, Mannheim, Weinheim, jüngst Leipzig) organisieren eine sinnvolle Kooperation
zwischen Öffentlicher Bibliothek und Schulen in Form von
Schulbibliothekarischen Arbeitsstellen, die die einzelnen

Schulen in ihrer Arbeit unterstützen und ein unrationelles Nebeneinander vermeiden.[1]

Grundsätzlich gilt, daß die strukturellen Defizite vielerorts nur durch das Engagement einzelner Lehrerinnen und Lehrer notdürftig ausgeglichen werden, z. T. mit Unterstützung der Eltern.

2. Die Nutzerseite

Im Vergleich zur Gesamtbevölkerung erreichen Öffentliche Bibliotheken Kinder und Jugendliche überproportional. Bibliotheksstatistiken weisen aus, daß von den 6–10jährigen etwa 50–60% Bibliotheken besuchen und nutzen. In einer der jüngsten Studien zur Lesesozialisation geben von den 13–18jährigen rund 70% an, Zugang zu einer Schulbibliothek zu haben, und zwei Drittel sagen, daß sie Mitglieder einer Öffentlichen Bibliothek sind. Aber von von diesen zwei Dritteln nutzen nur 5% ihre Bibliothek im wöchentlichen Rhythmus (vgl. Lesesozialisation 1993, 2, S.14).

Das in der Studie definierte Wochenintervall erscheint mir eng gesetzt. Tatsache ist, daß Bibliotheken von Kindern und Jugendlichen als kulturelle Einrichtung durchaus akzeptiert werden, auch wenn diese Akzeptanz nach den Erfahrungen vieler Bibliotheken gerade im jugendlichen Alter nachläßt.

Die geringe Aufmerksamkeit bis hin zur Nicht-Wahrnehmung gegenüber ihren Leistungen steht dazu in einem merkwürdigen Gegensatz.

3. Die Bibliothek – eine „blackbox"?

Leseverhalten und Mediennutzung werden seit mehreren Jahren und zunehmend intensiver empirisch untersucht. In klei-

---

1   Zur pragmatischen Vorgehensweise unter finanziell schwierigen Voraussetzungen vgl. Elstner 1994.

ner Auswahl habe ich in einigen Studien den Faktoren nach-
gespürt, die dort im Zusammenhang mit Bibliotheken als das
Lese- und Medienverhalten beeinflussende Variablen erhoben
werden.

In der Untersuchung von Renate Köcher (1988), die neben gegenwärtigen Bedingungen des Lesens auch rückwirkend positive und negative Einflüsse zu ermitteln suchte, gaben 14%
der Befragten an, als Kinder von ihren Eltern in die Bibliothek geschickt worden zu sein. Die Autorin interpretiert dieses Verhalten neben anderen lesefördernden Maßnahmen als
eines, das „zum Lesen verführt", im Gegensatz zu anderen,
die lediglich „zum Lesen ermahnen".[2]

In einer neuen Studie aus dem Jahr 1993, in der es um die
familiären Bedingungen kindlichen Lesens geht, hat sich die
Fragefomulierung zum Bibliotheksgebrauch ein wenig verändert. Hier geht es nicht mehr bloß darum, ob Kinder in die
Bibliothek geschickt werden/wurden, sondern gefragt wird,
ob die Eltern gemeinsam mit ihren Kindern die Buchhandlung
und/oder auch die Bibliothek besuchen. Knapp 40% suchen
die Stadtbücherei auf, kapp 20% die Pfarrbücherei. Befragt
wurden 9–11jährige Kinder und ihre Eltern (Lesesozialisation
1993, 1, S.145).

In der parallelen Untersuchung der Jugendlichen (13–18jähri-
ge) wurde, wie schon zitiert, die Zugangsmöglichkeit zu und
die Besuchshäufigkeit von Bibliotheken erhoben. Im Sinne
dieser Fragestellung taucht die Bibliothek lediglich als möglicher Lieferant von Lesestoffen auf, aber keinesfalls im Zusammenhang der Dispositionen, die die Kompetenz oder die
Motivation des Lesens in irgendeiner Weise beeinflussen
könnten.[3]

Bibliothek erscheint also auf die Versogungsfunktion redu-
ziert. Freilich wird offensichtlich grundsätzlich impliziert,

---

2   Hier zitiert nach ‚Allensbacher Jahrbuch der Demoskopie
    1984–1992", Bd 9, Allensbach 1993, S. 339.
3   Vgl. die anschauliche Tabelle ‚Theoretischer Bezugsrahmen des
    Leseverhaltens' in: Lesezozialisation 1993, 2, S.41.

daß es gut ist, daß es Bibliotheken gibt, und ebensogut natürlich, daß Kinder und Jugendliche dort hingehen.

Die wichtige Voraussetzung der „Material"-Lieferung soll nicht bestritten werden. Doch: Hat es wirklich keine Bedeutung, welche Medien, welcher Art und welcher Qualitäten Kinder und Jugendliche dort vorfinden? Ist es unwichtig, in welcher Weise dort Bücher und andere Medien bereitgehalten werden? Die Bibliothek erscheint als eine „black box": Es wird etwas hineingetan, man kann etwas herausholen. Was sich drinnen abspielt, bleibt im Dunkeln. Ein Einfluß der Bibliothek auf die Mediensozialisation wird zwar angenommen, doch scheint es mir nötig, genauer hinzusehen, wie sich dieser bestimmt.

Ich beschreibe dazu zunächst einige Variablen, von denen Bibliothekarinnen und Bibliothekare wissen, daß sie die Nutzung der Bibliothek beeinflussen. Zu dem, was auch wir nicht wissen, noch nicht wissen, komme ich dann später.

4. Bibliotheken und ihre Qualitäten

Faktoren, die die Nutzung der Bibliothek beeinflussen, haben mit Qualitäten der Bibliothek zu tun. Ich will hier einige grundlegende und hinlänglich bekannte nennen. Qualitäten einer Bibliothek zeigen sich:

— in einem kontinuierlich aufgebauten Medienbestand,
— in der Aktualität dieses Bestandes,
— in der Erschließung des Bestandes, so daß gewünschte Medien auffindbar sind,
— und, nicht zuletzt in kompetenter Information und Beratung.

Qualitäten zeigen sich auch im Ambiente der Bibliothekseinrichtung, in der Art der Präsentation der Medien, in der Atmosphäre, die die Bibliothek ausstrahlt. Lädt sie zum Verweilen ein? Weckt sie Interesse und Neugier? Gelingt es den MitarbeiterInnen, Fragen so zu beantworten, daß Kinder und Jugenliche sich in ihren Bedürfnissen ernst genommen fühlen?

Entsteht ein Gefühl der Vertrautheit in den Räumen und im Umgang zwischen BesucherInnen und MitarbeiterInnen?

Hundertprozentig überzeugte Leser, Hörer und Informationssuchende werden diese Variablen möglicherweise in ihrem Verhalten nicht beeinflussen. Sie werden sich vielleicht auch durch noch so unwirtliche Räume nicht abschrecken lassen. Für jene aber, die eher unentschieden sind, müssen die genannten Qualitäten in Bezug auf das Nutzungsverhalten als abhängige Variablen gelten. Dies wird durch Bibliotheksstatistiken, die Ausleihe und Aufenthaltsdauer in Bibliotheken quantitativ erfassen, nachhaltig bewiesen. Es ist z. B. dort offensichtlich, wo Kommunen neue Bibliotheken eingerichtet haben und die Zahl der Nutzer und der Entleihungen daraufhin sprunghaft anstieg. Dies gilt für Erwachsene ebenso wie für Kinder.

Allerdings zeigt sich die Qualität der Bibliothek nicht nur darin, ob sie ihre „Schätze", ihre Angebote korrekt bereitgestellt und darauf baut, daß die Interessierten das für sie richtige schon suchen und finden werden. Es kommt genauso darauf an, ob sie sich aktiv um die Vermittlung ihrer Bestände bemüht, ob sie von der Nutzerseite her denkt und handelt.

Dazu will ich zwei eingeschlagene Richtungen der Bibliotheksarbeit für Kinder und Jugendliche skizzieren.

5. Die nutzerorientierte Bibliothek für Jugendliche

In den 80er Jahren haben öffentliche Bibliotheken Marketingstrategien im Sinne eines Non–Profit–Marketing entwickelt, um weniger für fiktive Adressaten, sondern effektiv für bestimmte Zielgruppen zu arbeiten. Eine der an einem entsprechenden Modellversuch beteiligten Städte, Bremen, hat sich in diesem Zusammenhang besonders mit einer Zweigstelle ihres Bibliothekssystems, einer Zweigstelle in einem Schulzentrum, beschäftigt. Es handelt sich um eine kombinierte Schul- und Öffentliche Bibliothek in einem Sek.II–Schulzentrum (Oberstufe des Gymnasiums, Fachoberschule, verschiedene berufsbildende Ausbildungszweige).

Eine Befragung der Benutzer und später auch der Nichtnutzer, in Kombination mit der Auswertung von Bibliotheksstatistiken und einer Gemeinwesenanalyse, ergaben, daß die Jugendlichen die Bibliothek über das notwendige schulische Maß hinaus nicht nutzten und daß sie der Bibliothek nach Abschluß der Ausbildung den Rücken kehrten (vgl. Petsch 1992).

Da es sich um kein regionales Spezifikum handelt, daß gerade die Jugenldichen ab 13/14 Jahren der Bibliothek fernbleiben, hat die Kommission Kinder- und Jugendbibliotheksarbeit zäh und wiederholt einen Projektantrag beim Bundesministerium für Bildung und Wissenschaft gestellt, mit dem Ziel, die Defizite der Bibliotheksarbeit für diese Zielgruppe genauer unter die Lupe zu nehmen.

Dieses Projekt, angesiedelt in einer ost- und einer westdeutschen Stadt (Rostock und Hamburg), hat die Arbeit aufgenommen. Vom September 1993 bis zum September 1996 sollen hier Bibliotheksangebote entwickelt bzw. verbessert werden, orientiert an den Bedürfnissen Jugendlicher. Die Erhebung der Wünsche sowie eine wissenschaftliche Begleitung des Projekts insgesamt übernahmen Wissenschaftler des Zentrums für Kindheits- und Jugendforschung der Universität Bielefeld.

Aus meiner Sicht am interessantesten ist die Frage, welche Wechselwirkungen zwischen Bedürfnisbefriedigung und Anregung durch spezifische Informations- und Freizeitangebote möglich sein werden. Anders formuliert: Ist Anbiederung an modische Trends die einzige Möglichkeit? Oder bildet sich durch die Akzeptanz der bibliothekarischen MitarbeiterInnen von jugendlichen Interessen eine konsequente, zeitgemäße Weiterentwicklung von Bibliothekskonzepten heraus? In dem Sinne, daß die Angebote der Bibliothek auch horizont- und kompetenzerweiternd wirken?

6. Die Bibliothek als ein Ort aktiver Literatur- und Medienvermittlung

Es wäre ganz falsch zu behaupten, die aktive Literatur- und Medienvermittlung in Form von Lesungen, Austellungen, Rätseln, Theaterpräsentationen, Klasseneinführungen und vielem anderen mehr sei eine neue Richtung bibliothekarischer Arbeit. Gerade im Kinderbereich hat diese Veranstaltungs- und Programmarbeit genannte Tätigkeit eine lange Tradition und wird, je nach den personellen und materiellen Voraussetzungen, mehr oder weniger umfangreich praktiziert.

Im Rahmen der Kinderkulturarbeit umreißt Gundel Mattenklott (1993) die Funktion der Bibliotheken für die außerschulische Kulturarbeit folgendermaßen:

> *„Im außerschulischen Bereich sind die Bibliotheken wichtige Literaturinstitutionen. Sie leisten weit mehr als nur die kostenlose Bereitstellung von Büchern. In Kinder- und Jugendliteratur finden Autorenlesungen und Vorleserunden statt, es werden Feste gefeiert und Lesenächte mit gemeinsamer Übernachtung der Kinder veranstaltet. Hier hat sich ein eigener Kinderkulturbereich herausgebildet [...]"* (S.89).

Im Hinblick auf die eingangs erwähnte mangelnde Wahrnehmung der Bibliotheken durch die Öffentlichkeit stellt diese Sicht und Bewertung eine positive Ausnahme dar. Korrekterweise erwähnt werden muß, daß Gundel Mattenklott die hier beschriebene Sicht als ein Argument gegen weitere literarische Aktivitäten im Kinderkulturbereich zitiert, ein Argument, das sie in ihren weiteren Ausführungen zu widerlegen versucht. Ebenso wird im aktuellsten Positionspapier der Öffentlichen Bibliotheken erneut betont:

> *„Zu den bibliothekarischen Aufgaben in der Kinderbibliothek gehört neben der Bereitstellung der Medien die aktive Literatur- und Medienvermittlung an Kinder selbst, aber auch an erwachsene Medien-Vermittler wie Eltern, Lehrer und Erzieher. Hierzu gehört die kontinuierliche Veranstaltungs- und Programmarbeit."* (Bibliotheken '93, 1994, S.25)

Was sich dabei ändert, ist das dieser Arbeit zu Grunde liegende Selbstverständnis: Sie ist zum einen immer weniger schmückendes Beiwerk, sondern sie ist und wird vielerorts zum integralen Bestandteil der Bibliotheksarbeit. Und sie verabschiedet sich allmählich von den rein lesepädagogischen Auffassungen. Nicht mehr allein die Hinführung zum „guten" Buch ist ihr Ziel. Im Vorwort von „Mehr mit Medien machen" (1993, 1), das methodische Anregungen für eine literatur- und medienpädagogische Arbeit in der Bibliothek bietet, schreibt Rita Schmitt:

> *„Kinderbibliotheken sind Räume voller Geschichten. Geschichten können lustig oder traurig, märchenhaft oder nachdenklich stimmend, lehrreich und unterhaltsam sein. Geschichten werden in unterschiedlichsten Formen eingefangen: im Bilderbuch, im Kinderroman, als Hörspiel im Film, im Theaterstück ... Dabei hat jede dieser Formen individuelle Stilmittel und Wirkungsmechanismen. Sie alle haben ihren Platz in der Kinderbibliothek und ergänzen einander."* (S.3)

Es muß den Bibliothekarinnen und Bibliothekaren also zunehmend darum gehen, die spezifischen Qualitäten unterschiedlicher Medien erfahrbar zu machen. Wo, wenn nicht in Bibliotheken, findet sich ein vergleichbares Ensemble so verschiedener Medien, vom ersten Bilderbuch über erzählende Kinderliteratur, Audio- und Videokassetten bis hin zur Sachliteratur in unterschiedlichen Schwierigkeitsstufen und weiteren Informationsmöglichkeiten.

Der Schwerpunkt des ersten Bandes der Reihe, aus der ich eben zitiert habe, liegt nicht in der Förderung der Kompetenz im Umgang mit verschiedenen Medien – aber auch das gehört zu den Aufgaben, die kluge Bibliothekare in Zusammenarbeit mit klugen Lehrern leisten – sondern mehr im „Aufschließen" von bildnerischen und literarischen Angeboten für Kinder. „Aufschließen" in dem Sinne, daß Lust auf verschiedene Erzählweisen geweckt wird, daß nicht primär das „Durchschauen" dieser Erzählweisen Ziel ist, gleichwohl über vielfältige spielerische Umsetzungen die Begegnung mit Texten und Bildern und ihr „Erleben" in der Bibliothek intensiviert wird. An dieser Stelle soll aber nicht verschwiegen werden, daß die für diese Vermittlungsarbeiten notwendigen personellen Resourcen vielerorts zu gering bemessen sind.

7. Offene Fragen – Wünsche

Ich habe es angekündigt, ich komme nun zu dem, was wir (noch) nicht wissen. Ob nämlich Kinder, die in der beschriebenen Weise in ihrer Bibliothek betreut wurden, tatsächlich zu sowohl kompetenteren wie auch lustvolleren Lesern und Mediennutzern werden, das ist bislang nicht explizit empirisch untersucht. Wenn ich in diesem Beitrag die Qualitäten der Bibliothek so betont habe, dann deshalb, weil sie m. E. nicht genügend im Blick sind. Dabei bin ich mir natürlich darüber im klaren, daß Bibliotheken auf die Zusammenarbeit mit Eltern, Erziehern und Lehrern angewiesen sind.

Alle erwachsenen Vermittler müssen berücksichtigen, daß die Mediensozialisation, die Kinder heute durchlaufen, sich von der eigenen unterscheidet. Und sie sollten dies nicht a priori als schlecht oder gar gefährlich bewerten.

Moderne und gut ausgestattete Bibliotheken sind Orte, an denen Medienpluralität erfahren werden kann. Wenn Bibliothekare ihren Auftrag ernst nehmen und von den politischen Entscheidungsträgern der Städte und Gemeinden entsprechend finanziell abgesichert werden, schaffen sie für Kinder und Jugendliche die Möglichkeiten, Vor- und Nachteile verschiedener Medien kennenzulernen, Entscheidungskompetenz zu üben und Bewußtsein für unterschiedliche Qualitäten herauszubilden.

Erich Schön

,Lesekultur' —
Einige historische Klärungen

Die Lesekultur sei gegenwärtig im Verschwinden, besonders Jugendliche „lesen nicht mehr", lesen jedenfalls weniger oft, weniger lange, weniger Titel, weniger intensiv, weniger qualifiziert; und dieser Untergang der Lesekultur reiche von der Abnahme der Wertschätzung von Belesenheit über die abnehmende Fähigkeit zur Lektüre literarischer Texte bis zum Anwachsen des „neuen Analphabetismus". So die Sicht der einen Seite.

Das seien alte kulturpessimistische Klagen, schon immer in nur veränderter Form wiederholt, so alt wie die ,Lesekultur' selbst – falls es diese so, wie ihr nachgetrauert werde, überhaupt real je gegeben habe. Zudem werde das Verschwinden überlebter bildungsbürgerlicher Verhaltensweisen kompensiert durch den Zuwachs an Fähigkeiten im Umgang mit den ,Neuen Medien'. So die andere Seite.

Was heißt überhaupt ,Lesekultur', historisch konkret? – Es ist zu fragen, wann und in welchem sozialen Kontext die ,Lesekultur' entstand, welche Formen und Inhalte und welche soziale Funktion sie hatte, kurz: welches ihre historische Realität war. Und: bedeutet die (scheinbare) aktuelle Tendenz zur ,Verweiblichung' des literarischen Lesens tatsächlich eine Veränderung? – Oder ist es vielleicht so, daß seit je die literarische Kultur getragen wurde von Frauen, als Vermittlerinnen in der literarischen Sozialisation wie als den Leserinnen? Jedenfalls ist der Streit um die gegenwärtige Lesekultur nicht

pauschal zu führen, sondern nur, indem man sich der historischen Sache versichert und die aktuellen Tendenzen in ihrem
Lichte sieht.

Sind wir also heute im Blick auf die literatursoziologische
Situation im allgemeinen, auf das Lese- und Medienverhalten
von Kindern und Jugendlichen im besonderen, Zeugen des
Untergangs eines kulturellen, aber wegen seiner sozialisatori-
schen Implikationen auch sozial wünschenswerten Verhal-
tensmusters namens ‚Lesekultur'? Oder ist dies in Wahrheit
eine rückwärtsgewandte Mystifikation?

In der Tat gibt es Indizien für erhebliche aktuelle Veränderungen im Lese- bzw. Medienverhalten Jugendlicher. Allerdings
scheinen die vorliegenden quantitativen Untersuchungen kaum
geeignet als Basis für ernsthafte Argumentationen: Je nach
Studie und je nachdem, was man als Indikator für das Leseverhalten nimmt, schwanken die Ergebnisse in grotesker Widersprüchlichkeit leicht um 100 % oder mehr. Offenbar sind
die empirischen Verfahren so wenig erkenntnistheoretisch
fundiert, daß die Gefahr von Artefakten besonders groß ist.[1]

1. Was heißt ‚Lesekultur'?

Ich muß zunächst andeuten, was mit dem Begriff der ‚Lesekultur' gemeint ist – oder vielleicht gleich negativ: welche
Vorstellungen der eventuelle Mythos von der Lesekultur beinhaltet. Denn offenbar ist ja: Wenn geklagt wird, daß ‚Jugendliche nicht mehr lesen', dann impliziert diese Klage die
Vorstellung, daß es einmal anders, besser, gewesen sei.

Der historisch-traditionelle Begriff der Lesekultur[2] hat als
solcher bereits eine normative Komponente. Denn weder be-

---

1   Die neuesten Zahlen bietet die Studie ‚Leseverhalten in
    Deutschland 1992/93' der Stiftung Lesen (1993). – Vorher
    u. a.: Berg/Kiefer 1987; Saxer/Langenbucher/Fritz 1989; Fritz
    1991; Frank 1991.
2   Einige sehr vorläufige wortgeschichtliche Beobachtungen: Das
    Grimmsche Wörterbuch hat den Begriff noch nicht; auch nicht
    die Konversationslexika des 19.Jhs. In den 1920er Jahren ist er

schreibt er einfach das faktische Lesen, noch umfaßt er jedes Lesen, nicht einmal jenes, das von bestimmten Normvorstellungen bloß akzeptiert oder toleriert wird. Der Begriff ist vielmehr reserviert für ein Verhalten, das sich – innerhalb der gleichen sozialen Schicht – klarer Wertschätzung erfreut. (Bourdieu spricht von „legitimer Kultur" (1987), Schücking (1931) hätte von einem Verhaltenskomplex der gesellschaftlich dominierenden „Geschmacksträger" gesprochen.)

Der Begriff der ‚Kultur' konnotiert Wertvolles: Die positive Sanktionierung bzw. Wertschätzung bezieht sich auf die Tätigkeit des Lesens selbst, nicht z. B. um eines dabei zu erwerbenden bestimmten Wissens, der erarbeiteten Aufklärung, der erfolgenden pädagogischen Disziplinierung oder der Qualifikationen willen, die dabei erworben werden, wie z. B. der Verbesserung der sprachlichen, d. h. orthographischen, grammatischen, stilistischen oder rhetorischen Fähigkeiten. – Das schließt die Zuschreibung von Funktionen (und sei es nur abstrakt) nicht aus. Ein Beispiel: Th. Mommsens „Römische Geschichte" muß man lesen, nicht um dann Details aus dem Leben der Cäsaren kognitiv zu ‚wissen', sondern um daraus „Welt- und Menschenkenntnis" zu lernen und so ‚gebildet' zu werden. (Und gewiß hat das faktische Lesen verschiedenste Funktionen.) Dieser Bezug auf das Lesen selbst erweist den Zusammenhang dieser normativen Vorstellung von ‚Lesekultur' – in ihrer deutschen Ausprägung, von der hier zunächst zu reden sein wird – mit der Literaturdoktrin der deutschen Klassik und ihrer normativen Vorstellung von der zweckfreien autonomen Kunst.

---

geläufig. – Vielleicht ist er also parallel zum Begriff des ‚Bildungsbürger(tum)s', der nach Engelhardt, obwohl er ein Phänomen des 19. Jhs. beschreibt, als Wort erst in den 1920er Jahren auftaucht. (Die Wortbildung erfolgt dann, wenn die Sache vorbei ist.) Die Begriffe „Kultur", „Bildung" und „Lesen"/„Lektüre" kommen aber im ganzen 19. Jh. in enger Verbindung vor. Und seit der Antike gibt es „ars legendi/lectoris", Bergk hat die „Kunst des Lesens", aber schon Sacchini (1614) hat auch „De ratione libros […] legendi".

2. Die Quellen

Zunächst sollte ich offenlegen, aus welchen Quellen ich die Vorstellungen von der traditionellen Lesekultur extrahiere. Ich versuche, quantitative und qualitative Quellen und damit Argumentationen zu verbinden:

Quantitative Quellen sind z. B. die von der Sozialgeschichte ermittelten Daten zur Lesefähigkeit überhaupt und die – freilich immer nur schätzungsweise zu ermittelnden – Quoten des tatsächlichen Lesens, differenziert nach Lesen überhaupt und Lesen von Belletristik; wichtige quantitative Quellen sind auch die Zahlen der Buchproduktion und für die Lesekultur speziell der Anteil der Belletristik an der Gesamtproduktion.

Mindestens ebenso wichtig sind die qualitativen Quellen, von denen ich nur einige anführe. Für das 19. Jahrhundert, um das es hier vor allem geht, sind es zunächst normative Quellen: explizite Lesepropädeutiken, oft mit Lektürekatalogen; publizistische Artikel über Wert und Unwert des Lesens; sogenannte Lebensregeln oder für das 19. Jahrhundert genauer „Anstandsbücher", die meist auch den Umgang mit Büchern (und nicht nur „das Lesen") behandeln.[3] Solche normativen Quellen sind natürlich nicht deshalb aussagekräftig, weil davon auszugehen wäre, daß ihre Anweisungen befolgt wurden und so Realität spiegeln. Vielmehr spiegeln umgekehrt solche Anweisungen die jeweils herrschenden Vorstellungen vom richtigen, angemessenen Verhalten. Zu den qualitativen Quellen gehört auch vieles, was an historischem Material zum Stichwort ‚Bildungsbürgertum' bzw. zu Begriff und Geschichte von Bildung zusammengetragen wurde (v. a. Engelhardt 1986, Conze et al. 1985ff, Kocka 1988), u. a. auch die aus der Analyse von Lehrplänen ermittelten Inhalte des Deutschunterrichts (Ausw.: Jäger 1973, 1981; Kraul 1984).

Weitere Quellen sind Autobiographien, in denen vom Lesen berichtet wird. Sie sind freilich nur mit größter methodischer

---

3 Vgl. z. B. Martens 1977; Häntzschel 1986. Zu Quellenfragen insges.: Schön 1987, Kap. ‚Die Quellen', S.303–324, mit zahlreichen Literaturangaben.

Vorsicht zu verwerten. Ihr Quellenwert liegt oft mehr im Bereich einer zu erschließenden Normativität, als daß reales Verhalten dokumentiert würde. Dies sind einerseits bürgerliche Autobiographien, andererseits unterbürgerliche – in anderer Weise, da sie gelegentlich die leerlaufenden Normen vorführen:

> *„Ich bewegte mich in einem Kreise, wo es nicht für selbstverständlich galt, daß alle, die darin verkehrten, gebildet waren. ,Ist er gebildet?' konnte man oftmals fragen hören, und manchmal lautete die Antwort: ,Ja, er ist sehr belesen.' Die Bildung wurde hauptsächlich darin gesucht, daß man gewisse Schriften gelesen hatte, ich konnte mich aber des Verdachtes nicht erwehren, daß dabei weniger an die Bewältigung des Inhalts als an die Zeit gedacht wurde, die dazu nötig war. Wer diese Zeit aufwenden k o n n t e , bewies damit, daß er bis zu einem gewissen Grade Herr seiner Zeit war, und wer sie aufwenden w o l l t e , erkannte damit eine Art von Verpflichtung gegen die Gesellschaft an.‟*[4]

3. Historischer Überblick

Zur Bestimmung des historischen Ortes der Lesekultur will ich zunächst die eingangs angedeutete Bestimmung des Begriffs historisch konkretisieren und dann im historischen Durchgang quasi nach ihr suchen.

Ich sagte, der Begriff sei reserviert für ein positiv sanktioniertes Verhalten. Die Qualifikation des formalen Lesen–Könnens reicht dafür nicht aus, auch nicht die des sinnverstehenden Lesen–Könnens bzw. des ergebnisorientierten Lesens. Diese einschränkende Bestimmung der Lesekultur ist als historische nicht ein retrospektives Konstrukt, sondern wurde von den

---

4 Aus den Memoiren von Friedrich Ratzel (1814–1904) („Glücksinseln und Träume", Leipzig 1905); zit. nach Volkmann 1940, S.27f.

Zeitgenossen gesetzt. Ein Konversationslexikon aus dem Jahre 1867:

„Die Leselehre zerfällt übrigens in eine niedere und höhere, welche erstere wieder das mechanische und logische L. in sich faßt, letztere aber es ausschließlich mit dem Aesthetischen (Euphonischen) desselben zu thun hat."
(Neues Konversations–Lexikon 1867, Artikel „Lesen".)

Der historische Begriff der Lesekultur korrespondiert einem bestimmten Begriff des Ästhetischen; seine historisch–faktische Realität ist aber nicht einfach davon abgeleitet: Lesekultur wird erst (historisch) dann und (sozial) dort möglich, wo sich das Lesen – jenseits der Informations– und Qualifizierungsfunktion – auch emanzipiert von seinen exemplarischen Funktionen, von seiner (letztlich moralisch bzw. religiös bestimmten) Beschränkung auf Belehrung und Erbauung. Dies ist aber erst im Laufe der 2. Hälfte des 18. Jahrhunderts der Fall, durchgesetzt vielleicht erst mit der Romantik.

Die mit dem 19. Jahrhundert verbundene Form zeigt Auflösungserscheinungen schon vor 1900; sie endet in den 20er Jahren: der 1. Weltkrieg, die sozialen Veränderungen in der Folge der Inflation und die Umstrukturierungen der staatlichen und wirtschaftlichen Organisation (z. B. sozial die Entstehung des ‚Angestellten' etc.) setzen in ihrer Summe einen Einschnitt; die Verbreitung von Film und Rundfunk kommt dazu.

Ich will die Frage im historischen Durchgang noch einmal anders stellen: Wieviele Prozent der Bevölkerung konnten lesen, wieviele davon flüssig, wieviele davon lasen tatsächlich regelmäßig, wieviele davon aber waren nicht zugleich Gelehrte oder Literaten, lasen also aus professionellen Gründen, und wieviele davon wiederum lasen nicht nur pragmatische oder religiöse Texte, sondern um des Lesens willen?

Daß wir für das Mittelalter, auch wo nicht für den Umgang mit Literatur ohnehin Mündlichkeit dominant ist, mit winzigen Leser–Quoten zu rechnen haben, ist klar. Und obwohl die Quoten der Lesefähigkeit wie des nicht–literarischen Lesens im Spätmittelalter deutlich steigen, bleibt das noch lange so, auch nach der Erfindung des Buchdrucks. Um Zahlen zu nennen: Für die Zeit um 1500 schätze ich die regelmäßig Lesenden auf 1–2%, für die Zeit um 1600 auf max. 2–4% der Erwachsenenbevölkerung. Doch das sind vor allem Leser berufsbezogener Lektüre, religiöser Texte und von Sachliteratur; das Publikum literarischer Texte macht nur einen kleinen Bruchteil hiervon aus. – Schon hier ist festzuhalten, daß jedenfalls von den Anfängen her eine Kongruenz von ‚Gutenberg-Zeitalter' mit ‚Lesekultur' nicht gegeben ist. Ungeachtet dessen wird es in populären Argumentationen gern damit gleichgesetzt. (Ich denke z. B. an Postman 1983.)

Für 1620 wurde die Zahl der Personen mit akademischer Bildung im deutschen Sprachraum mit ca. 50.000 berechnet; Anfang des 18. Jahrhunderts waren es etwa 80–85.000. Das ist aber das Publikum der Buchproduktion insgesamt. Hiervon und vom Anteil der Poetik an der Gesamtproduktion ausgehend, hat Martino das Käuferpublikum der Belletristik ermittelt:[5] Die errechnete Zahl von 2.760 ist zwar nicht buchstäblich zu nehmen, außerdem kommen dazu noch die Benutzer von Schul-, Kirchen- und Klosterbibliotheken. Sie macht jedoch klar, daß das literarische Publikum im 17. und frühen 18. Jahrhundert nur wenige tausend Personen betrug (vgl. jetzt auch: Goetsch 1994).

Dabei gibt es für das 17. und frühe 18. Jahrhundert eine gewisse Akzeptanz der Poesie im allgemeinen und des Romans im besonderen (deren nicht nur argumentative Spuren aber bis ins 19. Jahrhundert hineinreichen): im Rahmen der rhetorischen Ausbildung, damit also für Männer und für ihre Ausbildungsphase. Diese Akzeptanz endet im 18. Jahrhundert:

> *„Will sich ein ander, [...] mit allerhand elenden Einwürfen behelfen; und dencken, er könne doch aus Romanen höflich conversiren, artig komplimentiren und zugleich den Lauff der Welt erkennen lernen: der tue es auf eigene Gefahr; [...] Conversiren lernet man besser an lebendigen*

---

5 Martino 1976. Martino wurde zwar kritisiert (Szyrocki 1978), weil er die Multiplikatorfunktion von Schul-, Kirchen- und Klosterbibliotheken vernachlässige. Doch verändert dies nicht die Größenordnung.

Exempeln, als aus den Büchern: und die von den Roma-
nen erborgten Complimente verrathen sich ohnedem unter
vernünftigen Leuten gar bald und sind den Steltzen nicht
ungleich, worauf man an statt gesunder Füsse gehen
will. "[6]

Dennoch vergrößert sich in der 2. Hälfte des 18. Jahrhunderts
das literarische Publikum erheblich. Aber dieses neue literarische Publikum ist ganz überwiegend weiblich. Einige grobe
Schätzungen zur Größenordnung: Während die deutschspra-
chigen Zeitungen schon Ende des 17. Jahrhunderts eine Ge-
samtauflage von ca. 25.000 und Ende des 18. Jahrhunderts
von ca. 300.000 hatten, also ca. 3 Mio. Rezipienten erreich-
ten (vgl. Welke 1981a, 1981b), betrug die Zahl derer, die
(nota bene nicht–professionell) mindestens einmal im Jahr ein
belletristisches Buch lasen, zur Zeit der deutschen Klassik
wohl kaum mehr als ca. 50.000, also bei 20–22 Mio. Ein-
wohnern weniger als 1% der Erwachsenen–Bevölkerung (vgl.
auch Schön 1995).

Im 19. Jahrhundert werden für die Schätzung der quantitativen Größe der ‚Lesekultur' weitere Aspekte wichtig, vor
allem die Tatsache, daß sich der Begriff nur nach Gegenstand
der Lektüre und Qualität des Lesens mit einem bestimmten
Niveau verbindet, eine wie auch immer bestimmte ‚Trivialliteratur' ebenso ausschließt wie Qualifizierungs– und Informationslektüre und wie ein Lesen, beispielsweise, *„weil es*
Mode ist, weil das die Langeweile vertreiben hilft": Bereits
die Zeitgenossen machen einen klaren Unterschied zwischen
den vielen, *„die überhaupt Bücher lesen"*, und dem *„wahren*
Publikum"; so kommt ein Kritiker 1889 für die Frage: *„wel-*
ches ist das Publikum unserer Litteratur?" in einer Analyse
des realen Leseverhaltens im *„niederen Volk"*, im *„Bürger-*
tum" und bei den *„oberen Zehntausend"* schließlich zu dem
Ergebnis:

„Das Publikum unserer Litteratur, in einem strengeren
Sinne verstanden, wird gerade nicht durch alle Die gebil-

---

6   Freyer 1737, S.476. Zu diesem Ende der Akzeptanz der Poesie
    vgl. auch Meyer–Krentler 1992.

det, welche Bücher lesen. Denn das Verständniß für litte-
rarische Erzeugnisse setzt einen hohen Grad von Emp-
fänglichkeit, von eindringendem Ernste, von Freiheit des
Urteils und vor allem auch von der Fähigkeit voraus, sich
in eines anderen lebendigen Geist unbefangen versetzen
zu können. [...] so wäre der letzte Schluß, zu dem wir ge-
langen, der, daß unsere Dichtung in ihrem ganzen Werthe
nur für eine verschwindend geringe Anzahl unserer Volks-
genossen besteht und arbeitet, [...]. ["][7]

Weiterhin als Indiz zu verwenden ist der Anteil der Romane
an der Gesamt–Buchproduktion, der im 19. Jahrhundert zwischen 5,9 und 11,6% variiert.[8] Für den Anteil der „Schönen
Künste und Wissenschaften" (bzw. später „Belletristik") an
der Gesamt–Titelproduktion liegen uns für damals und für
heute annähernd vergleichbare Zahlen vor. Dieser Anteil sinkt
im 19. Jahrhundert von fast 30% 1801–1810 auf gut 12–13%
in den 60er bis 80er Jahren und steigt nur gegen 1900 wieder
leicht an; damit liegt er jedenfalls fast im ganzen 19. Jahrhundert und vor allem in seiner 2. Hälfte deutlich niedriger als in
den letzten Jahrzehnten des 20. Jahrhunderts.[9]

Da dieser Anteil der Belletristik an der Gesamt–Buchproduktion vielleicht ein quantitatives Indiz für eine (belletristische)
Lesekultur ist, ziehe ich diesen Vergleich: In der 2. Hälfte des
19. Jahrhunderts, die ja oft als Hoch–Zeit der Lesekultur genannt wird, überschritt dieser Anteil nur gerade in 5 Jahren

---

7   Dresdner 1889/90, Zit. S.3–5. – Mit Blick auf aktuelle Diskus-
    sionen weise ich auf die hier geforderte Empathiefähigkeit be-
    sonders hin.
8   Zahlen zur Buchproduktion des 19. Jhs.: Rarisch 1976. Zum
    19. Jh. weiterhin Ungern–Sternberg 1987; Jäger 1991; Witt-
    mann 1991.
9   Dazu kommt, daß in der Mitte des 19. Jahrhunderts die durch-
    schnittliche Auflage eines Romanes bzw. eines belletristischen
    Werkes kaum höher war als Ende des 18. Jahrhunderts: Eine
    zeitgenössische Modellkalkulation setzt für einen Roman bzw.
    ein belletristisches Werk eine Auflage von nur 750 Exemplaren
    an. Vgl. Prinz 1856; Ungern–Sternberg 1987.

15%; im Durchschnitt lag er bei ca. 16,9% für das ganze 19. Jahrhundert, bei ca. 13,4% für die 2. Hälfte![10]

Im Durchschnitt der letzten Jahrzehnte dagegen (also 1951–1990), in denen die Lesekultur doch angeblich verschwindet, lag der Anteil der „Belletristik" an der Gesamt-Titelproduktion (in der alten BRD) bei fast genau 19% (1951–1990 = ca. 19,04%; 1971–1990 = ca. 19,02%). In den 10 Jahren 1981–1990 lag er bei 18,24%.[11]

In anderer Weise aussagekräftig ist die quantitative Bindung des Begriffs der Lesekultur an den Anteil des Bürgertums an der Bevölkerung. Und da kommen wir, je nachdem, ob wir die Gymnasial- oder die Mittelschulbildung als Indiz nehmen, auf knapp 3 oder auf knapp 6%. Das heißt nicht, daß diese Gruppe mit den Trägern der Lesekultur identisch war oder regelmäßig Belletristik gelesen hätte; die Zahl orientiert nur über die maximale Obergrenze. Diese Bindung der Lesekultur an die höheren Schulen ist nicht historisches Konstrukt, sondern wird von den Zeitgenossen gesetzt. 1859 heißt es in einem Lexikon-Artikel:

> *„Die höhere Leselehre, welche die Ästhetik als Ziel vor Augen hat, bleibt fast ausschließlich Sache der höhern Schulen, weil die Zeit der Volksschule es nicht erlaubt, bis zu jener Höhe empor zu steigen, [...]."* (Neues Konversations-Lexikon 1859, Artikel „Lesen").

Damit sind wir an dem Punkt, wo wir historisch die Situation der Lesekultur im 19. Jahrhundert beschreiben sollten, das in

---

10 Berechnet nach Rarisch 1976, S.101 und 105. Für 1847–1850 liegen keine Zahlen vor. (Diese würden den Durchschnitt vermutlich senken, da 1846 = 13,1%; 1851 = 13,6%) – Unser heutiges Bild von dieser Zeit mag mehr durch das damalige Bildungsbürgertum bestimmt sein; die damalige Situation selbst stand im Zeichen einer diesem Bildungsbürgertum vielfach fremden positivistisch-naturwissenschaftlichen Mentalität.

11 Nach „Buch u. Buchhandel in Zahlen"; Zahlen für 1988: Börsenverein des deutschen Buchhandels: Jahrbuch '89; S.117. Die Zahlen ab 1991 sind nicht vergleichbar, da die „Neuen Bundesländer" mit enthalten sind. (Deutschland gesamt: 1991 = 14,5%, 1992 = 15,6%).

diesem globalen mentalitätsgeschichtlichen Sinne quasi bis zum 1. Weltkrieg reicht.

4. Lesekultur:
Beschreibung eines historischen Gegenstandes.

4.1. Lesekultur zwischen Bildung(snorm) und (realem) Lesen

Das kulturelle Verhaltensmuster Lesekultur liegt buchstäblich zwischen der Bildung und dem tatsächlichen Lesen. Die Situation im 19. Jahrhundert zeigt, wie wenig identisch Bildung und tatsächliches Lesen sind.

Der Begriff „gebildet" ist im 19. Jahrhundert zunächst formal bestimmt durch das Abitur. Von der Funktion der Bildungsinstitutionen her war dabei entscheidend nicht, am Ende über gewisse Inhalte und Fähigkeiten zu verfügen (das wäre Fachausbildung), sondern der Besitz von Bildungspatenten, die den Eintritt in bestimmte berufliche Laufbahnen zugleich beschränkten und garantierten. Das hat in der historischen Situation einige Konsequenzen:

Der Bildungsbegriff wird statisch, schließlich verdinglicht. Es ist nach erworbenem Bildungspatent nicht mehr erforderlich, diese Bildung im Sinne einer aktiven Tätigkeit weiterzuführen. Wer in der Schule Horaz gelesen hat, „ist" gebildet, nicht, wer das als Erwachsener in seiner Freizeit tut.

Und weil mit die wichtigste Funktion dieser Bildung auch die der nationalen Homogenisierung der Oberschicht war, gehörte zu ihr nicht das Verfolgen der – in ihren Tendenzen ja stets unwägbaren – aktuellen literarischen Produktion, sondern sie bezog sich auf feste, ‚klassische' Inhalte. Die postulierten Gegenstände der Lesekultur sind abgeleitet von dieser institutionellen (vor allem gymnasialen) Bildung: Goethe, Schiller, Lessing, Shakespeare.[12] Allerdings wird der Bildungsbegriff

---

12 Zu dieser Kanonbildung vgl. Frühwald 1990, S.202; Mandelkow 1990; Vierhaus 1972.

in diesem Transfer zur Lesekultur quasi abgeschwächt, zumal er dann ja die Frauen als Adressaten hat. So gehören z. B. die lateinischen und griechischen Klassiker zur Bildung; die Leseanweisungen für Frauen verzichten aber z. T. explizit darauf.

Diese – nicht etwa von heute aus polemisch rekonstruierten, sondern aus dem System der Bildungspatente resultierenden – Momente erklären, daß Bildung nicht ‚Lesen‘ heißt, sondern jenes ‚Gelesen–Haben‘, das einerseits den Erfolg des „Büchmann" erklärt, andererseits die in vielen Autobiographien sozialer Aufsteiger bezeugte Klassiker–Lektüre als Pflichtübung.

> „Für das Verhältnis des Lesepublikums zur Literatur aber bedeutet all dies die Abwendung von der kontemplativen Lektüre existentiell verbindlicher Werke und ihren Ersatz durch die historische Quellensuche, durch das déjà–vu–Erlebnis des sich selbst bestätigenden Bildungswissens, das für Rede und Konversation dann eher tauglich ist als für die private Lektüre." (Frühwald 1990, S.206)

Der Bildungsbegriff hat für die Lesekultur mehrere normative Funktionen:

a) Lesekultur bezieht sich traditionell auf Gegenstände, die dem Bildungsbegriff mindestens kompatibel sind. D. h.: Sie bezieht sich nicht auf ein Lesen, das berufliche Qualifikationen aneignet, nicht auf allgemeine Sachliteratur, nicht auf Informationslektüre. Sie bezieht sich vielmehr auf Belletristik, dies aber in anderem, weiterem Sinne, als er heute gebräuchlich ist. Erstens, weil hier die Grenzen von fiktionaler und nicht–fiktionaler Literatur noch anders gezogen sind: Die Lesekultur setzt z. B. keine kategoriale Differenz zwischen historischem Roman (vgl. auch Eggert 1971) und historiographischer Darstellung.[13] Zweitens, weil die Funktionen, die jenseits der abstrakten Forderung der Bildung den Texten zugeordnet werden, die gleichen sind. Gegenstand der Lesekultur sind so auch historiographische Texte, Reisebeschreibungen, Biographien und Autobiographien. (Außerdem gibt es

---

13 Mommsen erhielt bezeichnenderweise 1902 den Literatur(!)-Nobelpreis.

Werke, die man um der Bildung willen gelesen haben sollte, die aber nicht eigentlicher Gegenstand der ‚Lese'kultur sind – die Übergänge sind fließend.)

b) Lesekultur bezieht sich traditionell auf gehobene Literatur, genauer: auf einen (historisch etwas variierenden) Kanon, bzw. diesem Kanon kompatible Texte. Trivialliteratur gehört selbstverständlich nicht dazu.[14]

In dieser Normativität des Bildungsbegriffs hat zum einen die erhebliche Differenz von ‚Lesekultur' und tatsächlichem Lesen ihren Ursprung, zum anderen aber auch unsere heutige Schwierigkeit, die literarische Sozialisation vom traditionellen Bildungsbegriff zu emanzipieren.

c) Auch nicht zur Lesekultur gehört das Verfolgen der aktuellen literarischen Produktion; diese wird z. B. in den Regulationen der Anstandsbücher für die reputierliche individuelle Lektüre (vor allem der Frauen) wie für den Schulkanon (vgl. auch Becker 1970, S.364) sogar explizit ausgeschlossen. Das änderte sich erst im 20. Jahrhundert. Daß in den 70er Jahren unseres Jahrhunderts die Fähigkeit zur ‚Teilnahme am literarischen Leben' als Ziel des Deutschunterrichts postuliert wurde, konnte also hier nicht anknüpfen.

Frauen sind zunächst (!) weitgehend aus dem formalen Begriff von Bildung ausgeschlossen, weil ihnen das institutionelle Bildungssystem verschlossen ist. Der Bildungsbegriff wird aber ihnen gegenüber normativ:

a) Die Männer sind gebildet; aber es gehört zur Aufgabe der Frauen, auch durch ihr Verhalten bürgerliche Identität als ‚gebildet' herzustellen und zu sichern: Identitätsarbeit zu leisten.[15] Konsequenz ist, daß für die Frauen Lesen akzeptiert und darüber hinaus – weil statusfunktional – sogar positiv sanktioniert wird, soweit es sich nach Gegenstand, Umfang,

---

14 Zur Differenz von Lesekultur und tatsächlichem Lesen vgl. auch Jäger 1988.
15 Ich vermeide den Begriff der Repräsentation, um das Mißverständnis einer bloß scheinhaften Außendarstellung ‚für die anderen' zu vermeiden.

Qualität, Situation etc. den Normen des Bildungsbegriffs unterwirft.

b) Für die Praxis ihres Lesens hat dies die bekannte Zwiespältigkeit zur Folge: die ungelesenen ‚Prachtschinken' im Salon, die zerlesenen Leihbibliotheksbände im Hinterzimmer.

c) Den Frauen muß z. T. eigene Lektüre die institutionelle Bildung ersetzen. Zwar sollen sie dabei nicht etwa Latein und Griechisch lernen – das wäre Pedanterie. Aber de facto sind sie die Leserinnen der Belletristik. Und sobald für Mädchen Bildungsanstalten eingerichtet werden (die ersten Mädchengymnasien, z. T. gilt das mutatis mutandis auch für die Mädchenpensionate), hat konsequenterweise die Beschäftigung mit deutscher Literatur für sie von vornherein einen höheren Stellenwert als für die Jungen.

Und zu der Identitätsarbeit der Frauen gehört auch die literarische Sozialisation der Kinder, der Jungen vor allem bis zum Eintritt in das institutionelle Bildungssystem, der Mädchen u. U. bis zu deren Verheiratung; vom Vorlesen für die Kleinen bis zur Regulation der Lektüre der halberwachsenen Töchter: Die Frauen werden, entsprechend einer Formulierung von Engelhardt, zu den „Kulturträgerinnen", ohne doch im System des 19. Jahrhunderts wirklich ‚gebildet' sein zu können (vgl. Engelhardt 1990).

4.2. Die für Männer und Frauen gegenläufige Status–Passage

Für Männer – im 18. Jahrhundert für die Söhne des Adels und die für eine akademische Ausbildung und eine Beamtenlaufbahn vorgesehenen Söhne des Bürgertums, im 19. Jahrhundert dann im Rahmen des geregelten Erwerbs von Bildung – für Männer also gehörte eine mäßige Beschäftigung mit Literatur, z. B. als Theater–Spielen oder auch als Lektüre von Romanen, als Teil der Rhetorik–Ausbildung zur beruflichen Qualifikation in der Perspektive einer Tätigkeit als öffentliche Person. Von dieser ursprünglichen Funktion her wird literarisches Lesen – solange es ein bestimmtes Maß nicht überschreitet – bis ins 19. Jahrhundert hinein trotz des grundsätzlichen Bedeutungsverlusts der Rhetorik in der Ausbildung für sie noch akzeptiert. Im 19. Jahrhundert kommen dann die Regularien des Bildungsbegriffs dazu. Für Männer gilt aber ganz klar, daß diese Lizenz zur Lektüre von Belletristik präzise an einem bestimmten Punkt in der Biographie endet: Mit dem Eintritt ins Berufsleben: Dann beginnt der ‚Ernst des Lebens‘, und spätestens dann hat die Romaneleserei aufzuhören.

Vom späten 18. bis ins 20. Jahrhundert hinein lassen sich zahlreiche normative Äußerungen versammeln mit einem doppelten Tenor. Erstens: Das Romanelesen (und die dadurch bewirkte Empfindsamkeit, die wir ja heute mit „Empathie" historisch übersetzen) macht untüchtig zu tatkrätigem praktischen Leben, und zweitens: Romanelesen ist ‚unmännlich‘. Ein Beispiel von 1788: Des Romanlesers

> *„Empfindungs– und Handlungsart ist grade jene [...] der Romanenpersönchen. Empfindeley macht unfähig zu jedem Geschäfte; spannt alle Sennkraft, Federschnelle und Thätigkeit ab, und macht aus dem Mann ein schwaches kränkelndes Weib. "* (D–r. 1788, S.68)

Und gerade ein Jahrhundert später, also Ende des 19. Jahrhunderts:

> *„Männer, die einen Beruf haben, würden sie nicht ein wenig den Glauben an ihren Ernst und ihre Tüchtigkeit erschüttern, wenn sie offen eingestehen wollten, daß sie sich in ihren Mußestunden auch mit der Lektüre von Romanen, Theaterstücken etc. beschäftigen, [...]?"* (Megede, zit. nach Hamann 1899, S.76)

Für den Aspekt der literarischen Sozialisation mag nun wichtig sein, daß der Grund für den Bruch der Eintritt ins Berufsleben war (der in dieser sozialen Gruppe später erfolgte als in den Unterschichten), daß dies aber – abgetragen auf die psychosoziale Entwicklung – bedeutete, daß literarisches Lesen zur Zeit der Adoleszenz akzeptiert wurde, danach nicht mehr.

Für die Frauen – ich rede von derselben sozialen Gruppe, andere kommen ohnehin nicht in Betracht – verläuft die biographische Entwicklung gerade umgekehrt: Im 18. Jahrhundert gehört für sie die Beschäftigung mit Literatur nicht zur Ausbildung; im 19. Jahrhundert zunächst nur für die wenigen, die die Mädchengymnasien besuchen. (Jenseits einer bestimmten Qualifikationsstufe muß eigene Lektüre die formale Bildung sogar ersetzen.)

Stets aber, im 18. wie im 19. Jahrhundert, ist das Regulativ nicht das Sollen z. B. der rhetorischen Ausbildung, sondern das Dürfen nach Maßgabe inhaltlicher Kriterien. Und da werden für die Frauen – ebenfalls in einer biographischen Passage – die Freiheiten in einem Moment schlagartig größer: im Moment der Verheiratung. Der Bücherschrank gehört als „geistiger Brautschatz" im Bildungsbürgertum zur Aussteuer. Einer verheirateten Frau ist schließlich manches zuträglich, was für ein junges Mädchen unziemlich wäre.

Ein Beispiel von 1896, das gleichzeitig das Theater mit betrifft:

> *„Junge Mädchen gehören in keine erste Aufführung, von der ja kein Mensch wissen kann, was man unter einem noch so harmlos klingenden Titel zu hören bekommen kann. [...] So wie der Schlüssel zum Bücherschrank abgezogen bleiben muß und nur geeignete Lektüre in die Hände der jungen Welt kommen sollte, so darf man ihr auch nicht hier vor aller Welt das Erröthen abgewöhnen wollen. "*[16]

---

16 Natalie Bruck–Auffenberg. Die Frau comme il faut. Die vollkommene Frau. 1. Aufl. Berlin 1896, 4. Aufl. 1911. Zit. nach: Martens 1977, S.206. – Aber: *„Freilich war es in diesem Punkte [...] mehr auf die äußere Simagrée der Convenienz, als auf den moralischen Grund und Boden abgesehen. Denn die Wahl der Bücher war lediglich zur Einschränkung erdacht. Ein 13jähriges Mädchen erkaufte durch den Trauring das Recht, die schlüpferigsten Bücher lesen zu dürfen, während sich die erwachsenste Jungfrau nie zu der Lesung der Pucelle, der Liaisons dangereuses, der Oeuvres de Gresset und mehrerer Dichtungen Dorats bekannt haben würde. "* Anonyma 1800, S.636 (gesagt über Frankreich).

4.3. Das Lesen der Frauen

Schon für das 18. Jahrhundert findet man auf der Suche nach den tatsächlichen Lesern von Romanen und von Belletristik überhaupt – jedenfalls nachdem der Roman seine Funktion und damit Legitimation im Rahmen der rhetorischen Ausbildung verloren hatte, und wenn man absieht von denjenigen, die aus professionellen Gründen damit befaßt sind – nur bis zur Adoleszenz Männer als Leser, sonst fast nur Frauen.[17] Dieser Grundriß gilt ebenso für das 19. Jahrhundert.

Auf die Frage nach dem literarischen Publikum heißt es 1889:

„Die Masse der literarischen Konsumenten wird schlechtweg ‚das Publikum‘ genannt. Wer ist nun das Publikum? Gewiße Aesthetiker und Literarhistoriker sind rasch dabei, Publikum einfach mit ‚Volk‘ zu übersetzen. Allein der Begriff hat einen viel enger zu begrenzenden sozialen Inhalt. Das Publikum ist derjenige Theil der wohlhabenden Klassen, der im Stande und geneigt ist, Bücher zu kaufen oder doch wenigstens die Leihbibliotheksgebühr zu zahlen, also ein nur sehr geringer Bruchtheil des Volkes! Und dieser Bruchtheil setzt sich hauptsächlich aus dem gebildeten und besitzenden Mittelstande zusammen [...] Das literarische Publikum besteht nämlich vorwiegend aus den Frauen und Mädchen der wohlhabenden Klassen, während das männliche Geschlecht von der Belletristik nichts wissen will. [...] Unsere heutige Literatur ist die einer bevorrechteten Klasse und zwar des geistig unreiffsten Theiles dieser Klasse."[18]

Noch einmal zur konkreten Situation und Funktion weiblichen Lesens, aus einer Lebenshilfe für Mädchen und Frauen von 1869:

„Mögen die Männer [...] durch Frost und Schnee ihren öffentlichen Zusammenkünften nachgehen; die Frauen des

---

17 Zu diesem Aspekt systematisch: Rosebrock 1993; Garbe 1993a. – Zu diesem Aspekt historisch: Schön 1990b; 1994; 1995.
18 Wengraf 1889, S. 246, 247, 248. – Vgl. auch Langenbucher 1968.

Hauses bleiben daheim und finden bei einem interessanten Roman reiche Entschädigung für eine auswärtige, höchst zweifelhafte Unterhaltung. Man liest abwechselnd vor und die Nichtlesenden sind unterdeß noch mit allerhand Nadelarbeiten beschäftigt und so verschwinden die Abendstunden ebenso angenehm als nützlich. – Die Gattin, im Studirzimmer des noch abendlich arbeitenden Gatten, wird am wenigsten Gefahr laufen, ihn bei seiner Arbeit zu stören, wenn sie selbst in ein Buch vertieft ist, [...]. Aber auch die allein zu Hause weilende Gattin oder Tochter, die des zurückkehrenden Gatten oder der Eltern harrt, wie leicht werden ihr die einsamen Abendstunden vergehen, wenn sie sich geistig beschäftigt! Und nun gar die Einsamen, die Alleinstehenden, mögen sie junge oder alte Witwen, oder junge oder alte Jungfrauen sein, die sich selbst mit Arbeit ihr Brot verdienen oder die es schon haben, ohne daß sie ängstlich darum zu sorgen brauchen – sie Alle werden mir zustimmen, daß ihnen ihre einsame Häuslichkeit niemals unangenehm ist, oder daß sie sich am schnellsten und besten über sie trösten, so bald gute Bücher zu ihrer Gesellschaft zur Hand sind."

Dieselbe Autorin beschreibt auch die Funktionen der Lektüre für die Frauen:

„Schon darum also sollte man die weibliche Neigung zum Lesen begünstigen und stärken weil Tausende von Frauen kein anderes Mittel zur Unterhaltung, noch mehr zur Erhebung und Erbauung haben als dieses. Es gewährt ihnen Ersatz für viele Entbehrungen, bewahrt sie nicht allein vor Langeweile, sondern auch vor allen Launen und Grillen, die durch den Mangel an Beschäftigung, wie an geistiger Nahrung so leicht entstehen.

Dieß ist nur die eine ganz practische Seite der Sache, die wir zuerst vom rein realistischen Standpuncte, auf Grund des Nützlichkeitsprincips, empfehlen, – ein Bindemittel an das Haus, ein Ersatzmittel für unnütze Ausgänge und Besuche und damit ein Bewahrungsmittel vor vielen Ausgaben, ein Mittel, nicht allein Unterhaltung, sondern auch Vergessenheit mancher Sorgen und unangenehmer Ein-

drücke zu gewähren; – ein solches, für alle Fälle bewährtes Hausmittel ist die Lectüre. "[19]

4.4. Die geforderte Qualität des Lesens

Zu den für die Lesekultur geforderten Qualitäten gehört literarische Rezeptionskompetenz, abgeleitet aus dem Bildungsbegriff. Das hat zur Konsequenz, daß diese Rezeptionskompetenz nicht meint, auf der Höhe der je aktuellen zeitgenössischen, vielleicht gar avantgardistischen, ästhetischen Doktrinen zu sein. Vielmehr verfestigt sich im 19. Jahrhundert mit dem Einfließen der Prinzipien der philosophischen Ästhetik in den Schulunterricht und parallel dazu der Etablierung und Kanonisierung der Deutschen Klassik die Orientierung an deren Kunstdoktrin. Während allerdings die von der Schule (d. h. dem Gymnasium, und so zunächst ja vor allem für die männlichen Jugendlichen) in Geltung gebrachte Kunstdoktrin der Deutschen Klassik fordert, ein Werk als ganzes als Ausdruck der Subjektivität seines Autors zu sehen, zeigt sich bei der konkreten lesepropädeutischen Umsetzung eine markante Verschiebung: In den praktischen Anweisungen für die tatsächliche (nota bene in der Praxis ja ‚weibliche‘) Lektüre steht stattdessen zentral immer wieder die Forderung nach empathischem Lesen bzw. genauer nach Empathie gegenüber den fiktiven Charakteren. Für die ‚Lesekultur‘ wird – normativ und faktisch – Empathie gegenüber den fiktiven Charakteren, weniger eine die Subjektivität des Autors nacharbeitende ästhetische Rezeptionsweise zu einem zentralen Merkmal. Die Relation von männlichem Bildungsprinzip und weiblichem ‚inkompetentem‘ realem Lesen zeigt sich z. B. daran, daß stoffliches Interesse disqualifiziert wird als *„weibische[...] Neugierde, das Ende eines Buches zu wissen.“* (Marées 1806, S.21). Stoffliches Interesse gilt als überholtes, veraltetes, der Aufklärung zuzuordnendes Rezeptionsmuster. Daß es den Frauen zugeschrieben wird, heißt zugleich, daß ihnen ein veraltetes,

---

[19] Louise Otto: Der Genius des Hauses. Eine Gabe für Mädchen und Frauen. Wien/Pest/Leipzig 1869. Zit. nach Häntzschel 1986, S.386f.

nicht–ästhetisches, inkompetentes, ungebildetes Rezeptionsmuster zugeschrieben wird.

Ich gebe das Syndrom innerer und äußerer Qualitäten des Lesens aus einer „Mitgabe für junge Mädchen beim Eintritt in's Leben" aus dem späten 19. Jahrhundert (ich zitiere nach der, nota bene!, 12. Auflage von 1907):

> *„Viele junge Mädchen haben die Gewohnheit, äußerst schnell zu lesen, ja die Erzählungen förmlich zu durchjagen, um nur bald zum befriedigenden Schlusse zu gelangen. Dadurch aber geht ihnen jede Frucht des Lesens verloren; denn es ist unmöglich, dabei die Schönheit oder Eigenthümlichkeit der Darstellung wahrzunehmen und den im Buche ausgesprochenen Gedanken volle Aufmerksamkeit zu schenken. Leset daher mit Bedacht, wie etwa ein Spaziergänger, eine schöne Gegend durchschreitend, öfters stehen bleibt und die Landschaft vor- und rückwärts überblickt. Leset auch dann nur, wenn ihr eure Pflichten erfüllt habet, und entzieht die Zeit für eure Geistesbildung nicht der Arbeit, sondern dem Vergnügen.*

> *Wie aber Uebermaß immer schädlich ist, so gilt dies auch vom Lesen, besonders solcher Bücher, die nur der Unterhaltung dienen: hütet euch daher vor der Lesesucht! Sie macht zerstreut, träumerisch und gedankenlos, nimmt euch die Lust zu praktischer Tätigkeit und den harmlos frohen Sinn. Wenn es nur zur Freude und Erholung geschieht und nicht etwa den Zweck des Lernens hat, so solltet ihr euch stets vornehmen, nie länger als eine Stunde hintereinander zu lesen. Das Abbrechen ist ein [sic] kleine Uebung in der Selbstbeherrschung und erhöht nebenbei auch den Reiz der Lektüre. Doch sollt ihr euch vornehmen, nie zur bloßen Unterhaltung zu lesen, sondern immer dabei zu lernen suchen. Bald werdet ihr finden, welcher hohe Wert im Lernen liegt. In der schöngeistigen Literatur sucht nur wertvolle Werke zu lesen; bemüht euch, den Grundgedanken derselben zu erfassen und die Charaktere, die ihr bewundert, auch verstehen zu lernen. [...]*

Ich habe einen Vater gekannt, der von seinen Töchtern verlangte, daß sie auch bei der Lektüre von Romanen über jedes Kapitel sich schriftlich Rechenschaft gaben: ein ausgezeichnetes Mittel, sich vor der Lesewut zu bewahren und mit Verständnis zu lesen.

Vorlesen solltet ihr, so oft sich euch Gelegenheit dazu bietet. Ihr könnt dadurch nicht nur anderen eine große Freude bereiten, sondern auch euch selbst nützen; denn durch den Ausdruck des lebendigen Wortes wird der Gedanke viel klarer in euch. Außerdem aber ist es bildend für eure Stimme. Gut vorlesen zu lernen, sollte jedes junge Mädchen erstreben. Es macht sich dadurch liebenswürdig und anderen nützlich. "[20]

Literarische Rezeptionskompetenz ist also nicht die einzige Qualität, die die traditionelle Lesekultur ausmacht. Sie verlangt auch Kompetenzen zur Einbettung des Lesens in die Alltagsrealität. Das suchthafte Lesen der Pubertät gehört nicht dazu; noch weniger ist es Lesekultur, wenn Erwachsene solcher Lesesucht erliegen. Zahllos sind die Polemiken gegen die lesenden Frauen, die über der Lektüre den Haushalt vernachlässigen. Disziplin und Maßhalten im Lesen also: Lesekultur, ‚Kultivierung‘ des Lesens ist nicht zuletzt auch seine Zivilisierung, seine Zähmung.

Bestimmte andere, eher technische Lesekompetenzen gehören ausdrücklich nicht zur Lesekultur, z. B. die Fähigkeit, besonders schnell zu lesen – womit ja auch die eben zitierte Stelle einsetzt –: diese Fähigkeit gehört zum informatorischen Lesen, das ja als solches ebenfalls nicht dazu gehört. (Das bestätigt sich aktuell daran, daß es nicht als Zuwachs an Lesekultur gilt, wenn aktuelle empirische Studien darauf schließen lassen, daß bei den heutigen regelmäßigen Lesern die durchschnittliche Lesegeschwindigkeit möglicherweise in den letz-

---

20 Marie von Lindemann: Die rathende Freundin. Mitgabe für junge Mädchen beim Eintritt in's Leben. Köln, 12.Aufl. 1907. Zit. nach Häntzschel, S.448. – Die Forderung nach Selbstdisziplinierung durch Abbrechen der Lektüre könnte hier auf Campes „Robinson der Jüngere" zurückgehen (z. B. I, 8./9. Abend), steht aber in älteren Traditionen.

ten Jahren oder Jahrzehnten gestiegen ist (vgl. Saxer 1991, S.126f).

Daß zur traditionellen Lesekultur – oder: zum kultivierten Lesen – eine bestimmte Qualität des Lesens gehört, wissen wir freilich vor allem aus den Klagen darüber, daß es real nicht so war. Und es irritiert ein wenig, daß seit der 2.Hälfte des 18. Jahrhunderts, wo wir doch erst den Beginn des bürgerlichen Lesens ansetzen, die Klagen nicht abbrechen, es sei früher um die Qualität des Lesens besser bestellt gewesen. Eine Klage aus dem Jahr 1792:

> *„[...] die neuern Deutschen [sind] nicht gewohnt [...] so zu lesen, wie sie es von ihren Vätern gelernt haben. Diese studierten den Schriftsteller den sie vor sich nahmen, lasen ihn zu verschiedenen Malen durch, beherzigten alle seine Aussprüche und Beweise, machten sich vertraut mit ihm, und legten ihn dann erst bei Seite, nachdem sie ihn in Saft und Blut verwandelt hatten. Wir aber haben uns eine eilfertige Lektüre angewöhnt. [...]"* (Pahl 1792, S.620f)

Nun eine Klage über den Untergang der Lesekultur ein Jahrhundert später, vom Ende des 19. Jahrhunderts. Der Verfasser meint

> *„daß man sich früher mehr und intimer an die Bücher anschloß, mehr mit den Büchern fühlte und dachte, ja sich vielleicht zuweilen zu stark von den Büchern beeinflussen ließ, sodaß man zu Zeiten sogar gegen die ‚Lesewut' ankämpfen mußte. Das hat sich aber gewaltig geändert; unser heutiges Publikum im Großen und Ganzen ist geradezu apathisch gegen die Litteratur, und ich behaupte, von hundert Lesern, die wir eifrig bei der Lektüre sehen, lesen mindestens neunundneunzig aus anderen Gründen als aus dem, sich geistig zu läutern. [...] Daß überhaupt nicht mehr gelesen wird, kann man nicht behaupten, aber was konsumiert[!] der heutige Mensch? Die Zeitungslitteratur [...] Zeitschriften, Journale und Monatsschriften [...]."* (Hamann 1899, S.62f)

Deutlich wird an diesen Äußerungen, daß der schon Ende des 18. Jahrhunderts erfolgende Übergang von der Wiederholungslektüre zur einmaligen Lektüre für die Lesekultur bis heute ein Ärgernis ist. (Ich vermeide bewußt die Begriffe „intensive" und „extensive" Lektüre, weil sie mir ein aus eben dieser Sicht stammendes Werturteil zu enthalten scheinen.[21])

Dieses Ärgernis erklärt sich mit einer Funktion, die Lesekultur haben soll: Lektüre soll den Leser – de facto die Leserin – ‚durchs Leben begleiten' („Mit Goethe durch das Jahr"). Zwar gehört es zur Rezeptionskompetenz, fiktionale Texte nicht unvermittelt auf das reale Leben anzuwenden; die Kompetenz besteht aber genauer in der Fähigkeit zur kontrollierten Verschränkung alltagsweltlicher und literarischer Realität. Die konkreten Folgen sind vielfältig: stofflich organisiert der „Büchmann" das für jede Situation passende Zitat; für das äußere Leseverhalten fordern die Leseanweisungen z. B. *„immer ein Buch zur Hand zu haben"* (vgl. auch Schön 1987, S.261– 288). (Das findet sich nota bene heute in der empirischen Leseforschung wieder; Schmidtchen stellte 1968 als Ergebnis der Studie „Lesekultur in Deutschland" fest: „daß Belesenheit [nota bene!!] auf ganz unscheinbaren, aber ungemein erfolgreichen Gewohnheiten beruht: immer ein Buch bei sich haben, vor dem Einschlafen, während der Bahnfahrt lesen, in den Ferien, in den Lücken des Alltags".[22])

Das Argument, man könne aus Romanen „Welt– und Menschenkenntnis" erwerben, wird schon im 18. Jahrhundert zur Verteidigung der Romane vorgebracht. (Es wird dabei zum Qualitätskriterium für die Texte selbst, da man vom Autor fordert, zunächst er müsse sie haben.) Die „Weltkenntnis" übernehmen in der Lesekultur des 19. Jahrhunderts historische Darstellungen und Reisebeschreibungen, im faktischen Lesen vor allem die Familien– und Bildungszeitschriften. Romane aber werden stärker denn je legitimiert mit der aus ihnen zu erwerbenden Menschenkenntnis, der Möglichkeit, „Charaktere zu studieren" oder sich in sie zu vertiefen. Den

---

21 Vgl. meine Diskussion dieser Begriffe in Schön 1987, S. 298–300.
22 Schmidtchen 1968, S.3249. – Der Artikel frappiert wegen der noch ungebrochenen, auf das Lesen angewandten Bildungsnormen.

Zusammenhang mit den heute im Lesen von Romanen gesehenen Funktionen wie dem Erwerb von Empathie brauche ich nur anzudeuten.

4.5. Lesekultur ist Teil des gesamten Lebensstils

Lesekultur steht nicht isoliert, sondern ist assoziiert mit anderen Formen des (kulturellen) Lebensstils. Das entspricht der „Bildung", die auch nicht nur kognitiv ist, sondern universell den ganzen Lebensstil umfaßt und alle Lebensbereiche betrifft, von der Art zu essen bis zu den Umgangsformen, von der Kleidung bis zur Einrichtung der Wohnung – und eben ohne kategoriale Abgrenzung auch das, was wir im engeren Sinne als kulturellen Bereich ansehen. (Bourdieu (1987) hat diesen Lebenszusammenhang für Frankreich exemplarisch beschrieben.)

So findet z. B. zwar das tatsächliche Lesen des Kleinbürgertums wie des Bürgertums im 19. Jahrhundert seinen Stoff vor allem in Leihbibliotheken und Familienzeitschriften; aber Lesekultur ist eng verbunden mit dem Besitz von Büchern:

> *„Es schickt sich nicht, seiner Tochter eine Aussteuer für 10 bis 100 000 Mark anzuschaffen und dabei den Bücherschrank zu vergessen.*
> *Es schickt sich nicht, Kommerzienrat oder anderer Rat zu sein und einen vollen Weinkeller, aber einen leeren Bücherschrank zu haben.*
> *Es schickt sich nicht, nach Patchouli oder anderen eaux de mille fleurs zu duften und schmierige Leihbibliotheksbände zu lesen.*
> *Es schickt sich nicht, gute Bücher, in deren Genuß man sich setzen will, zu leihen, wenn man sie nur aus Bücherbesprechungen kennt.*
> *Es schickt sich nicht, Bücher mit den Fingern aufzuschneiden, auch wenn diese gewaschen sind.*
> *Es schickt sich nicht, eine Kouponscheere zu haben – aber kein Papiermesser.*
> *Es schickt sich nicht, zu Weihnachten nur Sachen zu schenken, die für die Bildung von Geist, Charakter und*

Gemüt keinen Wert haben.
Es schickt sich nicht, sich Baron zu nennen und nur
20 Pfg. = Reclambändchen zu kaufen.
Es schickt sich nicht, sich für die Soirée eine Bücheraus-
wahl vom Buchhändler kommen zu lassen und den andern
Tag wieder zurückzuschicken.
Es schickt sich nicht, seine geistige Nahrung nur aus der
Tageslitteratur und illustrierten Zeitschriften zu schöp-
fen. " (Hamann 1899, S.66f)

Wir mögen über diese Argumente lächeln, aber die Intention
zur ‚individuellen Bindung an das Buch' bestimmt die Leseförderung bis heute (vgl. Pleticha 1991) – obwohl es sachlich
mindestens ungesichert ist, ob sich aus Buchbesitz Lesemotivation ableitet. Immerhin könnte die – bis heute keineswegs
vollzogene – Emanzipation der literarischen Sozialisation vom
traditionellen Bildungsbegriff zu einer Verringerung der er-
heblichen Rate zwar gekaufter, aber nie gelesener Bücher führen (was nur die Buchhändler, aber nicht die Lesepädagogen
bedauern müßten).

Für das 19. Jahrhundert jedenfalls ist der enge Zusammenhang erkennbar, in dem ein verdinglichter Bildungsbegriff
funktional wird im Zusammenhang der Etablierung der deutschen Klassik. Die Schwerpunktverlagerung von der Lektüre
auf den dinglichen Besitz der Werke ist nicht etwa einfach eine trivialisierende Depravation, sondern wird im Gegenteil
theoretisch–programmatisch überhöht:

„Erst der Besitz der Werke schafft ein intimeres Verhält-
niß zu den Schriftstellern und Dichtern; ein dauerndes
Band [...]"[23]

Weiterhin bildet Lesekultur ein Ensemble mit anderen kulturellen Gegenständen: Musik, Malerei, bildende Kunst. Dabei
ist sehr differenziert, was – und in welchem Alter, in welchem Ausmaß, bei welchen Gelegenheiten, bis zu welchem
Grad von Professionalität etc. – selbst ausgeübt werden soll

---

23 Gottschall 1867 (Der Artikel erschien am 9.11. des ‚Klassiker-
jahres' 1867; an diesem Tag endeten die sog. „Ewigen Verlags-
rechte".)

oder darf, und auf welchem Gebiet etwa nur „Kennerschaft"
zu zeigen ist. Selbstverständlich sind auch diese Gebiete vom
Bildungsbegriff reguliert:

> *„Konzerte, und zwar gute, gönnen wir jungen Mädchen
> [...] von Herzen. [...] Wer musikalisch ist, besuche vor
> allem Konzerte, in denen wahrhaft schöne klassische
> Kompositionen großer Tonsetzer [...] zu Gehör gebracht
> werden."* (Lindemann 1907 (wie Anm.20), zit. nach
> Hänztschel S.374f)

Das Verhältnis von „Kennerschaft" und eigener Ausübung
läßt sich – analog zum Lesen bzw. zur Beschäftigung mit Literatur – so bestimmen, daß einerseits die gelehrte Beschäftigung mit dem Gegenstand als Pedanterie abgelehnt wird, andererseits in bestimmten Bereichen „Kennerschaft" nur auf
der Basis eigener Praxis möglich ist. (Ich erinnere an Adornos
böse Polemik gegen den ‚passiven' „Konsum" von Musik.[24])
– Als der Kultur antipodisch gilt der „Kulturkonsum", etwa
das (gar gehobene Literatur betreffende) Lesen ‚bloß zur Unterhaltung'. Auch Lesen soll nicht ‚konsumtiv' sein. (Ehedem
galt oft Lesen als ‚passiv', seit der Verbreitung des Fernsehens gilt dieses oft als passiv, Lesen jetzt als aktiv.)

Noch spezifischer finden wir das Lesen – nun im direkten
Sinne z. B. der häufigen Behandlung im selben Kontext – für
Mädchen vergesellschaftet mit jenen Tätigkeiten, die die Jugendforschung heute als „Kulturpubertät" bezeichnet: be-
grenzte eigene poetische Produktion (‚Poesiealbum'!!), vor
allem aber Tagebuchschreiben (Jugendwerk der Deutschen
Shell 1985, v. a. der Beitrag von J. Zinnecker; Fend 1990,
z. B. S.118).

Einige Thesen als Ergebnis:

1. Lesekultur' ist in historischer Perspektive vor allem eine
   normative Vorstellung. Obwohl sie insofern durchaus ver-

---

24 Theodor W. Adorno, z. B.: „Vierhändig, noch einmal", oder:
    „Musik im Fernsehen ist Brimborium", und öfter.

haltensleitende Funktion hatte, bezeichnet der Begriff reales historisches Verhalten nur zum geringen Teil.

2. War schon der quantitative Umfang des tatsächlichen Lesens überhaupt geringer, als oft angenommen wird, so gilt dies in noch höherem Maße für belletristisches Lesen, gar für die Realisierung der ‚Lesekultur‘. Nur eine mythisierende Vorstellung versteht den Begriff als historisch deskriptiv und schreibt zudem ein allenfalls für eine kleine soziale Gruppe reales Verhalten einer breiten Schicht zu.

3. Ein erheblicher Anteil des tatsächlichen Lesens vergangener Zeiten fiel gar nicht unter die normative Vorstellung von Lesekultur, von der Qualifizierungslektüre über Informationslektüre incl. der überwiegend männlichen Zeitungslektüre bis zur Lektüre ‚trivialer‘ Literatur. Und selbst für Belletristik macht die ‚Lesekultur‘ nur einen Bruchteil des Lesens aus. Für die Lektüre von Belletristik heißt das auch: Dieses Lesen hatte Funktionen, die seine Subsumierung unter die Kategorie der Lesekultur ausschlossen.

Nicht zuletzt in diesem Bereich liegen die aktuellen Verschiebungen unter der Medienkonkurrenz: Belletristik–Lektüre wurde dort, wo es früher die Funktionen des Escapismus, des Relax oder der erotischen Anregung hatte – diese drei waren vor der ‚Fernsehzeit‘ die quantitativ bedeutsamsten – stärker durch das Fernsehen ersetzt als in Bereichen anderer Funktionen des (Belletristik-) Lesens (wie des Lesens überhaupt).

4. Die (scheinbare) gegenwärtige Tendenz zur ‚Verweiblichung‘ des literarischen Lesens bedeutet nicht wirklich eine Veränderung. Die literarische Kultur wurde von der tatsächlichen (nota bene stets: nicht–professionellen) Rezeption(!) von Belletristik her seit je getragen von Frauen, als Leserinnen wie als Vermittlerinnen in der literarischen Sozialisation.

5. Zum Deutschunterricht steht die Lesekultur traditionell (d. h. zunächst im 19. Jahrhundert, aber de facto darüber hinaus) in einem engen, aber widersprüchlichen Verhältnis: Trivialliteratur konstituiert Lesekultur ebensowenig

wie Qualifizierungs– oder Informationslektüre; damit bezieht sich der Begriff auf Lesestoffe, die Gegenstände des Deutschunterrichts oder doch als solche denkbar waren. Gleiches gilt von den geforderten Qualitäten: literarische Rezeptionskompetenz im Sinne textadäquaten Lesens ist traditionelles Lernziel des Deutschunterrichts.

Zu fragen ist, wieweit der Deutschunterricht im 19. Jahrhundert (jenseits seines Anspruchs) seiner Struktur nach überhaupt darauf angelegt war, eine reale Praxis zu der normativen Vorstellung herzustellen und zu sichern. (Schon der Ausschluß auch hochliterarischer aktueller Literaturproduktion aus dem Bildungsbegriff und damit aus dem Deutschunterricht spricht dagegen.)

6. Insgesamt war die Funktion der normativen Vorstellung eher die der ‚Kultivierung' des Lesens im Sinne seiner Disziplinierung, als die der Förderung und Stabilisierung des tatsächlichen Lesens.

Norbert Groeben & Ursula Christmann

Lesen und Schreiben von Informationstexten

Textverständlichkeit als kulturelle Kompetenz

1. Lesekultur: aktive Rezeption belletristischer Texte?

Unter „Lesekultur" wird in der Literaturwissenschaft und Literaturdidaktik üblicherweise – wie Erich Schön im Rahmen
dieser Vortragsreihe überzeugend verdeutlicht hat – das Lesen
belletristischer Texte verstanden. Und zwar dazu noch eine
bestimmte Art des Lesens, nämlich das nicht-professionelle,
idealtypisch ‚funktionslose' Lesen mit hoher kognitiver und
ästhetischer (z. B. Phantasie–)Aktivität. Die Ausschließung
von Qualifizierungs– und Informationslektüre (im vorliegenden Band, S.162ff) aus dem prototypischen Bedeutungskern
von ‚Lesekultur' eliminiert also zum einen alle sogenannten
Informations– bzw. pragmatischen Texte (von Zeitungen/
Zeitschriften bis hin zu Sach– und Fachbüchern), zum anderen auch alle Rezeptionsweisen, die von textexternen, z. B.
leserspezifischen Zielsetzungen aus eine den (literarischen)
Möglichkeitsraum des Textes reduzierende oder gar gänzlich
‚verfehlende' Verarbeitung nahelegen. ‚Literarische Sozialisation' wird daher unter dieser Perspektive der ‚Lesekultur'
immer noch und immer wieder als der positiv bewertete Erwerb einer vor allem auf literarische Texte ausgerichteten Rezeptionskompetenz verstanden, die durch eine kognitiv und
emotional aktive, konstruktive Verarbeitung gekennzeichnet

ist (im Gegensatz zum passiven Konsum der neuen Medien Rundfunk, Fernsehen, Video etc. wie auch der minderwertigen, z. B. sog. Trivial–Literatur etc.).

In diesem (krypto–)normativen Konzept der Lesekultur und –sozialisation als spezifisch literarischer (auf ästhetisch hochwertige Texte und deren aktive Verarbeitung ausgerichteten) Sozialisation treffen sich die Entwicklungslinien der modernen Text– wie Rezeptionsästhetik. Der modernen Ästhetik gilt das ‚offene Kunstwerk' (Eco 1973) mit möglichst komplex vernetzten ‚Unbestimmtheits'– bzw. Leerstellen (Ingarden, Iser), d. h. mit maximal polyperspektivischer und polyfunktionaler Vertextung (Schmidt 1971; 1974) als der Prototyp des Literarischen (Texts). Komplementär dazu hat die Rezeptionsästhetik die an dieser Textstruktur deutlich werdende Rolle einer aktiv–konstruktiven Rezeption und Verarbeitung herausgearbeitet: In der Ausfüllung der Unbestimmtheits– und Leerstellen des Textes, in der Polyvalenz der rezipierten Textbedeutungen erweisen sich die Leser/innen als ‚Vollender' des (literarischen) Textes (Eco 1973, S.29). Der Text erhält eine je konkrete Bedeutung erst durch das lebende Bewußtsein der Rezipienten/innen und deren konstruktive Textverarbeitung; dies ist die ‚bedeutungskonstitutive Funktion der Leser/innen', die wegen der genannten Textstruktur als typisch für (moderne) literarische Werke gilt.

Marianne Kesting hat (1965) den Versuch des absoluten Buches von Mallarmé („Le livre") als Paradigma einer solchen polyperspektivischen und polyfunktionalen Vertextung mit explizit bedeutungskonstitutiver Funktion der Leser/innen rekonstruiert. Denn „Le livre" besteht aus einzelnen, nicht gehefteten Blättern, die im Lesevorgang einer je spezifischen Gruppe von Rezipienten/innen miteinander in Beziehung gesetzt werden: „was die Bogen selbst an Material enthalten, wird also untereinander kombiniert und mit den Anwesenden und ihrem Entwurf ins Spiel gebracht. Die Lektüre unterliegt dem Zwang, die Möglichkeiten der Kombinatorik zu erschöpfen, also dem Zwang der Wiederholung unter neuen Aspekten", so „daß das Buch vor den Augen der Leser, mithilfe der Operation der Lektüre, entsteht." (op. cit., S.46). Ein vergleichbares Extrem polyperspektivischer und –funktionaler

Vertextung im Deutschen stellt Arno Schmidts ‚Zettels Traum' dar, in dem schon die dreispaltige Typoskript-Struktur eine Vielzahl von Kombinationsmöglichkeiten zwischen einzelnen Textteilen eröffnet, deren Polyinterpretabilität in der eigens dafür gegründeten Zeitschrift ‚Bargfelder Bote' anschaulich nachgewiesen worden ist.

Der auf dieser Werkstruktur aufbauende emphatische Begriff von literarischer Rezeptionskompetenz und Lesesozialisation erscheint nicht zuletzt deswegen berechtigt, weil damit ein Gegenmodell zur (‚naiven') Alltagsvorstellung von Textrezeption verbunden ist. Für die intuitive Alltagsreflexion gilt nämlich ‚Lesen' zunächst einmal als eher passive Informationsaufnahme, zumindest bei auf Kommunikation und das Verstehen von Informationen ausgerichteten sogenannten pragmatischen Texten. Da erscheint es plausibel, daß die nicht auf Verständlichkeit achtenden, ja bisweilen geradezu extrem schwer verständlichen literarischen Texte als die Krone der Lesekompetenz und -sozialisation postuliert werden (vgl. Rosebrock 1994a). Interessanterweise aber hat die empirische Forschung zur Textproduktion und -rezeption seit den 60er Jahren (und das heißt parallel zur Entwicklung der Rezeptionsästhetik) gerade auch bei Informationstexten nachgewiesen, daß jegliche Textrezeption und -verarbeitung eine kognitiv-konstruktive Aktivität darstellt. Auch das Verständnis von Informationstexten ist als Text-Leser-Interaktion zu modellieren, in der die Leser/innen nicht nur passiv Informationen aufnehmen, sondern beim Verstehen von Texten in der Verbindung der Textinformationen mit dem eigenen Vor- und Weltwissen auch Informationen schaffen. „Wir *erfassen* im Vorgang des Verstehens nicht nur Information, wir *schaffen* auch Information, nämlich jene Information, die wir brauchen, um die Äußerung in einen sinnvollen Zusammenhang stellen zu können." (Hörmann 1980, S.27). Von der empirischen Text-/Rezeptionsforschung aus ist daher die (normative) Konzentration auf literarische Texte und deren Verarbeitung unter der Perspektive der Lesekultur überhaupt nicht einsichtig. Wir möchten deshalb im folgenden die (Gegen-)These vertreten, daß auch das Lesen und Schreiben von Informationstexten unter der Verständlichkeitsperspektive als kulturelle Kompetenz konzipiert und gerechtfertigt werden kann und sollte.

2. Der Text-Faktor als Ermöglichungsgrund für eine aktive Rezeption/Verarbeitung

2.1. Der historische Beginn: Passivitätimplikationen von Lesbarkeitsforschung/Stilstatistik

Die Lesbarkeitsforschung und Stilstatistik der Zeit zwischen 1930 und 1950 (vergleiche zusammenfassend Klare 1963) ist als Vorläufer der heutigen Verständlichkeitsforschung anzusehen. Für dieses Vorläuferstadium ist allerdings zuzugeben, daß es weitgehend noch auf der alltagsintuitiven Vorstellung der passiven Textrezeption beruhte. Die Übermittlung der (inhaltlichen) kognitiven Information wurde nicht als zentrales Problem gesehen, sondern die stilistische Einfachheit der sprachlichen Gestaltung, die als der zentrale Faktor angesetzt wurde, von dem die Leichtigkeit bzw. Schwierigkeit des Textverstehens abhängen sollte. Dementsprechend konzentrierte sich die Lesbarkeitsforschung auf die objektive Auszählung von stilistischen Sprachcharakteristika wie Wortlänge, Satzlänge, para- und hypotaktische Satzkonstruktionen etc. Diese textstatistischen Werte wurden über Regressionsanalysen mit abhängigen Variablen wie Lesegeschwindigkeit, Expertenurteile über die Verständlichkeit etc. verbunden, woraus Formeln für die Lesbarkeit von Texten resultierten. Die bekannteste dieser Formeln ist der Reading-Ease (von Flesh 1948):

$$RE = 206,835 - 0,846wl - 1,015sl$$

wl = Anzahl Silben pro 100 Wörter

sl = durchschnittliche Anzahl Worte pro Satz.

Dabei ergibt sich die in Tab. 1 aufgeführte Schwierigkeitsabstufung von Texten, wobei im Deutschen wegen der durchschnittlich größeren Wortlänge und komplizierteren Satzkonstruktionen der Reading-Ease-Wert nicht wie im Englischen von 0 bis 100 reicht, sondern von -20 bis +80 (vgl. Tab. 1).

Zwar konnte durch spätere Faktorenanalysen (vgl. Brinton & Danielson 1958; Stolurow & Newman 1959) nachgewiesen werden, daß mit dieser Art Formeln die beiden zentralen Faktoren der sprachlichen Einfachheit (nämlich Wort- und Satz-

Reading Ease für deutsche Texte (entsprechender R-E-Score für englische Texte)		Charakteristik	Typischer Text	Mittlere Wortlänge	Mittlere Satzlänge
-20 bis +10	(0-30)	sehr schwer	wissenschaftliche Abhandlung	über 2,20	über 30
+10 bis 30	(30-50)	schwierig	Fachliteratur	1,90	25
30 bis 40	(50-60)	anspruchsvoll	Sachbuch, Roman (z. B. „Buddenbrooks")	1,78	21
40 bis 50	(60-70)	normal	Roman (z. B. „Stiller")	1,70	17
50 bis 60	(70-80)	einfach	Unterhaltungsliteratur (z. B. Karl May)	1,62	14
60 bis 70	(80-90)	leicht	Heftchenroman	1,54	11
70 bis 80	(90-100)	sehr leicht	Comics	unter 1,45	unter 9

Tab. 1: Reading Ease–Werte und Schwierigkeitsgrad bei deutschen Texten (nach Mihm 1973)

komplexität) abgedeckt werden, doch zugleich hat die folgende Forschung nachgewiesen, daß damit nur die sprachliche Oberflächenstruktur der Texte erfaßt wird.

2.2. Verständlichkeitsdimensionen als Manifestationen aktiver Verarbeitungsmöglichkeiten/-notwendigkeiten

Die Verbindung von Sprach-, Denk-, Lern- und Instruktionspsychologie in der Textforschung seit Ende der 60er Jahre hat dann relativ schnell deutlich gemacht, daß das Textverstehen nur zu einem (geringeren) Teil von dieser sprachlichen Einfachheit bzw. Kompliziertheit abhängt, zu einem größeren Teil von dem kognitiven Inhalt der Textsemantik und dessen quantitativer wie qualitativer Struktur. Es handelt sich dabei um die Dimensionen der semantischen Dichte versus Redundanz und vor allem der kognitiven Gliederung bzw. Ordnung (versus Ungegliedertheit/Ungeordnetheit), die noch durch die motivationale Dimension der Interessantheit (der Textgestaltung) zu ergänzen sind. Diese vier Dimensionen der Textverständlichkeit lassen sich bereits durch Einschätzskalen sichern, die auf die Zusammenfassung bestimmter Beschreibungsmerkmale hinauslaufen, wie sie im Rahmen des sogenannten Hamburger Verständlichkeitsmodell (Langer et al. 1974) unterschieden wurden. Nach diesem Modell sind die Verständlichkeitsdimensionen durch folgende Merkmale gekennzeichnet (Langer et al. 1974, S.13ff.):

(1) Sprachliche Einfachheit: einfache Darstellung, kurze Sätze, geläufige Wörter, Erklärung von Fachwörtern, konkret, anschaulich;

(2) Gliederung/Ordnung: gegliedert, folgerichtig, übersichtlich, Unterscheidung von Wesentlichem und Unwesentlichem, roter Faden erkennbar, alles kommt der Reihe nach;

(3) Kürze-Prägnanz: zu kurz, aufs Wesentliche beschränkt, gedrängt, aufs Lernziel konzentriert, knapp, jedes Wort ist wichtig;

(4) Zusätzliche Stimulanz: anregend, interessant, abwechslungsreich, persönlich.

Diese Dimensionsstruktur der Textverständlichkeit konnte zunächst in Untersuchungen mit Experten gesichert werden, wurde aber nach entsprechenden Sensibilitätstrainings auch von Laien-Versuchspersonen erreicht. Die psychologische Wirksamkeit der Dimensionen haben die Hamburger Verständlichkeitsforscher in erster Linie durch Studien über entsprechende Textoptimierungen und die dadurch erzielbare Verbesserung des Textverstehens und -behaltens nachgewiesen (vgl. Zusammenfassung in Groeben 1982, S.194ff.).

Außerhalb der Hamburger Forschergruppe wurden die Merkmale der einzelnen Dimensionen in einer Vielzahl spezieller Untersuchungen im einzelnen direkt überprüft. In bezug auf die Aspekte der sprachlichen Einfachheit/Kompliziertheit handelt es sich dabei um die psycholinguistische Forschung vor allem der 60er Jahre im Zusammenhang mit der Transformationsgrammatik Chomskys (vgl. Groeben 1982, S.223ff.). Untersucht wurde dabei insbesondere der Einfluß der Wortwahl sowie der grammatikalisch-stilistischen Formulierung auf die Verarbeitungsgüte. Hinsichtlich des Faktors ‚Wortwahl' konnte nachgewiesen werden, daß der Gebrauch kurzer, geläufiger, konkreter und anschaulicher Wörter verständlichkeitsfördernd wirkt (z. B. Foss 1969; Hakes 1971; Paivio 1971). Zur Überprüfung des Einflusses der grammatikalisch-stilistischen Satzgestaltung wurde, ausgehend von der Unterscheidung zwischen Tiefen- und Oberflächenstruktur (Chomsky 1957), die Behaltensleistung für tiefenstrukturell gleiche, aber oberflächenstrukturell unterschiedliche Sätze überprüft (für einen Überblick vgl. Engelkamp 1974). Dabei wurde angenommen, daß Sätze umso schwieriger zu verarbeiten sind, je mehr Transformationen notwendig werden, um aus tiefenstrukturellen Sätzen Satzformen an der Oberfläche zu erzeugen. So konnte z. B. nachgewiesen werden, daß Passivsätze, für deren Generierung mehr Transformationen notwendig sind als für Aktivsätze, in der Tat schlechter behalten werden als aktive Sätze. Passivsätze wiederum werden leichter verarbeitet als negative Passivsätze. Insgesamt ergab sich für die im Rahmen dieser Forschungstradition überprüften grammatikalischen Satzformen folgende Rangfolge der Verarbeitungsschwierigkeit (Savin & Perchonock 1965): aktiv-deklarative Sätze, Frage-, Passiv-, Negativ-, negative Frage- und negativ–passive Frage–Sätze. Diese Befunde konnten allerdings in Nachfolgestudien nicht zufriedenstellend repliziert werden (Slobin 1966; Mathews 1968). Vielmehr wurde deutlich, daß das Verstehen der Syntax von der Erfassung der Wortbedeutung abhängt (Sachs 1967; Engelkamp 1973). Entsprechend geht man heute davon aus, daß die Semantik die zentrale Rolle bei der Satzverarbeitung spielt. Allerdings ist festzuhalten, daß bestimmte syntaktische Satzkonstruktionen eindeutig einen verständlichkeitserschwerenden Effekt haben. Dazu gehören insbesondere Satzschachtelungen (z. B. Hamilton & Deese 1971), Nominalisierungen (Berkowitz 1972) und lange Sätze (Coleman 1964).

Die Dimension der semantischen Kürze bzw. Redundanz ist ebenfalls im Rahmen dieser psycholinguistischen Forschung, zusätzlich aber auch innerhalb des informationstheoretischen Modells untersucht worden (Groeben 1982, S.233f.). Nach der Informationstheorie (Shannon & Weaver 1949) und der kybernetischen Pädagogik (v. Cube 1982) richtet sich die Schwierigkeit/Leichtigkeit der Dekodierung von Informationen nach deren Überraschungswert; die Dekodierung erfolgt umso schneller, je wahrscheinlicher ein bestimmtes sprachliches Item in einem bestimmten Kontext ist. In diesem Rahmen ist analysiert worden, ob eine Erhöhung oder eine Verringerung der semantischen Redundanz einen verarbeitungserleichternden Effekt hat. Die vorliegenden empirischen Befunde zeigen, daß der oft postulierte verständlichkeitsfördernde Effekt einer Verkürzung der Textinformation (z. B. Langer et al. 1974) kaum haltbar ist. Eine Reduktion von Redundanz führt offensichtlich weder zu einer Verbesserung noch zu einer Verschlechterung der Behaltensleistung. Bassin & Martin (1976) konnten zeigen, daß eine Reduktion von Zeitungstexten um 20 bis 30% ihrer Worte die Verstehensleistung nicht beeinträchtigt; ein verständlichkeitshemmender Effekt zeigte sich erst bei einer Reduktion von 50% (Petersen 1974). Hingegen kann eine Erhöhung der Redundanz (z. B. durch Wiederholungen, Synonyme, Verwendung allgemeinerer Ausdrücke) zu einer Verbesserung der Textverständlichkeit führen, die sich insbesondere im besseren Behalten spezifischer Satzglieder (Subjekt, Prädikat und Objekt) bei weitschweifigen Sätzen bemerkbar macht (Pohl 1964). In die gleiche

Richtung weisen die Befunde von Andersen (1985), die die Relation zwischen sprachlicher Verständlichkeit und kontextbedingter Vorhersagbarkeit sprachlicher Items untersuchte.

Für die Dimension der zusätzlichen Stimulanz oder Interessantheit der Textgestaltung ist in erster Linie der Neugiermotivationsansatz von Berlyne fruchtbar gewesen (vgl. Berlyne 1974; Groeben 1978, S.38ff.; Groeben 1982, S.267ff.); neuerdings kann man auch die pädagogische Interessentheorie (vgl. Krapp & Prenzel 1992) mit heranziehen. Die Neugiermotivationstheorie postuliert, daß Neugier und Interesse auf der Grundlage von Konflikten entstehen, die durch sogenannte kollative Variablen (Neuheit, Überraschung, Unsicherheit, Inkongruenz, Zweifel, Perplexität, Konfusion etc.) ausgelöst werden. Darauf aufbauend wurden im Bereich der Textrezeption eine ganze Reihe konflikterzeugender und potentiell interesseauslösender Darstellungstechniken entwickelt und empirisch überprüft. Eine Verbesserung der Behaltensleistung und ein Anstieg des Interesses konnten durch das Einfügen konfliktevozierender Fragen (Berlyne 1954), den inkongruenten Rückbezug auf Bekanntes (Einarbeiten von Informationen, die zum Wissens– und Überzeugungssystem des/der Rezipienten/in im Widerspruch stehen; Paradovsky 1967), die Vorgabe inkongruenter/widersprüchlicher Alternativen (z. B. Aufzeigen gleichwahrscheinlicher Problemalternativen; Berlyne 1962; Eiseman et al. 1973) sowie das Einfügen von neuen und überraschenden Informationen (z. B. Berlyne & Frommer 1966) empirisch belegt werden. Generell ist allerdings darauf hinzuweisen, daß eine konfliktevozierende Darstellung nur dann einen verarbeitungsfördernden Effekt hat, wenn der Aufbau einer adäquaten kognitiven Struktur nicht behindert wird (Groeben 1978). In die gleiche Richtung weisen die Untersuchungen der neueren pädagogischen Interessentheorie (vgl. Krapp & Prenzel 1992), die u. a. den Einfluß von Interessantheit und Wichtigkeit von Textelementen auf die Behaltensleistung thematisiert. Dabei zeigten sich in den einschlägigen Untersuchungen zwei Ergebnistrends: Der erste Trend, der sogenannte ‚seductive detail effect‘, besagt, daß in den Fällen, in denen die Wichtigkeit und Interessantheit von Textelementen auseinanderfallen, die ‚verführerischen‘ Details das Behalten wichtiger Informationen behindern (z. B.

Duffy et al. 1989; Garner et al. 1991; Wade & Adams 1989). Der zweite Trend besteht darin, daß Textelemente, die zugleich wichtig und interessant sind (Expertenurteil), signifikant besser behalten werden als nur wichtige Textelemente (Hidi et al. 1982; Wade & Adams 1990). Hier sind allerdings auf Dauer Untersuchungen notwendig, die auf eine präzise Erfassung übereinstimmender Textelemente (ggf. in Kombination mit der Neugiermotivationstheorie) sowie auf eine alltagsnähere Überprüfung des Einflusses von Interessantheit (gerade auch auf die Aufrechterhaltung des Rezeptionsprozesses bei langen Texten) gerichtet sind (vgl. Christmann & Groeben 1994).

2.3. Kognitive Lerntheorie(n) als Modellierung der zentralen konstruktiven Verarbeitungsaktivität(en)

Das größte Gewicht für Textverstehen und Textverständlichkeit aber hat die Dimension der kognitiven Gliederung/Ordnung, wie Groeben (1972; [2]1978) in einer empirischen Studie sichern konnte, die vor allem auch die Relation zu den Dimensionen der sprachlichen Einfachheit/semantischen Redundanz und motivationalen Interessantheit überprüft hat. Um die Merkmale der kognitiven Ordnung und Gliederung von Texten und deren Wirkung auf das Textverstehen und die –verarbeitung dreht sich dann auch der größte Teil der empirischen Forschung seit Ende der 60er Jahre. Im Bereich des Textverstehens hat dabei der Ansatz der kognitiven Lerntheorie von Ausubel ganz eindeutig eine Vorreiterrolle gespielt. Ausubel hat (1963) noch zu Zeiten, als die behavioristische, dezidiert anti–mentalistische Lerntheorie absolut beherrschend war, seine Theorie des sinnorientierten Rezeptionslernens (‚meaningful reception learning') entwickelt. Danach ist jedes nicht–mechanische Lernen aus Texten als eine Einordnung neuer Informationen in schon vorhandene kognitive Strukturen zu verstehen. Solche kognitiven Strukturen, die das Wissenssystem des lernenden Individuums ausmachen, bestehen nach Ausubel aus Hierarchien kognitiver Konzepte, mit relativ konkreten, nicht–abstrakten Konzepten an der Basis und hoch–abstrakten, inklusiven an der Spitze. Wegen dieser hierarchischen Struktur ist jede Einordnung einer neuen Information (auch eines mehr oder minder abstrakten Konzepts) in die Kognitionsstruktur eine Unterordnung unter das entsprechende nächstinklusive Konzept; Lernen besteht also in der Subsumption von neuen Informationen unter schon vorhandene (inklusivere) Konzepte der kognitiven Struktur. Deswegen bezeichnet Ausubel seine kognitive Lerntheorie auch als Subsumptionstheorie des Lernens.

Der gleiche Subsumptionsprozeß ist nun aber auch für das Vergessen verantwortlich, indem die Subsumptionsdynamik sich nach dem Lernen weiter fortsetzt und dazu führt, daß die Fakteninformation in dem nächst inklusiveren Konzept, dieses in einem höher inklusiven und so fort aufgeht.

Vergessen führt auf diese Weise dazu, daß die einzelnen Informationen (seien es Fakteninformationen oder mehr oder minder inklusive Konzepte) nicht mehr von den übergeordneten Konzepten abgelöst werden können, d. h. unter die Verfügbarkeitsschwelle sinken. Eine Unterstützung des kognitiven Lernens muß also am Anfang den Subsumptionsprozeß verstärken und ihn nach dem Lernvorgang zugleich möglichst verlangsamen. Dies geschieht nach Ausubel dadurch, daß zum einen klare Konzepte und Konzepthierarchien etabliert werden, zum anderen aber auch die Stabilität und Unterscheidbarkeit der Konzepte gesichert wird (zu den (didaktischen) Möglichkeiten/Strategien, um diese Ziele zu erreichen, vgl. den nächsten Punkt).

Die zentralen Erklärungen und Prognosen dieser letztlich instruktionspsychologischen kognitiven Lerntheorie wurden seit den 70er Jahren von der Grundlagenforschung, die sich im Rahmen des sogenannten Informationsverarbeitungsansatzes ebenfalls mit der kognitiven Verarbeitung von Texten beschäftigte, ausdifferenziert, präzisiert und empirisch bewährt. Als einschlägige solcher (Teil–)Theorien des Informationsverarbeitungsansatzes sind hier das Propositionsmodell der Textbeschreibung und –verarbeitung, die Schema–Theorien und der Ansatz der mentalen Modelle zu nennen (vgl. Christmann & Groeben 1994).

Ebenso wie die kognitive Lerntheorie geht das Propositionsmodell (klassische Version: Kintsch 1974) davon aus, daß die Verarbeitung eines Textes einen semantischen und hierarchisch–sequentiellen Organisationsprozeß darstellt, der als Interaktion zwischen dem vorgegebenen Text und der Kognitionsstruktur des/der Rezipienten/in beschreibbar ist. Dabei hat sich die einschlägige Forschung in diesem Bereich primär auf die textseitige Erforschung dieses Interaktionsprozesses konzentriert. Kennzeichnend für diesen Ansatz ist, daß Texte als Listen von Propositionen (semantische Bedeutungseinheiten) aufgefaßt werden, die über semantische Relationen hierarchisch miteinander verknüpft sind. Auf dieser Grundlage wurde der Einfluß propositionaler Strukturmerkmale auf verschiedene Modalitäten des Verarbeitungsprozesses überprüft. Dabei konnte eine Fülle solcher Strukturmerkmale herausgearbeitet werden (z. B.: Hierarchiehöhe von Propositionen; Propositionsdichte; Anzahl von Inferenzen etc.), die nachweislich einen Einfluß auf Lesbarkeit, Lesezeit und die Verarbeitungsgüte von Texten haben (für eine kritische Diskussion vgl. Christmann 1989). Im Unterschied zu den Propositionsmodellen steht bei schematheoretischen Ansätzen der Textverarbeitung der Einfluß definierter Vorwissens–Strukturen, Zielsetzungen und Erwartungen des/der Rezipienten/in auf das Verstehen und Behalten von Texten im Vordergrund. Dabei wird davon ausgegangen, daß das Wissen des/der Rezipienten/in in Form von Schemata gespeichert ist (z. B. Rumelhart 1975; Rumelhart & Ortony 1977). Schemata repräsentieren Wissen über typische Realitätsbereiche. Sie bestehen aus hierarchisch organisierten Konfigurationen von Konzepten und deren Relationen, wobei diese Konfigurationen Leerstellen aufweisen, die durch neue Informationen besetzt werden können. So kann ein Schema zum Aufbau eines Universitätsinstituts z. B. Wissen über das Zueinander von inhaltlichen Teilgebieten, Professoren/innen, wissenschaftliche und nichtwissenschaftliche Mitarbeiter/innen enthalten; hinsichtlich des Status dieser Personengruppen, ihrer Rechte und Pflichten etc., dürfte es zumindest bei Studierenden ‚Leerstellen' geben, die z. B. im Zuge der Rezeption des Universitätsgesetzes aufgefüllt werden können. Die Verarbeitung eines Textes wird dann als Zusammenwirken von schemageleiteten und textgeleiteten Prozessen beschrieben. Die einlaufende Textinformation aktiviert bereits vorhandene Schemata, die ihrerseits Hypothesen, Erwartungen und Schlußfolgerungen hinsichtlich der neuen Informationen bereitstellen. Empirisch belegt werden konnte hier zum Beispiel, daß die Aktivierung von Schemata (z. B. durch die Vorgabe von Zielsetzungen als Leseperspektiven, von Texttiteln und Überschriften) einen verarbeitungserleichternden Effekt hat (z. B. Pichert & Anderson 1977; Schallert 1976). Im Rahmen dieses Forschungsansatzes wurde insbesondere auch die Verarbeitung narrativer Texte empirisch erforscht. Überprüft wurde der Einfluß der hierarchisch-sequentiellen Struktur von Erzähltexten (Geschichtengrammatiken) auf die Güte des Verarbeitungsprozesses (zusammenfassend: Mandler 1984). Dabei konnte auch für diese Textsorte nachgewiesen werden, daß hierarchiehohe Geschichtenelemente eine höhere Reproduktionswahrscheinlichkeit haben als hierarchieniedrige und daß die geschichtengemäße Aufeinanderfolge von Geschichtenkonstituenten zu einer besseren Verarbeitung führt als eine gestörte Abfolge von Textkonstituenten.

Während die bislang angeführten Theorie-Ansätze davon ausgehen, daß Wissen in Form von symbolischen Informationseinheiten repräsentiert ist, postuliert die Theorie mentaler Modelle (z. B. Gentner & Stevens 1983; Johnson-Laird 1983; van Dijk & Kintsch 1983), daß Wissen nicht nur symbolisch repräsentiert ist, sondern daß zusätzlich ein internes Modell des betreffenden Realitätsausschnitts gebildet wird, das grundsätzlich ganzheitlichen und analogen (anschaulichen) Charakter hat. Mentale Modelle erlauben es, Ereignisse stellvertretend zu erfahren, sowie Prozesse und Handlungen mental zu simulieren (Johnson-Laird 1983). Texte werden nach dieser Theorie auf zwei Ebenen abgebildet: auf der propositionalen Ebene, die an sprachlichen Strukturen orientiert ist, und auf der Ebene mentaler Modelle, auf der sie primär bildlich repräsentiert sind. Im konkreten Verarbeitungsprozeß greifen beide Repräsentationsarten ineinander, wobei postuliert wird, daß eine doppelte Repräsentation zu einem tieferen Verstehen des Textes führt.

Durch all diese theoretischen Ansätze und deren außerordentlich umfangreiche empirische Forschung der letzten Jahrzehnte kann dabei als gesicherte Kernanahme die kognitive Konstruktivität der Rezipienten/innen bei der Textverarbeitung gelten, die empirisch in erster Linie für Informationstexte und bisher nur selten (aber wenn, dann natürlich auch) für literarische Texte nachgewiesen wurde.

2.4. Didaktische Konsequenzen: z. B. Vorstrukturierungen und sequentielles Arrangieren

Auf die didaktischen Möglichkeiten, solche klaren, stabilen und unterscheidbaren Konzepte durch das Lernen aus Texten zu etablieren, können wir hier nur ausschnittsweise eingehen. Die beiden bekanntesten Strategien sind der sogenannten advance organizer (,Vorstrukturierung' nach Groeben 1982) und das sequentielle Arrangieren der Information in der linearen Abfolge der textuellen Darstellung. Daneben sind noch Überschriften, Unterstreichungen, Hervorhebungen, Zusammenfassungen, Fragen und Lernziele untersucht worden, die aber vor allem auch Möglichkeiten der Textaufarbeitung durch die Rezipienten/innen darstellen und unter dieser Perspektive daher akzentuierend unter Punkt 3.2. behandelt werden sollen.

Vorstrukturierungen sind kurze, dem eigentlichen Lernmaterial vorangestellte Einführungen, die die relevanten Konzepte eines Sachverhalts in abstrakterer und inklusiverer Form benennen, als dies im Text selbst der Fall ist. Ihre Hauptfunktion besteht in einer Stützung des Subsumtionsprozesses: Sie sollen relevante Ankerideen bereitstellen, auf die das nachfolgende Textmaterial bezogen werden kann. Als paradigmatisches Beispiel für die Konzeption und Wirksamkeit von Vorstrukturierungen kann die klassische Untersuchung von Ausubel (1960) angesehen werden.

„120 Studienanfängern in Pädagogischer Psychologie wurde eine 2500 Worte lange Textpassage über Stahlverhüttung zum Lesen und Lernen dargeboten; die Experimental– und Kontrollgruppen waren hinsichtlich der Lernfähigkeit von unbekanntem wissenschaftlichen Mate-

rial parallelisiert. Der Experimentalgruppe wurde eine Vorstrukturierung gegeben, die wichtige, grundlegende Prinzipien der Stahlverhüttung wie Temperaturgrenzen, Kohlemengen, Abkühlzeiten etc. enthielt; die Kontrollgruppe las in der gleichen Zeit eine genauso lange Passage über die historische Entwicklung von Verhüttungsmethoden. Der Lernerfolg wurde mit einem 26 Fragen umfassenden Mehrfach–Wahl–Antworten–Test geprüft. Es zeigte sich, daß die Experimentalgruppe im Durchschnitt 16,7 Fragen korrekt beantwortete, die Kontrollgruppe nur 14,1 Fragen; ein Unterschied, der auf dem 1%–Niveau signifikant war" (Groeben 1982, S.235).

Von dieser Art Untersuchungen wurde eine relativ große Vielzahl durchgeführt, für die es mittlerweile metaanalytische Zusammenfassungen gibt (vgl. Mayer 1979; Luiten et al. 1980; Drinkmann & Groeben 1981). Desgleichen existieren metaanalytische Zusammenfassungen für folgende didaktische Konsequenzen aus der Ausubelschen Lerntheorie: sequentielles Arrangieren; Zusammenfassungen; Hervorhebungen und Unterstreichungen; eingestreute Fragen und Lernziele.

Die Metaanalysen zur Wirksamkeit von Vorstrukturierungen haben vor allem deutlich gemacht, daß deren Effektivität in Abhängigkeit von Merkmalen der Lernaufgabe, des Textinhalts, der strukturellen Textorganisation sowie dem Fähigkeitsniveau der Leser/innen zu sehen ist. Dabei kann als gesichert gelten, daß Vorstrukturierungen einen positiven Effekt bei langfristigen sowie bei transferorientierten Lernaufgaben haben. Weiter zeigte sich eine positive Effektivität bei Texten mit eher sozialwissenschaftlichen als bei Texten mit naturwissenschaftlichen Inhalten sowie bei schwierigem Textmaterial mit unvertrauter Textorganisation. Was das Fähigkeitsniveau der Rezipienten/innen anbelangt, so ist die metaanalytische Befundlage uneinheitlich: Während Mayer (1979) zu dem Schluß gelangt, daß Personen mit niedrigen verbalen Fähigkeiten von Vorstrukturierungen eher profitieren als solche mit hohen verbalen Fähigkeiten, ziehen Luiten et al. (1980) die genau umgekehrte Konsequenz. Damit ist die Art der Wechselwirkung zwischen Leser/innen–Merkmalen und Vorstrukturierungen nicht entscheidbar, was bei einer generellen

Wirksamkeit von Vorstrukturierungen allerdings nicht von vorrangiger Bedeutsamkeit sein dürfte.

Das sequentielle Arrangieren bezieht sich auf die Abfolge von Textinhaltselementen. Nach der kognitiven Lerntheorie sollte die Sequenz mit den inklusivsten Konzepten beginnen und sukzessive zu weniger inklusiven Konzepten und dann zu konkreten Fakteninformationen absteigen. Die Wirksamkeit einer derartigen hierarchisch–sequentiellen Textorganisation ist allerdings kaum direkt empirisch überprüft worden. Indirekt läßt sich die Bedeutsamkeit der sequentiellen Organisation durch sogenannte ‚scrambling'–Untersuchungen belegen, bei denen die Behaltensleistung für natürliche Textstrukturen mit einer durch falsch plazierte Wörter, Sätze oder Sinneinheiten gestörten Textstruktur verglichen wird. Die metaanalytische Zusammenfassung derartiger Untersuchungen (vgl. Drinkmann & Groeben 1981) ergab für die Mehrzahl der reanalysierten Studien eine signifikante Lernbehinderung durch ‚Scrambling'. Einen weiteren, wenn auch indirekten Beleg für die Effektivität einer sequentiellen Textorganisation liefern Untersuchungen zum Einfluß der Attribut– vs. Konzeptorganisation auf die Behaltensleistung. Beide Organisationstechniken waren effektiver als eine zufällige Textorganisation, wobei die Überlegenheit einer der beiden Techniken jedoch nicht nachweisbar war (Drinkmann & Groeben 1981). Insgesamt kann also davon ausgegangen werden, daß die Sequenzierung einen Einfluß auf die Behaltensleistung hat. Ungeklärt ist jedoch, welche Sequenzierungsvarianten für den Behaltenserfolg optimal sind. Auch hier ist zu vermuten, daß die Wirksamkeit einer spezifischen Sequenzierung mit Textmerkmalen, Rezipienten/innen–Merkmalen sowie Merkmalen der Sachverhaltsstruktur interagiert.

Für die Textgestaltungstechnik der Hervorhebung und Unterstreichung konnte metaanalytisch kein lernerleichternder Effekt gesichert werden (Drinkmann & Groeben 1981). Wegen der Heterogenität der analysierten Studien kann aus diesem Befund jedoch nicht geschlossen werden, daß Hervorhebungen in keinem Fall einen lernerleichternden Effekt haben. Die qualitative Interpretation der Daten macht nämlich deutlich, daß ein positiver Effekt für das direkte Lernen durchaus anzunehmen ist; für das inzidentelle (indirekte) Lernen dürften Hervorhebungen allerdings eher ein Hindernis darstellen, weil den markierten Textteilen mehr Aufmerksamkeit geschenkt wird als den unmarkierten (Groeben 1982, S.247).

Die Metaanalyse zur Wirksamkeit von Textfragen erbrachte für Fragen, die nach einem Textabschnitt gestellt werden, einen eindeutig positiven Effekt für das direkte, einen schwach positiven Effekt für das inzidentelle Lernen (Drinkmann & Groeben 1981). Dabei waren faktuelle Fragen effektiver als konzeptuelle Fragen. Für Fragen, die vor einem Textabschnitt gestellt werden, konnte hingegen metaanalytisch kein eindeutig positiver Effekt gesichert werden (Drinkmann & Groeben 1981). Auch zur Wirksamkeit von Lernzielangaben liegen metaanalytische Zusammenfassungen vor. Bei Lernzielbeschreibungen handelt es sich um die Angabe dessen, was der/die Rezipient/in nach der Textrezeption wissen sollte. Ihre lernerleichternde Funktion wird vor allem in der Strukturierung des Lernprozesses gesehen. Nach den metaanalytischen Befunden haben spezifische, nicht jedoch generelle Lernziele einen eindeutig lernerleichternder Effekt für das direkte Lernen. Für das inzidentelle Lernen ließ sich dieser Effekt nicht sichern; hier haben spezifische Lernziele eher einen destruierenden Effekt, (vermutlich weil sie die Aufmerksamkeit des/der Lesers/in auf bestimmte Textinhalte lenken), generelle Lernziele wirken nicht eindeutig lernerleichternd.

Faßt man die aus den metaanalytischen Befunden ableitbaren Regeln zur Verbesserung der Textverständlichkeit in der Dimension Gliederung/Ordnung zusammen, so erscheint es sinnvoll, zwischen Techniken zu unterscheiden, die generell (unabhängig von Rezipienten/innen–Gruppen) wirksam sein dürften und von Textautoren/innen auf alle Fälle bei der Textgestaltung realisiert werden sollten, und solchen, deren Effektivität in Zusammenhang mit bestimmten Leser/innen–Merkmalen zu sehen ist und daher eher als rezipientenseitige Strategien genutzt werden sollten. Zu den *Techniken, die von Textautoren/innen selbst zur Textoptimierung eingesetzt werden können*, gehören (vgl. Groeben 1982, S.266f):

— Vorstrukturierungen, in denen die generellen, übergeordneten Ideen einer Textpassage benannt werden sollten, damit die nachfolgende Textinformation darunter subsumiert werden kann. Sie sind insbesondere bei längeren Texten sowie schwierigem und unvertrautem Textmaterial angezeigt.

— Sequentielles Arrangieren, bei dem die inhaltlichen Informationen in eine sinnorientierte Reihenfolge (z. B. abschnittsweise von den inklusivsten Konzepten bis zu konkreten Fakteninformationen) gebracht werden.

— Zusammenfassungen in Form von Fragen nach relevanten Textabschnitten. Fragen haben einen lernfördernden Effekt, sofern sie nach einer relevanten Textpassage geboten werden und auf konkretem, faktuellen Niveau formuliert sind. Da Fragen zugleich auch die Lernzeit erhöhen, sollten sie in Form von Zusammenfassungen am Ende eines Kapitels geboten werden; sie haben dann zumindest einen positiven Einfluß auf das Behalten der erfragten Informationen.

— Die Angabe von Lernzielen kann einen positiven Behaltenseffekt haben; allerdings sollten sie auf möglichst generellem Niveau formuliert und sparsam eingesetzt werden. Unter dieser Bedingung fördern sie das Behalten der hervorgehobenen Information und beeinträchtigen nicht die Verarbeitung der nicht hervorgehobenen Inhalte.

Die übrigen Textgestaltungstechniken sind eher als rezipientenseitige Strategien einzusetzen, weil sie in deutlicher Wechselwirkung zu Rezipienten/innen–Voraussetzungen stehen und damit als ein Schritt zur Lösung des grundsätzlichen Individualisierungsproblems bei der Textproduktion und –rezeption angesetzt werden können.

3. Das Individualisierungsproblem als Kristallisationskern des Lese(r)–Faktors bei inter–aktiver Textverarbeitung

3.1. Uni– versus bidirektionales Interaktionskonzept

An der Vorstrukturierung wird auch das zentrale Problem deutlich, das aus der kognitiven Aktivität und Konstruktivität der Textverarbeitung durch die Leser/innen resultiert. Es handelt sich um das Individualisierungsproblem, d. h. um die Schwierigkeit, daß zumindest bei geschriebenen Texten in der Regel eine einzige Textvariante für alle Rezipienten/innen vorgelegt wird, während z. B. das unterschiedliche Vorwissen der einzelnen Leser/innen unterschiedliche Vorstrukturierungen, Darstellungssequenzen etc. erfordern würde. Ein Indikator für diese Wechselwirkung zwischen Text– und Leser/innen–Voraussetzungen stellt das Ergebnis dar, daß Vorstrukturierungen zumeist für Rezipienten/innen mit geringen verbalen Fähigkeiten günstiger sind als für solche mit hoher verbaler Fähigkeit (Ausubel & Fitzgerald 1962). Leser/innen, die sich selbst eine eigenständige, für sie passende Vorstrukturierung entwickeln können, werden durch eine vorgegebene u. U. in ihrer individuellen konzeptuell–hierarchischen Strukturierung behindert. Diese und ähnliche Ergebnisse werden im varianzanalytischen Experimentalmodell ‚Interaktion‘ genannt, und zwar deshalb, weil die beiden unabhängigen Variablen Textstruktur und Leservoraussetzungen in ihrer Wirksamkeit auf die abhängige Variable (Verstehen bzw. Behalten der Textinformation) miteinander in Wechselwirkung treten. Vor allem die differential– und sozialpsychologische Diskussion hat aber nach einigen Schwierigkeiten deutlich gemacht, daß dies als eine ‚uni–direktionale‘ Wechselwirkung zu klassifizieren ist, die nicht mit dem anspruchsvolleren theoretischen Konzept der bidirektionalen Interaktion verwechselt werden darf (vgl. Groeben 1989). Eine bidirektionale Wechselwirkung liegt vor, wenn Abhängigkeiten in zwei Richtungen (gegeneinander) vorkommen und sich auswirken, z. B. wenn eine Situation auf die emotionalen Reaktionen einer Person Einfluß nimmt und zugleich (bzw. zuvor) die Person sich selbst auch in bestimmte Situationen gebracht (bzw. nicht gebracht) hat. Im Bereich der Textforschung würde eine solche bidirektionale Wechselwirkung vorliegen, wenn nicht nur der Text und seine Merkmale auf das Textverstehen und –behalten Einfluß ausüben, sondern auch die Textbearbeitung durch die Leser/innen selbst die rezipierte Information, d. h. den als Bedeutung konstituierten Text beeinflußt.

3.2. ‚Echte' Interaktion: selbstgesteuertes Lernen und Metakognition

Und genau dies ist der Fall, wenn man bestimmte Zielsetzungen zur Optimierung von Textverständlichkeit nicht nur für das Schreiben, sondern vor allem auch für das Lesen und d. h. die Verarbeitung von Texten ansetzt bzw. nutzt. Dies gilt z. B. für die Techniken der Überschriften, Randbemerkungen, Unterstreichungen, Visualisierung zentraler Konzepte, Fragen und Lernzielangaben. So kann Folgerichtigkeit und Übersichtlichkeit in einem Text hergestellt werden, indem man z. B. Unterabschnitte absetzt und diese mit Überschriften versieht oder Randbemerkungen (z. B. Numerierung wichtiger Punkte; Verweis auf andere Gedanken) anbringt. Folgerichtigkeit kann erzeugt werden, indem man die zentralen Gedanken in eine logische Reihenfolge bringt oder die Gedankengänge visuell veranschaulicht. Der rote Faden eines Textes kann durch Hervorhebungen und Unterstreichungen sichtbar gemacht werden. Eine sinnvolle Repräsentation und Verankerung des Lernmaterials kann erreicht werden, indem der/die Leser/in Fragen an den Text und den/die Textautor/in stellt und versucht, diese Fragen im Zuge der Textrezeption zu beantworten (Groeben 1982, S.291). Eine umfassende Reorganisation und Restrukturierung des Gesamttextes, bei der sämtliche der genannten Einzeltechniken zur Anwendung kommen können, wird durch die Verwendung graphischer Rezeptionstechniken erreicht (für einen Überblick vgl. Holley & Dansereau 1984). Der Grundgedanke graphischer Rezeptionstechniken besteht darin, die als bedeutsam angesehenen Konzepte/ Inhalte eines Textes und die zwischen ihnen bestehenden Relationen mit Hilfe spezieller Notationssysteme herauszuarbeiten und graphisch in Form von Netzwerken oder zweidimensionalen Diagrammen darzustellen. Eine typische, als Rezeptionsstrategie nutzbare Variante stellt das sogenannte ‚Mapping' dar (Armbruster & Anderson 1980), bei dem die zentralen Textinhalte und deren Interrelationen graphisch in Form von ‚Maps' (Kästchen) abgebildet werden. Zur Herausarbeitung der Konzeptbeziehungen stehen folgende Relationstypen zur Verfügung: Beispiel, Eigenschaft, Vergleich/Gegenüberstellung, Zeit–Relation, Ursachen–Relation, Ermöglichungs–Relation, konditionale Relationen, Negation und sprachlogische Relationen. Rezeptionsstrategien wie ‚Mapping' zielen dabei auf eine Optimierung der Lernaktivitäten der Rezipienten/innen ab und führen in der Regel zu einer tieferen Verarbeitung der Textinformation.

Durch solche Strategien selbstgesteuerten Lernens können die Leser/innen den Text approximativ an die eigene, je individuelle Kognitionsstruktur anpassen. Die Individualisierung wird – zumindest ansatzweise – durch einen fließenden Übergang zwischen Rezeptions– und Produktionsprozessen von Texten erreicht. Wenn man einmal die kognitive Aktivität und Konstruktivität der Leser/innen bei der Rezeption von Texten festgestellt hat, ist es nur sinnvoll und zielführend, die Rezipienten/innen mit soviel aktiven Verarbeitungsprozessen wie möglich und nötig auszustatten, damit ein optimaler Lernerfolg auf der Grundlage der je individuellen Strukturen von Vor- und Weltwissen erreicht wird.

Eine derartige systematische Qualifizierung der Verarbeitungsaktivitäten auf Rezipientenseite erfordert dann allerdings eine Ausweitung der Rezipienten/innen–Aktivität auf den nächst–höheren Ebenen. Die Leser/innen müssen den Verlauf der kognitiven Verarbeitungsstrategien beobachten, Zwischen- und Endresultate ihrer Lernaktivitäten bewerten, die Daten dieser Selbstdiagnose ebenfalls wieder bewerten, auf bestimmte Ursachen (Anstrengung, Begabung, Aufgabenschwierigkeit etc.) zurückführen (sog. Attribution), Korrekturoperationen vornehmen und den ganzen Prozeß in ihre übergeordneten Zielperspektiven, Wertschätzungen etc. einordnen. Diese in der Psychologie als ‚Metakognition' erforschten Prozeßvariablen stellen zumindest derzeit – noch –

erhöhte Anforderungen an Lernende, die nicht durchwegs zufriedenstellend erfüllt werden, wie etwa eine Untersuchung von Fischer & Mandl (1981) an Studierenden nachgewiesen hat. Dabei hat sich gezeigt (op. cit., S.78), daß sowohl bei den ‚Zustandsvariablen' des selbstgesteuerten Lernens (insbesondere bei der ‚Aufbereitung des Materials', dem ‚Erfassen des Gehalts des Textes' sowie hinsichtlich des Einsatzes ‚spezieller Lern– oder Memorierungsstrategien') Verbesserungen nötig sind, vor allem aber auch bei den metakognitiven Prozeßvariablen (vorrangig bei der ‚Bewertung des Handlungsresultats' und bei der ‚Bewertung zur Selbstdiagnose herangezogenen Daten'). Selbstgesteuertes Lernen und metakognitive Selbstbeobachtung und –bewertung stellen daher mit Sicherheit Aspekte einer Lese– und Verarbeitungskompetenz von Informationstexten dar, die im Rahmen einer modernen Lesekultur weiter gefördert werden müssen.

3.3. Hypertext als interaktives Medium der Zukunft?

Der Computer als neuestes Medium erlaubt es nun, diese Individualisierung der Textverarbeitung noch weiter zu steigern. Das derzeit mögliche Maximum an Individualisierung wird durch die sogenannte Hypertext–Struktur erreicht, die im Kontrast zum klassischen Buchmedium als ‚nicht–lineare Organisation von Informationseinheiten' (Kuhlen 1991, S.27) bezeichnet wird. Dabei werden Bücher weitgehend als linearsequentielle Informationskörper angesehen, bei denen hierarchisch geordnete Informationsebenen und –einheiten wie Fußnoten, Querverweise, Inhaltsverzeichnis, Register etc. nur eine eher marginale Rolle spielen (op. cit., S.5, S.12). Hypertext besteht im Gegensatz dazu vor allem aus einem Netzwerk solcher hierarchisch strukturierten Informationseinheiten, bei der die eine beherrschende Verbindungsart der linearen Sequenz durch eine Vielzahl von unterschiedlichen (hierarchischen) Relationen/Verbindungen ersetzt ist. Das formale Prinzip macht Kuhlen (1991, S.29) durch die Abbildung der Teilkapitelstruktur seines Buchanfangs in Form eines Baumdiagramms deutlich, aus dem bei einer normalen Buchpublikationen eine lineare Kette gebildet werden muß.

Das impliziert natürlich durchaus, daß die einzelne Informationseinheit aus linearem Text besteht, bei dem von bestimmten Teilen aus allerdings eine Vielfalt von konzeptuellen (textuellen, aber auch weiteren medialen) Bezügen auf den verschiedensten Ebenen ausgehen. Als solche Ebenen sind z. B. anzusetzen: Kurzerläuterungen, Langerläuterungen, Quellen, Literaturangaben, Personenerläuterungen, Begriffserläuterungen, Register, eigene Notizen und Kommentare (der Leser/innen) etc. Das Prinzip wird am konkretesten deutlich an einem praktischen Beispiel wie der Hypertextfassung eines Vortrags von V. Flusser (‚Schreiben für Publizieren‘), die von Wingert et al. (1992) erarbeitet worden ist (vgl. Abb. 1).

Das Arbeiten mit einem Hyptertext läuft dann so ab, daß die Benutzer/innen an bestimmten Punkten, (die durch verschiedene Symbole gekennzeichnet sind,) weitere Informationen der genannten verschiedenen Ebenen abrufen können: z. B. den mündlichen Vortrag von Flusser, eine Kurzbiographie oder Langbiographie der vorkommenden Personen, Begriffserläuterungen (z. B. zu ‚Kreativität‘) etc.; desgleichen können eigene Notizen, Kommentare etc. eingegeben werden.

Nachfolgend führen wir als Beispiel zunächst einen Ausschnitt aus dem Vortrag von Flusser an (vgl. Wingert et al. 1992):

„Wie Sie vielleicht wissen, hat Abraham Moles* eine Theorie über die originelle Kreativität* ausgearbeitet, worin er zu zeigen versucht hat, daß das, was wir originelle Kreativität nennen, daher kommt, daß zufälig Geräusche in die zu prozessierenden Informationen dringen. Ich will hier, Sie wissen es sicher, auf das Problem des Geräusches* nicht eingehen.

Kurz, bis unlängst sind wir an das Erzeugen von Informationen empirisch herangegangen wie im Mittelalter, und erst seit kurzem verfügen wir über Theorien, welche uns erlauben, die Kreativität so voranzutreiben, wie es die Technik schon immer getan hat, nämlich aufgrund von wissenschaftlichen Theorien. Wir haben – falls, was ich gesagt habe, stimmt – mit einer Explosion an Kreativität in nächster Zukunft zu rechnen. Wir werden auf dem Gebiet der Kreativität wahrscheinlich den gleichen Sprung

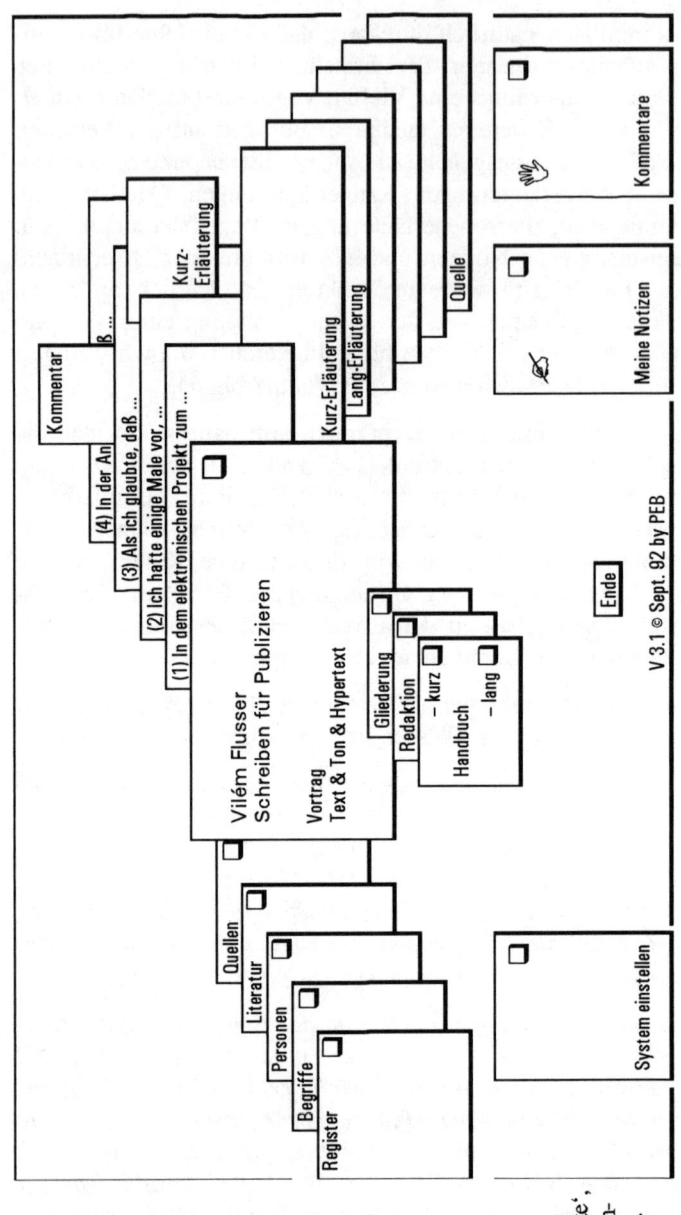

Abb. 1:
‚Startkarte‘,
nach Win-
gert et al.
(1992)

machen, den wir zu Beginn der Industrierevolution auf dem Gebiet der Werkzeugerzeugung gemacht haben. "

Zu den in diesem Ausschnitt mit Sternchen gekennzeichneten Begriffen können nun weitere Informationen eingeholt werden. So kann z. B. folgende Kurzbiographie zu A. Moles abgerufen werden:

„Kurz–Erläuterung zu Textziffer 13, Moles

Abraham Moles
Moles [gesprochen mo:l] war bis 1985 Leiter des ‚Institut de Psychologie Sociale des Communications' in Straßburg und gilt als Begründer einer Informationstheorie der ästhetischen Wahrnehmung. Die einschlägige französische Publikation stammt aus 1958, die 1971 erweitert und aktualisiert auf Deutsch erschien (vgl. die Quelle). Moles verstarb Anfang Juni 1992.

Moles' Ansätze wurden an vielen Stellen weiterverfolgt, in Deutschland z. B. von Max Bense und seiner Arbeitsgruppe. Auf Deutsch liegen einige Bücher vor, die weitere Forschungsgebiete von Moles anzeigen: ‚Kunst & Computer' (1973), ‚Soziodynamik der Kultur' (1976), eine ‚Psychologie des Kitsches' (1972). Flusser hat sein Buch ‚Die Schrift' (1987) Moles gewidmet. " (nach Wingert et al. 1992)

Darüber hinaus können zum Text eigenen Notizen und Kommentare angefertigt werden, wie z. B. eine kritische Bewertung des Argumentationsgangs von Flusser, seine Ausführungen zur Kreativität und dergleichen mehr.

Die dabei realisierten Verknüpfungen kann man zunächst nach autoren– und nutzergenerierten unterscheiden (Kuhlen 1991, S.110), von der inhaltlichen Semantik her in primär assoziative (referenzielle) versus eher explizit strukturierende (sogenannte typisierte) Relationen unterteilen (vgl. op. cit., S.106ff., Abb. 15). Die Verfügbarkeit eines geordneten Relationensystems ist dabei eine wichtige Voraussetzung sowohl für die Gestaltung als auch für die effektive Nutzung von Hypertexten (Wingert 1993). Für Hypertextautoren/innen sind dann bei der Texterstellung z. B. die verschiedenen Möglichkeiten semantischer Differenzierungen wichtig; und Hypertextnutzer können bei ‚kontrollierter Anwendung definierter Relationen' Unübersichtlichkeit vermeiden (Jansen 1993, S.13). Jansen (1993) schlägt vor, für die Explikation semantischer Beziehungen (typisierende Relationen nach Kuhlen) auf definierte Thesaurus–Relationen (z. B.: Hierarchierelation, Abstraktionsrelation, Bestandsrelation, Zugehörigkeitsrelation, Assoziationsrelation etc.) zurückzugreifen.

Das Prinzip des Mediums Hypertext besteht also in der Mehrfachverzweigung, bei der „beliebig viele Pfade von einer Einheit ausgehen und beliebig viele Pfade ... zu einer Einheit führen" können (Kuhlen 1991, S.34). Das führt dazu, daß Hypertexte „in hohem Grade rezipientenabhängige Informationssysteme" sind (op. cit., S.34), weil die einzelnen Rezipienten/innen mit unterschiedlichem Vorwissen und Interesse ganz verschiedene „Pfade" durch diese mehrfach verzeigten Netze von Informationseinheiten gehen können. Dies ist die Maximierung der individualisierten Textverarbeitung, auf die wir im folgenden noch mit einigen Stichworten eingehen wollen.

Zuvor aber noch eine Erläuterung zum Begriff ‚Hypertext': Die Bezeichnung wurde 1965 von Ted Nelson geprägt, und zwar zunächst für die Strategie, Bücher nicht–sequentiell zu lesen. Nelson selbst hat dieses Konzept dann mit extremem Verallgemeinerungsanspruch ausgearbeitet in Richtung auf eine auch fiktionale Texte einbeziehende Konzeption eines weltweit vernetzten Wissens– und Informationssystems (‚XANADU': Nelson 1987). Die oben angeführten Beispiele der Vernetzung auch mit visuellen und akustischen Informationen (Bild, Film, gesprochene Sprache, Musik etc.) machen es verständlich, daß jetzt schon zunehmend versucht wird, den Begriff des ‚Hypertext' durch den des ‚Hypermediums' zu ersetzen (Kuhlen 1991, S.14, S.69; vgl. die Sammelbände von Gloor & Streitz 1990 sowie Glowalla & Schoop 1992).

3.4. Individuelle Textverarbeitung: Desiderata/Hoffnungen

Hypertext oder Hypermedium bieten – von der Grundstruktur her – nun in der Tat die prinzipielle Möglichkeit, das Individualisierungproblem (bei der Textrezeption) zu lösen. Denn der mehr oder weniger kohärente Text, der durch die Navigation der Leser/innen innerhalb dieses hierarchisch–mehrebigen Netzwerks von Informationseinheiten gebildet wird, ist für jedes Individuum (vor allem, wenn man eventuelle Rückkopplungsschleifen mit einbezieht) prinzipiell ein je spezifisch individueller. Die Kohärenzbildung hängt mindestens so stark von den individuellen Rahmenbedingungen der jeweiligen Rezipienten/innen wie von den autorseits bereitgestellten Informationseinheiten etc. ab (Kuhlen 1991, S.33), so daß im Idealfall ein für die Vorkenntnisse und Bedürfnisse der einzelnen Leser/innen ‚maßgeschneiderter‘ (rezipierter) Text zustandekommt (op. cit., S.56). Dabei ist zunächst einmal unterstellt, daß das für Hypertext typische ‚Wandern‘ in den Hypertexträumen, das üblicherweise ‚Navigation‘ genannt wird (op. cit., S.20), völlig frei je nach situativem Interesse der Leser/innen geschieht. Die Hypertext–Forschung nennt dieses völlig freie Wandern ‚Durchstöbern‘ (oder ‚Browsing‘: loc. cit.). Das Problem ist dabei allerdings, daß bei auch nur halbwegs komplexen Hypertexten schnell die Gefahr entsteht, in dem mehrdimensionalen Informationsraum die Orientierung zu verlieren (op. cit., S.16; vgl. auch Wingert 1993), d. h. im Hyperraum verloren zu gehen (‚lost in hyperspace‘).

Man weiß nicht mehr, wie man zu einem bestimmten Punkt gekommen ist, wo dieser Punkt innerhalb des Hypertext–Netzwerks eigentlich liegt, was man bereits innerhalb der jeweiligen Hypertextdimension rezipiert hat, was nicht, und wie man zu sinnvollen Stellen zurückkommt oder vorwärtsgeht, wieviel Information auf welcher Ebene noch vorhanden oder bereits rezipiert ist usw. (op. cit., S.133). Die Schwierigkeiten, bei einer Hypertext–Verarbeitung metakognitive Prozesse der Selbstbeobachtung und –kontrolle parallel zur Text– oder Mediumsverarbeitung zu vollziehen, führt sehr schnell zu einer kognitiven Überlastung, die auch bereits Hypertext–Autoren sich im Netz des eigenen Produkts hat verfangen lassen (op. cit., S.135).

Nun kann man natürlich gerade im Computer die metakognitiven Selbstbeobachtungs- und Kontrollfunktionen vom Programm her automatisch mitlaufen lassen: z. B. die bisherige Dialoghistorie abbilden, retrospektive graphische Übersichten über schon abgerufene Informationseinheiten/-ebenen etc. ausweisen, bis hin zu der einfachsten Funktion, die den Leser/ die Leserin an den Ausgangspunkt der Rezeption zurückbringt (op. cit., S.156ff.). Ebenso lassen sich elektronische Lesezeichen einfügen, schon gelesene Bereiche markieren (op. cit., S.158f.) und vor allem auch autorenseitige Pfadvorschläge einbauen, sei es als einfache Informationsabruf-Sequenzen oder verzweigende Pfade, „bei denen der Benutzer selber bei der Auswahl der Verzweigungsmöglichkeiten entscheiden muß", bzw. „bedingte Pfade, bei denen das System auf der Basis von Tests, die der Autor vorgesehen hat, entscheidet, welche Richtung das System nach der Antwort des Benutzers einschlagen soll" (op. cit., S.148). Bei all diesen Unterstützungen ist aber immer darauf zu achten, daß damit nicht der strukturelle Vorteil der Hypertext-Organisation zerstört oder destruktiv eingeschränkt wird. Eine destruktive Einschränkung könnte z. B. dann auftreten, wenn im Zuge der Individualisierung so viel neue Verbindungen generiert werden, daß die ursprüngliche Hypertext-Organisation völlig aufgeweicht wird; eine Maximierung der Individualisierung ist also mit Sicherheit nicht anzustreben. Zum gegenwärtigen Zeitpunkt, d. h. am Anfang der Entwicklung von Hypertext-Systemen, läßt sich noch überhaupt nicht sagen, wann und in welcher Weise die in der Hypertext-Struktur liegende Herausforderung an die konstruktive Leser/innen-Aktivität in eine Überforderung umschlägt. Zum Beispiel erlaubt die Hypertext-Struktur nicht nur die ‚rezipientenseitige' Einfügung neuer Informationsinhalte (Kommentare, Ergänzungen etc.), sondern im Prinzip auch neuer Verbindungen (s. o. Thesaurus-Relationen); die damit verbundenen (kognitiven, motivationalen etc.) Anforderungen sind aber im einzelnen praktisch noch unbekannt. Auf jeden Fall wird eine zukünftige Lesedidaktik und pädagogisch-psychologische Instruktionstheorie sich eingehend dem Problem widmen müssen, die für die modernen

Medien notwendigen Verarbeitungs- und Lernstrategien sowie Selbstbeobachtungs-, Selbstkontroll- und Selbststeuerungsstrategien auf Leser/innen-Seite zu erforschen und zu implementieren (vgl. auch Tergan 1993). Derzeit ist allerdings diesbezüglich eigentlich nur klar, daß es sich dabei um Optimierungsprobleme handeln wird, für die einige Dimensionen absehbar sind, und zwar

— Optimierung von Textteilen und anderen medialen Informationsinhalten;

— Optimierung von selbstbestimmtem ‚Stöbern' und fremdbestimmten Pfaden/Unterweisungen;

— Optimierung von linearen und verzweigten Pfaden;

— Optimierung von direkten Lese-/Lernstrategien und metakognitiven Selbstkontroll-/Steuerungsprozessen;

— Optimierung von vorhandenen und selbst herzustellenden Textteilen.

4. Fließende Übergänge zwischen belletristischer und pragmatischer Textverarbeitung!

Und damit schließt sich der Kreis: Die Optimierung zwischen vorhandenen und selbst herzustellenden Textteilen stellt die Kombination von Lese-/Verarbeitungsprozessen auf der einen und Schreib-/Produktionsprozessen auf der anderen Seite dar. Hypertexte bzw. Hypermedien implizieren einen fließenden Übergang zwischen Rezeption und Produktion, nicht nur was die unverzichtbare kognitive Aktivität bei der (rezipierenden) Textverarbeitung angeht, sondern ganz konkret auch im realen Lese- und Schreibprozeß. Dieses Charakteristikum des fließenden Übergangs bezieht sich aber nicht nur auf die Relation Lesen-Schreiben, sondern auch auf andere Merkmale dessen, was eingangs als traditionelles Konzept der „Lesekultur" skizziert wurde. So zum Beispiel auch auf die Unterscheidung zwischen Informations- und literarischen Texten. Das betrifft zunächst einmal ganz platt die Möglichkeit, in Hypertext-Systemen natürlich auch literarische oder generell künstlerische/

ästhetische Informationseinheiten mit aufzunehmen. Wichtiger aber noch ist die damit verbundene strukturelle Angleichung von Informativität und Literarizität. Die oben angesprochenen paradigmatischen Beispiele für moderne literarische Polyperspektivität können als Vorläufer von Hypertext–Strukturen im fiktionalen Bereich angesehen werden; so ist ‚Zettels Traum' explizit als ‚Flachtext'–Version einer nicht–linearen Werkstruktur rekonstruiert worden und folgerichtig auch (zusammen mit Selbstkommentaren von Arno Schmidt, Interpretationsansätzen aus dem ‚Bargfelder Boten' etc.) in eine Hypertext–Version ‚übersetzt' worden (Kuhlen 1991, S.40ff.). Und der schon erwähnte ‚Erfinder' von Hypertext (Ted Nelson) bezieht in sein weltweites XANADU–Konzept selbstverständlich auch ‚Hyperfiction' mit ein, für die es durchaus ebenfalls bereits Beispiele gibt (z. B. von Joyce, allerdings nicht James, sondern Michael; vgl. Kuhlen 1991, S.46).

Und komplementär zu diesem fließenden Übergang zwischen literarischen und Informations–Texten verschwimmen auch die Grenzen auf der Rezeptionsseite. Lesen und Verarbeiten von Hypertexten hat, so wird von den Proponenten der Hypertext–Sphäre immer wieder mit Emphase unter Rückgriff auf Selbsterfahrung wie Fremdbeobachtung betont, auch gerade eine ästhetische Dimension. Die Maximierung von Neugier, der Genuß von immer neuen, zum Teil auch zufälligen assoziativen und strukturellen Informationsverbindungen machen deutlich, daß die Funktionen von Fiktion und Non–Fiktion – zumindest in der heutigen und vor allem auch zukünftigen Medienlandschaft – ineinander übergehen (werden). *Insofern ist das Lesen und Verstehen auch von Informationstexten heute und in Zukunft als Teil der Lesekultur anzusehen und zu konzipieren, als kulturelle Kompetenz zu verstehen und zu akzeptieren!*

Cornelia Rosebrock

Phantasie und Schullektüre

Anmerkungen zu einem schwierigen Verhältnis[1]

Einem 8jährigen Mädchen habe ich letztens *Sumchi* von Amos Oz komplett in 3 abendlichen Sofasitzungen vorlesen können. Sumchi ist eine Hans–im–Glück–Geschichte von einem Jungen, der am Schluß sein neues Fahrrad verloren hat und doch fast das Himmelreich erhält, indem er im Moment tiefster Verarmung und Verlassenheit das Mädchen Esti, von dem er träumt, für sich gewinnen kann.

8jährige Mädchen mögen keinen Umgang mit faktischen Jungen. Die Rollenfixiertheit ist in diesem Alter enorm. Gemischte Grundschultischgruppen sind mit 8jährigen im allgemeinen nicht mehr durchsetzbar. Andererseits interessieren sich 8jährige Mädchen brennend für die Liebe und alles, was damit zu tun hat. Aus dieser Interessenskollision heraus tauchen manchmal am Horizont dieses Mädchens und seiner Freundin leibhaftige Jungen als Objekte des Interesses kurz auf, werden aber dann doch schnell für irgendwie unsäglich befunden und bleiben somit gewissermaßen theoretisch. In der Vorlesesituation dagegen war das Mädchen interessiert und hat sich emphatisch gegengeschlechtlich identifiziert. Bei gelegentlichen unterbrechenden Unterhaltungen über das Gelesene wurde deutlich, in welchem enormen Ausmaß sie weiß, wie es wäre, wenn sie ein Junge wäre, wie blöde z. B. in diesem Fall die Mädchen

---

1   Prof. Gerhard Haas zur Emeritierung.

195

seien. Freilich wußte sie durchaus nicht, daß ihre empirische Person gegebenenfalls unter diese Kategorie der blöden Mädchen fiele.

Vom lesenden Ich aus das alltäglich handelnde reflektieren zu können ist offensichtlich ein späterer Erwerb. Die in ihrer Intensität beeindruckende Fähigkeit zur Einfühlung in Fremdes während der Lektüre ist dagegen anscheinend ein elementares Vermögen: Während des Lesens war die Zuhörerin imaginär nicht nur in die fiktionalen Szenarien affektiv und intellektuell verwickelt, sondern war das auch als jemand anderes, sogar bezüglich der geschlechtlichen Codierung, die wir uns im Zentrum der personalen Identität vorstellen.

Was geschieht eigentlich bei solchen Prozessen? Wie ist Subjektivität beschaffen, daß sie Identität so, lapidar gesagt, sang- und klanglos aussetzen kann?

1. Entgrenzung der Identität beim Lesen

Von der Rezeptionsästhetik wird die Entgrenzung des gewohnten Ichs mit dem Gesamt seiner Affekte und Wissensbestände im Verlauf der Lektüre über seine manifeste psychische Persönlichkeit hinaus als Voraussetzung des Lesevorgangs gesetzt und nicht weiter thematisiert und reflektiert. Das Subjekt der Lektüre, der Leser, die Leserin, tritt in den Modellen der Rezeptionsästhetik wesentlich als Organisator der jeweiligen Prozesse des inneren Mit–Gehens auf (vgl. grundlegend Iser 1976), nicht jedoch als Betroffener. Freilich: sich selbst als gemeint zu erfahren ist der Modus, in dem Texte uns potentiell wirklich angehen, und dieser Ernstcharakter des literarischen Erfahrens ist unverzichtbarer Kern der Lesemotivation und Lektürewirkung.

Die Literaturpsychologie dagegen würde für die Fähigkeit des zuhörenden Mädchens, als Junge zu erleben, wohl den Begriff der Identifikation in Anwendung bringen. Das will mir als zu schnelle Einschränkung der wahrnehmbaren psychischen Öffnung auf eine Art Tauschgeschäft einer Persönlichkeitskontur

196

gegen eine andere erscheinen. Auch ginge der Charakter der Erweiterung der Denk- und Erfahrenshorizonte verloren, der bei solchen Lektürevorgängen sichtbar wird. Schließlich ist der Begriff der Identifikation für das beschriebene Phänomen umfangslogisch zu eng, obwohl die temporäre Übernahme einer Probe-Identität an dem skizzierten Vorgang maßgeblich beteiligt sein mag.

Diese Einwände verweisen auf ein grundsätzliches Dilemma des Begriffs der Identifikation (oder, wie Freud sagt, der Identifizierung) nicht nur in der Leseforschung: Er wird umstandslos gebraucht in seinem ganzen Bedeutungsspektrum zwischen einer vergleichsweise bewußtlosen und starren Übernahme von Charaktermustern durch den Leser – etwa in der traditionellen Trivialliteraturdiskussion – bis hin zu einem weiten Identifikationsbegriff im Sinne der inneren Annahme eines Bildes als eigenes im Prozeß der Lektüre. In diesem letzteren Sinne wäre Identifikation freilich quasi die Geschäftsgrundlage jeglicher Lektürevorgänge, wie die Rezeptionsphänomenologie überzeugend zeigen kann. Und schließlich wird „Identifikation" nicht nur im Sinne von Sich-gleich-Machen, sondern auch im Sinne von Gegenstanderkenntnis gebraucht. Das Dilemma besteht darin, daß damit tendenziell jede Form von Verwicklung in Texte mit ein und dem gleichen Begriff belegt wird.

Die Diffusion hat ihre Wurzeln schon bei Freud, der Identifizierungsvorgängen im Laufe der Entwicklung der Psychoanalyse zunehmend intensivere Aufmerksamkeit widmete, gleichwohl den Begriff in ebendem weiten Bedeutungsspektrum gebrauchte: Identifizierungen sind sowohl einzelne, vom Ich als psychischer Instanz getätigte Gesten, wie auch umgekehrt das Ich selbst als ein Konglomerat seiner lebensgeschichtlich sedimentierten Identifizierungen gilt. In einer gängigen Freudschen Metapher erscheint das Ich als Zwiebel, deren Häute je abgesunkene Identifizierungen darstellen.

In einem frühen lesepsychologischen Essay hat Peter Schneider (1982) den Begriff „Entgrenzung" für die psychische Grundbefindlichkeit der Lektürevorgänge vorgeschlagen, sich auf Balints Theorie der Grundstörungen berufend. Ohne Schneiders Konsequenz – nämlich Lektüre als regressiven Akt zu beschreiben – übernehmen zu wollen, paßt der Begriff zunächst phänomenologisch auf die Befindlichkeit der empathisch rezipierenden 8jährigen: Die Entgrenzung des Ich geht nicht in den jeweils konkreten Identifizierungen der Lektüre auf und ist zugleich ein generelles Charakteristikum der Erfahrungskonstitution beim Lesen. Denn es besteht ein gewaltiger Unterschied zwischen dem entgrenzten, nämlich in verschiedene Rollen und Zeiten, Identitäten und Gefühlszustände zerstreuten Ich des Lektüreprozesses und dem in pragmatischen Sprachhandlungssituationen stehenden Ich. Der Unterschied scheint mir weniger einer der Authentizität zu sein – Eigenes und Geborgtes mischen sich in beiden Befindlichkeiten – als vielmehr der Modalität des Psychismus selbst. Das Bewußtsein während der Lektüre ist sehr weitgehend zu dem wandernden Blickpunkt mit seinen perspektivischen Entwürfen und Rekapitulationen zusammengeschnurrt und schöpft dabei durchaus unzensiert aus einem Fundus sedimentierter Erfahrungen verschiedenster Bewußtseinsgrade. Die Rezeptionsphänomenologie (vgl. Iser 1976) hat für diese Befindlichkeit schöne Begriffe bei Husserl entliehen: Verstrickt ist das lesende Bewußtsein, eingebunden, dezentriert, verflochten, versehen mit einem Schweif des Soebengewesenen, das dem Jetzt der Lektüre noch unabgegrenzt anhängt und langsam verschattet.

Solche Beschreibungshorizonte erlauben, das lesende Ich phänomenologisch deutlich vom handelnden abzusetzen, welches viel konsistenter und zentrierter formatiert ist. Dem handelnden Ich würde die Zerstreutheit des lesenden unverträglich sein: Wir gewinnen personale Identität aus der Erfahrung, ein Zentrum eigener Initiative und Wahrnehmung zu sein. Doch sind die Erfahrungen beim Lesen nicht dieser Art: weder was die Selbsterfahrung angeht – die Wahrnehmungen und Initiativen sind nicht originär eigene – noch was die Beschaffenheit der Szenarien betrifft, die der Text inhaltlich aufruft und in denen sich der Leser, die Leserin imaginär bewegen. Denn auch die innerlich vergegenwärtigten Textgegenstände bleiben, solange die Lektüre noch im Prozeß ist, nichtidentische Setzungen, sie sind, nicht anders als das lesende Ich, aus diffuserem Stoff als die sonstige Lebenswelt.

Etwas davon war schon in den kleinen Unterbrechungen der Vorleseszenen von *Sumchi* erkennbar: Affekte wie Trauer über die Verlassenheit des Jungen oder Wut über die schlitzohrige Gemeinheit seines Mitschülers haben sich hier und da Luft gemacht, auch Prognosen über den Fortgang seiner Sache oder die Wiederholung der schwer aussprechbaren hebräischen Namen. Diese Äußerungen waren insgesamt fast noch Bestandteil des Lektürevorgangs selbst, setzten einen gerade aktuellen Strang der Erzählung gleichsam linear und – wenn man so will – unkritisch und undistanziert fort. Der Text trat den Leserinnen nicht in einem Subjekt–Objekt–Verhältnis gegenüber, sondern behielt uns in einer Form der Bindung, die man symbiotisch nennen könnte, hätte dieses Wort nicht den Klang des Pathologischen. Walter Benjamin hat es schöner ausdrücken können: Wenn das lesende Kind aufschaut, so schreibt er, ist es „über und über beschneit vom Gelesenen" (1928, S.113).

Was die schulische Textbehandlung im Allgemeinen einfordert, ist freilich eine geradezu gegensätzliche Befindlichkeit des Lesenden: Sie verlangt die Vogelperspektive über den Text, also den Blick von einem Außerhalb, nicht die buchstaben- und gegenstandsnahe Verwicklung durch die Perspektive aus der sich bewegenden Mitte heraus. Das fordert Distanz, Trennung, Kritik, Besinnung, auf jeden Fall eine mental grundsätzlich andere Haltung als die des Lektürevorgangs selbst oder der handlungs- und produktionsorientierten Verfahren, sofern sie ans Lesen unmittelbar anschließen. Aber die Neutralität, die dieser Begriff der „anderen Haltung" transportiert, ist nicht die richtige Konnotation: Institutionell fordert die Schule die konsistente, konturierte, zentrierte Identität, die kritisch und durchsetzungsfähig mit den Gedanken und Gegenständen hantiert, statt sich von ihnen auf das Glatteis eines Ineinander von Außen und Innen, Mein und Dein führen zu lassen. Als heimliches Lernziel setzt sich diese Persönlichkeitsformation im konventionellen Literaturunterricht geradeso wie in den anderen Fächern leicht auch dann durch, wenn der einzelne Lehrer, die Lehrerin durchaus andere Ideen hat. Unter den vielfältigen Sozialisationsfunktionen der Schule sind zahlreiche der Literatur und dem Lesen deshalb in so hohem Maße feindlich, weil das Verhältnis von Leser und

Text seinem Wesen nach kein Gegenüber von Subjekt und Objekt sein kann.

Die identitätsorientierte Literaturdidaktik der 80er Jahre hat, zusammen mit der rezeptionsästhetischen Entdeckung des Identitätsthemas (vgl. Stierle 1979), ein Stück weit in diese Richtung argumentiert: „Der literarische Text lädt den Leser dazu ein", schreibt Spinner in diesem Sinne, „das subjektive Erfahrungspotential in besonders umfassender Weise einzubringen, so daß der Leseprozeß geradezu als eine Verschmelzung und gegenseitige Verfremdung von Leserbewußtsein und Textstruktur begriffen werden kann." (1980, S.14) Freilich endet die Ähnlichkeit der Herangehensweisen beim Identitätsbegriff: Identität gilt in diesen didaktischen Entwürfen ungebrochen als Ergebnis einer Selbstfindung, die in sinnbildenden Prozessen des Unterrichts wie der Lektüre stattfinden kann und soll. Die Zweifel an der Wahrheit des Sich–Identischen und an der Einheitlichkeit und Gegenwärtigkeit des zu erlangenden Sinns waren den zugrundeliegenden Begriffen von Identität und Subjektivität zutiefst gegenläufig. Insofern setzte sich der Widerspruch zwischen Leseakt und Interpretation, der Widerspruch zwischen der SchülerInnenlektüre und dem vergegenständlichenden Unterrichtsgespräch über den Text bei weitem nicht so grundsätzlich wie er heute scheinen will.

Aber ist der Widerspruch zwischen dem Lesen und pragmatisch zentrierten Sprachhandlungssituationen mit ihrem Zwang zum kohärenten Ich überhaupt ein notwendiger – oder hypostasiere ich mit meinem Beispiel eines lesenden Kindes eine gleichsam unfertige Leserpersönlichkeit zum Maßstab des Lesens überhaupt? Die Gegenargumente lauten etwa folgendermaßen: Es sei eine sehr spezifische Form der Lektüre, die ich mir zum Maßstab nehme, kognitiv zentriertes Lesen vollziehe sich nicht unter dieser Entgrenzung des Ich, wie es auch auf faktische, was heißen soll: nicht deutungsbedürftige Gegenstände ziele (vgl. dazu Groeben/Christmann in diesem Band). Doch folgt man mit einer solchen Polarisierung von Leseakten in kognitive und ästhetische nicht viel weniger den Phänomenen der Lektüre als vielmehr einer unguten deutschen Tradition der falschen Konfrontation von Intellekt und Emotion? In der Phänomenologie der Lektüre ist m. E. diese Trennung schwerlich zu konstruieren, im Gegenteil fordert der Leseakt generell die behauptete psychische Entgrenzung der Identität. Dies deshalb, weil sich alles Lesen auf dem Terrain des Imaginären abspielen. Dieser Gedanke soll im Folgenden überprüft werden.

2. Der psychoanalytische Blick auf Text und Leser

Die Bestimmung der Form des In–der–Welt–Seins beim Lesen ergibt sich an der Schnittstelle von psychoanalytischer und rezeptionsphänomenologischer Bestimmungen des Leseakts. Ich bleibe im folgenden bei der psychoanalytischen und, noch begrenzter, dort bei der Dialektik von Identität und Differenz und verweise nur am Rande auf die parallele rezeptionsästhetische Diskussion.

Freilich erweisen sich die Fragen des Lesens und der Bedeutung von Lektüre als psychoanalytisch nicht unmittelbar zugänglich: Die sich auf den ersten Blick präsentierende und auch in der gegenwärtigen Diskussion dominante Freudsche Bestimmung der literarischen Rezeption operiert inhaltsanalytisch. Sie geht von dem Gedanken aus, daß die fiktiven Welten, in die sich der Autor und im Nachvollzug die Leserin, der Leser begeben, als illusionären Ausgleich für die Versagungen und Zwänge des Alltagslebens beschrieben werden können. Die Welt, die man sich in der Lektüre mit Hilfe des Textes innerlich vorstellt, hat, so Freud, den Status von anderen Illusionen auch, beispielsweise dem Tagtraum. Die expliziten Freudschen Beschäftigungen mit literarischen Phantasien in den Schriften zu Literatur und Kunst laufen, ungeachtet gelegentlicher Verbeugungen des Analytikers vor dem unerreichbaren Genie des Dichters, im Ergebnis auf eine solche Kompensationsidee für den gesamten Bereich des Ästhetischen hinaus: Der Dichter regrediere in der Produktion seines Textes auf ein Stadium seiner personalen Entwicklung, in dem reale Entbehrungen auferlegt wurden, und befriedige diese seinerzeit offen gebliebenen Wünsche nunmehr ersatzhaft im Medium der Phantasie mittels der Illusion. Die Lektüre dachte sich Freud in direkter Analogie zur dichterischen Textproduktion ebenfalls als prinzipiell rückwärtsgewandte phantasierende Wunscherfüllung. Der Freudsche Satz, nur der Unbefriedigte phantasiere, der Glückliche tue dies eigentlich nicht, leitet sich von diesem Strang psychoanalytischen Denkens her.[2] Das Imaginationsvermögen und seine Hervorbringungen, die Phantasie und die Phantasien also, sind hier als Schonraum mit Luftschlössern bestimmt, als eine Art Pufferzone zwischen Wunsch und Realität, die in der Wirkung die Versagungen, die die Realität bereit hält, gewissermaßen psychisch bekömmlicher aufbereitet.

Das schulische Mißtrauen gegenüber der lustvollen, eigenaktiven Lektüre und die Unwilligkeit der Institution, sie überhaupt anzuerkennen, ergänzt sich dabei paßgenau mit dieser bis heute dominanten Sicht des Lesens in der Psychoanalyse. Sie möchte dem genießenden Lesen als Wirkung nur Trost, aber keine Erkenntnis zugestehen. Die praktizierte Literaturdidaktik ist weitgehend einer, pointiert gesagt, „Ästhetik der Distanz" unterworfen, die u. a. diesen ideengeschichtlichen Wurzeln entstammt. Das gleiche Mißtrauen gegenüber der lesenden Entgrenzung des Subjekts und seiner Verschränkung mit der fiktiven Welt ist auch in der Ästhetischen Theorie der Frankfurter Schule zum dominanten Zug geworden: Obwohl Adorno einerseits – auf Freud zielend – die „Banausie feinsinniger Ärzte" geißelte, mit der die Literatur in der Psychoanalyse den individuellen Trostbedürfnissen zugeschlagen wurde, bestand er selbst andererseits geradezu rigide auf dem interesselosen Wohlgefallen am Werk – als seien alle Formen der intensiveren Verwicklung des Subjekts in den Text Verletzungen der Autonomie des Werks durch unzulässige Befriedigung des Lesers (vgl. Adorno 1970, S.514f). Die radikale

---

2 „Man darf sagen, der Glückliche phantasiert nie, nur der Unbefriedigte. Unbefriedigte Wünsche sind die Triebkräfte der Phantasien [...]" (Freud 1908, S.173). Vgl. für die gesamte These insbesondere *Der Dichter und das Phantasieren* 1908. Vgl. für eine Übersicht von in diesem Sinne psychoanalytisch orientierten Rezeptionstheorien Langenmayr 1993, insbes. S.90–147, ferner Schönau 1991. Die Leistungskraft eines solchen Ansatzes hat allerdings Bettelheim (1980) beeindruckend bewiesen.

Angewiesenheit des Werks auf den Rezipienten war diesem Denken letztlich doch nicht zugänglich. In dem Bestreben, das Genießen aus dem Leseakt zu eleminieren, zeugt sich das Freudsche Denken dann doch im Adornoschen fort und beide im common sense des Verhältnisses von Lektüre und Schule: Die Geschichte der Lesepädagogik und schulischen Literaturverarbeitung wäre geradezu als Geschichte des Versuchs zu schreiben, die Erkenntnismöglichkeiten des Lesens zu verordnen, ohne die Loslösung aus den rigiden Formen der Identität und die Genußfunktionen zuzulassen. Das hat auch institutionsgeschichtliche Gründe: Bis heute treten Unterricht und sogar auch Literaturunterricht häufig als Vertreter der Idee des Nutzbarmachens von Lektüre auf, der Spielcharakter der Rezeption hat in der Schule dann nichts zu suchen (vgl. Haas 1977, 1982).

3. Das Subjekt – gelesen

Die skizzierte psychoanalytische – grob gesagt – Kompensationstheorie der Literatur und des Lesens verdunkelt aber bis heute die Möglichkeiten, die der zweite, implizitere und leisere Zugang der Psychoanalyse zum Verständnis des Lesens eröffnet. Der ist struktureller Art und betrifft gewissermaßen ihre eigene Konstitution: Der Geburtsakt der Psychoanalyse bestand aus dieser Perspektive in der Erfindung der Lesbarkeit des Psychismus. Es sind zunächst die Metaphern des Lesens in ihrem Theoriegebäude, die darauf hinweisen: „Übersetzung" von einem psychischen System ins andere, „Einschrift", „Niederschrift" und „Umschrift" zwischen den psychischen Instanzen sind psychoanalytische Begriffe, „Repräsentanz" im Psychismus durch „Zeichen", die sich zur lesbaren „Erinnerungs-" oder „Gedächtnisspur" formieren, liegen dem Analytiker vor, der die „Entstellung" „entziffert", als die der manifeste „Text" des Bewußtseins den des Unbewußten wiederholt, „niederschreibt" nämlich. In der „Notiz über den Wunderblock", einem jener kleinen, phantastisch verdichteten Freudschen Sprachkunstwerke (1925), wird der psychische Apparat explizit mit einem sogenannten Wunderblock verglichen, also einer kleinen Wachstafel – heute Plastik –, über der ein dünnes Zellophanblatt liegt; ritzt man eine Nachricht ein, so ist sie lesbar, bis man das Zellophanblatt abhebt. So wie Zellophan und Wachstafel verhielten sich Bewußtsein und Unbewußtes, schreibt Freud: in der verborgenen Wachstafel bleiben die Niederschriften nämlich immer erhalten, wenn sich auch im Laufe der Zeit neue über sie legen. Mit dieser kleinen Schriftmaschine hat Freud die Psyche, so wie er sie entwarf, der Textualität als differenter Einheit von Buchstabe und Bedeutung strukturell in einem erstaunlichen Maße gleichgesetzt. [3]

Folglich gilt die Psyche für den Analytiker als lesbar: Seine Arbeit besteht in der *Lektüre der Seele*, so ein programmatischer Buchtitel von Michael Rutschky (1981). Die *Traumdeutung* Freuds ist kein Wörterbuch der Symbole, sondern formuliert eine Grammatik des Unbewußten; dadurch unterscheidet sie sich kategorial von ihren diversen Vorläufern. Grob, aber nicht falsch kann man sagen, daß die Psychoanalyse geboren wurde aus dem Gedanken, daß Träume, Symptome, Phantasien, Versprecher, Witze usw. als Zeichen aufzufassen seien, die auf ihre unbewußte Bedeutung hin lesbar sind. Sie stellen den Text; seine Bedeutung ist – als LiteraturwissenschaftlerInnen wissen auch wir das – manchmal nicht leicht zu haben.

Die Psyche als lesbare Konfiguration zu verstehen hat nun sehr gravierende Folgen für die Konstitution der Identität, also für das Menschenbild der Psychoanalyse: Identität ist sich selbst nicht einheitlich und transparent, sondern von dem Riß zwischen Bewußtem und Unbewußtem durchzogen. Das Subjekt kann sich nicht ganz haben: Wie ein Text nur auf das weisen kann, was er meint, ohne es selbst je erreichen zu können, so kann selbstbewußte Identität sich nur aus ihrem Anderen bestimmen. Am Rande bemerkt ist es dieser Gedanke, der

---

3 Derrida hat die Genese dieser Metaphorik untersucht und ihren Kern bereits im frühesten analytischen Text Freuds formuliert gefunden: Der Inhalt des Psychischen wird für die Psychoanalyse unhintergehbar in einem Text repräsentiert, so Derridas Quintessenz, „Die Struktur des psychischen Apparates wird durch eine Schriftmaschine dargestellt [...]“ (Derrida 1985, S. 306).

zentral die gegenwärtige Identitätsphilosophie bewegt: Levinas hat ihn philosophisch gleichsam durchdekliniert und zugänglich gemacht (vgl. z. B. 1983). Die Differenz innerhalb des sich Identischen hat aber die klassische Psychoanalyse bereits als radikal konstitutiv für die conditio humana gedacht. Das Ich, Sitz des Bewußtseins und Instanz des Identischen im Psychismus, ist in dieser psychoanalytischen Perspektive sowohl der Ort der Illusion – es wähnt sich nämlich autonom gegenüber dem Geflecht von Beziehungen, in das es eingebunden ist – als auch und zugleich der Ort der Erkenntnis, nämlich der Wahrnehmung und Wirklichkeitskonstitution. Es ist diese innige Gemeinsamkeit von Illusion und Erkenntnisfähigkeit in ihrem Gegenstand und die methodische Integration dieses Umstands, die die Affinität der pyschoanalytischen zur literarischen Erkenntnisform im Kern ausmacht; diese Nähe erlaubt es, den Zugang zu ihrem Gegenstand für die Psychoanalyse wie für die Literatur als Lektüre zu beschreiben (vgl. dazu Rosebrock 1990).

Diesen Drang, aus den Dingen und Verhältnissen und Texturen herauszulesen, hat Freud Wunsch genannt und in ihm den großen Beweger der Psyche erkannt. Lacan hat den Wunschbegriff später präzisierend vom konkret gedachten Bedürfnis abgegrenzt, indem er ihn durch den Begriff des Begehrens ersetzt hat.

Wunsch und Phantasie sind im psychoanalytischen Theoriegebäude auch traditionell zwei einander sehr nahe Begriffe; die Wünsche sind der Antrieb des Phantasierens, Phantasien sind deren Niederschläge und Dokumente ihrer lebensgeschichtlichen Umgestaltung, aber auch Beharrungskraft.

Betrachtet man das Wünschen aus der Perspektive seiner Dynamik, so erkennt man in diesem Motor des Psychismus die Bewegung des Herauslesens – die Suche nach dem Ungesagten im Gesagten, das Begehren des Sinns. Die Erbfolge des Bücherlesens zu einem archaischen Herauslesen aus Sternen, aus Erscheinungen der Natur oder aus Gesichtern scheint hier auf und eröffnet einen Verstehenszugang zum generell wunscherfüllenden Charakter von Lektüre jenseits der leicht stereotypen psychoanalytischen Inhaltsanalytik.

Damit geht eine völlig andere Einschätzung der psychischen Institution der Phantasie einher. Das Sich–Bewegen in Phantasien steht nicht mehr dem realitätsbezogenen Denken polar gegenüber, sondern hat Anteil an der Tätigkeit des Bewußtseins selbst, ohne deshalb mit anderen Formen des Denkens in eins zu fallen. Der Begriff des Imaginären drückt dieses Ineinander von Wunsch und Welterfahrung im Lesen präziser aus, weil er, anders als der Phantasiebegriff im Kompensationskontext, sich nicht als Gegenpol zur Wirklichkeit setzt. Imaginär konstituiert ist in dieser Perspektive nicht nur die lesend übernommene, sondern um nichts weniger die faktisch agierende Identität. Das Imaginäre zeigt sich als ein Moment der Wirklichkeit und ihr zugleich entrückt, wie das Lesen zum Leben gehört und doch seinen Abstand dazu geltend macht.

4. Das Subjekt – lesend

Aber ich führe diese konkurrierenden Phantasie– und Lektürebegriffe der Psychoanalyse nun nicht weiter aus, sondern komme zurück zu der These einer parallelen Struktur zwischen psychischer Identität und der Konstituiertheit der im Lesen gebildeten Gegenstände; also zur Identität der Bewußtseinskorrelate des Lesens, und damit zu der – kürzer gefaßten – rezeptionsästhetischen Seite meiner Argumentation.

Textuell konstituierte Gegenstände zeichnen sich durch Transzendenz aus: sie sind ja nicht materiell gegeben, sondern nur durch die Buchstaben bedeutet. Der von Amos Oz beschriebene Junge in dem vorgelesenen Text ist eben kein empirischer, sondern lediglich ein bedeuteter, und die Kündbarkeit seiner Welt vom Sofa aus bestimmt die Form der Erfahrung mit. Referentiell zentrierte Texte versuchen, durch die Anforderung eindeutiger außertextueller Bezüge die Textkorrelate im Bewußtsein des Lesers und der Leserin zu verankern; Denotationen betreiben, so formulierte Roland Barthes einmal, eine Naturalisierung des Sinns. Ob und wieweit es ihnen gelingt, das ist eine Frage, über die wir, soweit ich sehe, sehr wenig wissen. Leseakte Schöner Literatur zeichnet es freilich aus, diese nichtidentische Beschaffenheit ihrer Gegenstände nicht nur anzuerkennen, sondern sogar zu reflektieren. Damit fordern sie, Lektüre als Spiel mit der Identität des Vorgestellten und der Differenz innerhalb dieser Identität zu realisieren; poetische Texte definieren sich geradezu dadurch, daß sie aus gradlinigen Verweisungsstrukturen zwischen Sprache und Welt ausgestiegen sind. In literarischen Diskursen ist das Wahrheitspostulat des identifizierenden Sprechens aus der starren Koppelung von Ding und Begriff gelöst: Wahrheit ist in literarischen Diskursen nicht mehr das eine Objekt der Verweisung, sondern der transzendente, gleichsam immer zukünftig bleibende Sinn. Die strukturelle Gleichheit zwischen dem literarisch konstituierten Gegenstand und der Subjektivität des Lesenden zeigt sich hier noch einmal von Seiten des Textes: beiden fehlt es an Selbstidentität und Konstanz einer solchen Identität, beide können nur verweisen. Für das Lesen heißt das: mit ihm begibt man sich in ein Feld, in dem Identität als in sich different erfahrbar wird, oder, auf mein Beispiel zurückgreifend: Mädchen dieses Alters ist die Erfahrungswelt von Jungen potentiell durchaus offen, auch wenn sie praktisch dazu momentan kaum Zugänge finden, solange ihnen nicht rigide Formen des Mit–Sich–Identisch–Seins abverlangt werden. Von hier aus öffnet die Lektüre sich zur Möglichkeit, Fremdes zu amalgamieren, aber auch zu dem beschriebenen tiefreichenden Widerspruch zu den gängigen Funktionen der Schule.

5. Ein schwieriges Verhältnis

Ich habe Lesen als eine Praxis der Verschmelzung mit dem Nicht–Identischen beschrieben und von dort aus die schulische Organisation von Literaturerfahrung kritisiert. Ganz vernachlässigt wurde dabei die Inhaltsseite der Lektüre: In der Tat führen bestimmte Texte bestimmte Diskurse, und nicht selten laufen ihre inhaltlichen Intentionen ihren formalen Gegebenheiten entgegen. Am Beispiel formuliert: Viele kinderliterarische Texte zielen geradezu darauf hin, die Konfrontation von Geschlechtsstereotypien zu vertiefen und Erfahrungen des Fremden und Neuen zu domestizieren.

Kann man also sinnvoll über Literaturrezeption nachdenken, ohne über Textinhalte zu sprechen, ohne sich ins Lesen, in den hermeneutischen Zirkel und also in die dominanten Traditionslinien der Literaturwissenschaft zu begeben? Letztere hat zumindest bewiesen, daß das Umgekehrte möglich ist: Texte feinteiligst – und durchaus mit Gewinn – zu analysieren, als seien sie Gegenstände materieller Natur, ohne wirklich zu bedenken, wie und unter welchen Bedingungen sie phänomenologisch, psychologisch und historisch zu sich kommen.

Auch die traditionellen Instrumente der Leseforschung sind, genau besehen, an Texten und der auf sie bezogenen Inhaltsanalytik orientiert: Giehrls vier Hauptarten des Lesens – informatorisches, evasorisches, kognitives und literarästhetisches (1968, S.31ff) – verdanken sich weniger einem Blick auf Leseprozesse als vielmehr der Kategorisierung von Gelesenem. Dieser Kurzschluß zwischen Textvorgabe und Rezeptionsweise zieht sich durch verwandte Studien bis in die Gegenwart: Die aktuelle Studie *Lesesozialisation* (1993, 1) erfragt immerhin, soweit ein Novum, empirisch die Bedürfnisse, die das Lesen motivieren. Freilich legt sie Leseerfahrungs–Bedürfnismuster zugrunde, die Giehrls Entwurf in nichts nachstehen, und kommt folglich zu ähnlichen Grundformen der Leseerfahrung – wieder sind es vier: intellektuell–kognitive, hedonistisch, sozial–emotional und ästhetisch–reflexiv Leseerfahrungen werden genannt (vgl. S.357f).

Das schmälert nicht die Verdienste der Studien, sondern zeigt auf, wie wenig wir über die Modalitäten des Lesens und ihre Abhängigkeit von den Textvorgaben wissen. Überhaupt ist die Frage nach den Textpotentialen in der Rezeption und ihren Anteil am ,Wie' des Lesens kein wirkliches Gegenargument zum Gesagten, sondern eine Erinnerung daran, wie komplex die Frage nach der literarischen Erfahrung praktisch ist.

Noch einmal will ich Walter Benjamin zitieren, der vieles über den Zusammenhang von Lesbarkeit und Subjektivität aus ganz anderen Quellen wußte und den Gedanken, den ich so umständlich ausgeführt habe, bündig gefaßt hat. Er schreibt: „Denn gerade, weil *durch* die Sprache sich nichts mitteilt, kann, was *in* der Sprache sich mitteilt, nicht von außen beschränkt oder gemessen werden", und er fährt fort: „mit einer

Identifizierung von benennender Sprache mit Sprache über-
haupt beraubt sich die Sprachtheorie der tiefsten Einsichten." (Benjamin 1916, S.143, kursiv im Original)

Nicht nur die Sprachtheorie; diese Identifizierung ist ein
Grundübel der Literturdidaktik. Schüler haben dann noch keine Erfahrungen mit Literatur gemacht, wenn sie eine Text linear–logisch dechiffrieren und ordentlich über das Auskunft
geben, was drin steht; sie bleiben, wenn sie solcherart den
schulischen Anweisungen folgen, in dem stecken, was *durch*
Sprache sich mitteilt", wie Benjamin formuliert. Erfahrung
mit Literatur anzubahnen, zu eröffnen, zu zelebrieren und ihre
Aneignung so zunächst zu ermöglichen ist aber die Basis und
zugleich das Ziel jeden Literaturunterrichts. Solche Erfahrung
kann sich erst in Prozessen herstellen, die sich dem öffnen,
was – wieder Benjamin – *in* Sprache" sich mitteilen will: in
Sprache, die nicht allein die Identitäten benennend schafft,
sondern in die ebenso ihr Anderes eingebunden ist. Literatur
erfordert die Aneignung durch das lesende Subjekt hinduch –
billiger ist sie nicht zu haben. Guter Literaturunterricht läuft
also notwendig weiten Teilen der faktischen schulischen Praxis entgegen, nämlich all denen, in denen Schule auf Zentrierung und Abgrenzung der Identitäten hinarbeitet.

Gerhard Haas

Lesen für die Schule, gegen die Schule, in der Schule: Spannende Verhältnisse

1. Buchkultur und elektronische Medien

Am Ende einer Vorlesungsreihe zu dem vielperspektivischen Thema LESEN HEUTE ist nach der ‚didaktischen Summe‘ der hier ausgearbeiteten Arbeitsergebnisse, Überlegungen und Thesen zu fragen, und das heißt: eine auf unterrichtliches Handeln ausgerichtete Perspektive zu entwickeln oder doch wenigstens anzudeuten.

Zunächst der Befund. Im Zentrum der zeitgenössischen Diskussion zur Sache generell wie auch implizit oder explizit aller vorstehenden Ausführungen steht die Überlegung, ob herkömmliche Vorstellungen von Lesekultur angesichts der elementaren Wandlungen im zeitgenössischen zivilisatorischen Feld, vor allem aber angesichts der übermächtigen Konkurrenz der elektronischen Medien, den veränderten Gegebenheiten denn überhaupt noch angemessen seien. Zwar belegen die Untersuchungen von Erich Schön, Werner Graf und Cornelia Rosebrock u. a.,[1] daß Leseland noch keineswegs abgebrannt ist, und zwar betont Malte Dahrendorf, wenngleich mit vorsichtigen Einschränkungen, die noch immer unentbehrliche Sozialisationsfunktion von Literatur; aber Norbert Groebens entschiedener Einwand gegen die herkömmlichen Verfahren und Zielsetzungen, im Kindes– und Jugendalter Literarität

---

1 Vgl. die Beiträge und Literaturverweise im vorliegenden Band.

211

auszubilden, mündet im Entwurf einer seiner Meinung nach zeitgerechteren und angemesseneren Form der Lektüre.[2] Er skizziert über die traditionellen schulischen Bemühungen, Lesekultur auszubilden, hinaus – Bemühungen, die er eh ob ihrer, wie er meint, unangemessen einseitigen Betonung des poetisch–fiktionalen bzw. belletristischen Aspekts mit beträchtlichem Mißtrauen betrachtet – eine mit den elektronisch–audiovisuellen Rezeptionsformen eng verbundene alternative dritte Möglichkeit kulturellen Verhaltens im Modell des Hyperbooks. Dieses hat seine Grundlage im wissenschaftlichen Lesen und benutzt die Möglichkeit der fast unbegrenzten Datenvernetzung, um Leseprozesse aus ihrer linearen Struktur herauszulösen und sie in ein offenes System sowohl rezeptiver wie produktiver geistiger Tätigkeiten zu überführen. Art und Richtung dieser ,anderen' Leseprozesse ist dabei prinzipiell frei wählbar.

Die Botschaft: das Buch ist tot – es lebe das elektronische Hyperbook, wäre so gesehen die etwas vergröbernde Formel für eine grundsätzliche Umorientierung im Medienverhalten; und man zeichnet keineswegs eine neuerungsfeindliche Horrorvision, wenn man von diesem Ansatz aus den Schüler der Zukunft statt mit der Schultasche mit dem Notebook in die Schule kommen, und alles, was bisher den Literaturunterricht ausmachte, nun im Umgang mit dem Computer eingelöst sieht. Leseland wird zum Computerland, und die von den Leseforschern betrachteten, in bestimmten Lebenssituationen und kulturellen Nischen noch durchaus intensiven Leseaktivitäten werden dabei nach und nach in audiovisuelle Aktivitäten transferiert bzw. für computergestützte oder computerzentrierte Leseprozesse nutzbar gemacht. Das herkömmliche Buch muß in diesem neuen Umfeld keineswegs ganz verschwinden, rückt aber aus dem Mittelpunkt dessen, was auch dann noch als Lesekultur bezeichnet werden kann, heraus.

---

2   Vgl. den vorstehenden Beitrag von Norbert Groeben.

2. Buch und Hyperbook

Welche didaktischen Folgerungen lassen sich aus einer solchen perspektivischen Neuorientierung abzuleiten? Zwei Reaktionen stehen einander scheinbar unversöhnlich gegenüber: die eine, die das entschwindende herkömmliche Lesen zu retten und zu stabilisieren versucht – man denke etwa an die verschiedenen Leseförderungsaktivitäten des Börsenvereins und der Stiftung Lesen, gewissermaßen mit dem emphatischen Aufruf von Isaac Bashevis Singer (1970) *Rettet den kindlichen Leser!* als Motto – und die andere Position, die das Lesezeitalter unwiderruflich als zu Ende gehend und Buchlektüre in der bisherigen Form als romantischen Anachronismus erklärt, der zwar noch einige Zeit das Feld beherrschen kann, aber ohne Perspektive ist.

Die Alternative, die hier aufgebaut wird, verfehlt jedoch die Sache. Im Speicher des genannten Notebooks müßten nämlich ja nicht nur Daten und Fakten, Sachprogramme und technizistische Spiele, sondern könnte durchaus auch eine volle Bibliothek der Weltliteratur, oder, was Norbert Groeben lieber wünschte, eine riesige Bibliothek informatorischer Sachliteratur der buntesten Art enthalten sein – auf eine sehr vielfältige und vielleicht sehr reizvolle Weise zur Lektüre abrufbar! Aber selbst wenn diese Möglichkeiten nicht realisiert und genutzt werden, setzt doch der Gebrauch elektronischer Medien allenthalben eine entwickelte Lesefähigkeit voraus; und die Ansicht, nur der in einem nicht nur technischen Sinne Lesefähige werde das elektronische Medienzeitalter voll ausschöpfen können, wird immer wieder gerade von Verfechtern dieser ‚schönen neuen Welt' (Huxley) einer elektronischen Medienkultur vertreten. Die Vorstellung von einer Hyperbook–Kultur muß also – und das ist anschließend noch etwas genauer zu entfalten – dem Literaturdidaktiker keineswegs Furcht einjagen und ihn in Endzeitstimmung versetzen. Allenfalls die Überlegung, wie der junge Mensch mit dieser anders gespeicherten, anders präsent gemachten, anders benutzten und darin allerdings vermutlich auch anders werdenden Literatur *außerhalb* der Schule umgehen könne und welche Veränderungen das im gesamtkulturellen Alltagsverhalten des Menschen zu Folge haben müßte, kann zu kritischen Überlegungen und Bedenken Anlaß bieten.

3. Leseentwicklung und Schule

In der augenblicklichen Übergangsphase, von der niemand sagen kann, wie lange sie dauern und wie sie genau verlaufen wird, stellen sich so betrachtet zwei Aufgaben: Solange noch die vorfindliche Lesekultur mit all ihren kommunikations-ästhetischen, sozialen, im weitesten Sinne pädagogischen sowie lebens- und kulturgeschichtlichen Funktionen als unverzichtbarer Teil der Lebenswelt des modernen Menschen erscheint, solange gilt es, die Grundlagen dieser Lesekultur zu befestigen, ihre Tragfähigkeit und ihr gesellschaftliches Gewicht zu verstärken, sie zu differenzieren und variieren und so intensiv als möglich in das reale Leben gerade auch junger Menschen hineinzubinden. Daß genau *dies* (und nicht irgendwelche kunst- oder kulturphilosophische Vorstellungen von der ‚bildenden‘ Wirkung des Lesens) in der Schule im Mittelpunkt stehen müßte, scheint mir unabweisbar zu sein. Ein solches Vorhaben setzt voraus, daß aber zweitens auch die noch neuen Formen des kulturellen Verhaltens, der Technik und des Lebensgefühls junger Menschen in den unterrichtlichen Zusammenhängen nicht abgewiesen werden. D. h. es gibt nicht eine Alternative Buch oder Computer mitsamt allen Ausdrucksformen der elektronischen Medienwelt, sondern sinnvollerweise nur die vielfältigsten Verschränkungen und Vernetzungen beider Medienbereiche – ein Sachverhalt, den die Literaturdidaktik nützen müßte (sie hat damit praktisch noch nicht einmal begonnen!) und der zu Neuansätzen in allen Bereichen, die für die Lesekultur konstitutiv sind, also in Familie, Kindergarten, Schule, Bibliothek und öffentlichem kulturellem Leben hinreichend Anlaß böte.

Bevor die Konsequenz daraus für den Raum der Schule zu skizzieren versucht wird, bleibt auf das doch erstaunliche Phänomen hinzuweisen, daß die sozialwissenschaftliche Lese- und Leserforschung – für die die Untersuchungen von Erich Schön und jüngst von Bettina Hurrelmann, Michael Hammer und Ferdinand Nieß, sowie von Heinz Bonfadelli, Angela Fritz und Renate Köcher als repräsentativ stehen können – der Institution Schule eher im Vorbeigehen ihre Aufmerksamkeit zuwendet. Die Forschergruppe um Bettina Hurrelmann untersuchte das *Le-*

seklima in der Familie, Bonfadelli/Fritz fragen nach dem (privaten) *Lesen im Alltag der Jugendlichen*, und Renate Köcher beschäftigte sich mit *Kontinuität und Brüchen in Lesekarrieren junger Menschen* (vgl. Lesesozialisation 1993). Natürlich kommt dabei auch immer wieder die Schule in den Blick; Ausgangspunkt und Zielpunkt ist sie jedoch nirgends, sieht man von der didaktisch sehr interessanten, aber nur ein relativ kleines Feld repräsentierenden Arbeit von Dieter Kirsch (1978) einmal ab. Dieser Beobachtung korrespondiert das Faktum, daß der Begriff ,Leseförderung' in der außerschulischen Öffentlichkeit entwickelt, diskutiert und praktiziert wurde; d. h. die Schule bleibt bis in die Gegenwart herein gewissermaßen im Windschatten eines wissenschaftlichen oder kulturpolitischen Interesses an Lesekultur. Der tiefste Grund dafür scheint in der generellen Annahme zu liegen, Lesen habe in der Schule einen so festen Ort, daß hier eine Nachfrage – die auf Änderung zielen könnte! – nicht notwendig sei. Daß diese Schule primär ihr Interesse auf Lesetechnik und Textanalyse, nicht jedoch auf die Ausbildung von Lesekultur richtet, wird dabei meist nicht gesehen, bzw. das eine wird mit dem anderen gleichgesetzt. So kann es zu der fast ex cathedra verkündeten, problematischen und in ihrem Entweder–Oder–Duktus, wie man meinen kann, falschen Aussage Hilmar Hoffmanns kommen: *„Das Elternhaus, nicht die Schule, ist der primäre Erfahrungsraum des Kindes, in dem die Weichen für sein späteres Leben mit oder ohne Bücher gestellt werden".*[3]

In seinem Buch *Wie ein Roman* bestätigt Daniel Pennac (1994) zunächst diese Wichtigkeit der frühen Kontakte mit Literatur im Elternhaus und erinnert in seiner Beschreibung einer exemplarischen Lese–Biographie an das fundamentale abendliche Vorlesen am Bett des Kindes:

> *„Sobald er zur Sprache erwacht war, haben wir ihm Geschichten erzählt. [...] An der Grenze von Tag und Nacht sind wir sein Romancier geworden. [...] Und selbst wenn wir gar nicht erzählt haben, selbst wenn wir uns begnügt haben vorzulesen, waren wir sein Romancier, der einzige Erzähler, durch den er allabendlich in den Pyjama des*

---

3   Schwäbisches Tagblatt/Südwestpresse vom 27.06.1994, o. S.

Traumes schlüpfte [...] Besser noch, wir waren das Buch.
[...] Das Buch, das wir damals waren, bestand aus ihm,
dem Leser [...] und uns, dem Buch [...]" (S.17f).

Aber abgesehen davon, daß dieses hier beschriebene Glück
viel zu vielen Kindern versagt bleibt und daß damit auch für
eine Mehrzahl keine solche Weiche in Richtung Lesen gestellt
wird, ist in Hoffmanns Statement (das im wesentlichen Ergebnisse der Studie von Hurrelmann/Hammer/Nieß (vgl. Lesesozialisation 1993) referiert) die Frage ausgespart, was in der
Folgezeit mit dem Mitgebrachten geschieht. Pennac spart sie
nicht aus, wenn er fortfährt:

> *„Es war gratis. [...] Als Preis für die Reise forderte man*
> *nichts von ihm, nicht einen Sou, man verlangte nicht die*
> *geringste Gegenleistung. [...] Hier ging alles im Lande*
> *der Zweckfreiheit vonstatten"* (1994, S.37f).

Natürlich ist damit die Schule angesprochen. Nur: der Hinweis auf die radikale Verzweckung des Lesens – die dann
auch den Erfahrungsraum Elternhaus in ein umso positiveres
Licht rückt! – geht von einer Schule aus, die entweder, wie zu
einem guten Teil immer noch das Gymnasium, dem dichterischen Kunstwerk eine Autonomie zuspricht, der die Schüler
sich zu unterwerfen haben, oder die die Literatur als Trans-
portmittel von Bildungsabsichten der verschiedensten Art benutzt und dabei denaturiert. Aber diese Schule ist nicht das
letzte Wort! Wenn eine veränderte Literaturdidaktik und ein
veränderter Bildungsbegriff das Ziel aller sprachlich–literarischen Bildung im selbstverantwortlichen Individuum sucht,
für das Lesen Teil seiner im weitesten Sinne verstandenen
kulturellen Identität ist, dann verändern sich die Rangfolgen,
und dann verändert sich möglicher– und
wahrscheinlicherweise auch – es lassen sich dafür eindeutige
Tendenzen erkennen – die Einstellung zum Lesen. Kaum im
Elternhaus, wohl aber in der Schule können dafür Weichen
u m g e s t e l l t werden!

4. Lesen für die Schule

Beim Blick auf den Ort einer solchen möglichen Veränderung zeigen sich drei unterschiedliche Arten zu lesen, deren Ursachen, Ausprägungen und Konsequenzen zu betrachten unerläßlich ist, sollen Praxis und Theorie des Literaturunterrichts aus dem Gestrüpp von Selbsttäuschungen, Irritationen und gescheiterten Hoffnungen herauskommen: Lesen *für* die Schule – Lesen *gegen* die Schule – Lesen *in* der Schule.

Lesen *für* die Schule ist die Normalform im unterrichtlichen Feld. Abgedeckt durch den im Schulalltag so häufig zur Farce gemachten Slogan ‚Nicht für die Schule, sondern für das Leben lernen wir‘, wird Lektüre im Unterricht im Regelfall zum Instrument der Wissens– und Einsichtsvermittlung. Es ist generell ein fremdbestimmtes Lesen. Die täglich an unseren Schulen hunderttausendfach verwendete Formel: ‚Bitte nehmt das Lesebuch herauf und schlagt Seite 17‘ – oder welche Seite auch immer – ‚auf‘, belegt das hinlänglich. *Alle* Bücher in der Schule werden zu Lernbüchern; *alles* Lesen erfährt eine instrumentelle Besetzung.

Damit ist nicht gesagt, dieses instrumentelle Lesen sei ganz und gar falsch und habe keinen Platz im Leben. Die Lektüre eines Lexikons, eines Kochbuchs, eines Lehrbuchs wird von äußeren Zwecken bestimmt; und selbstverständlich muß auch diese Art des Lesens in der Schule eingeübt werden. Aber wenn im Unterricht ein Gedicht oder eine spannende Geschichte ins Blickfeld der Schüler rückt, so dürfte das nicht allein zu schulischen Zwecken – zur Vermittlung von Wissen über formale Strukturen, über Metaphorik und formgeschichtliche bzw. literaturgeschichtliche Traditionen oder zur Ermittlung eines bestimmten Welt– und Menschenbildes im geistesgeschichtlichen Feld – geschehen. In jedem Lektüreprozeß will die Schule primär auf *ihre* von Bildungsabsichten geprägten Kosten kommen; doch man darf mit Brechts *Lesendem Arbeiter* wohl auch fragen: Sonst niemand? Und dies nicht auch mit anderen – legitimen! – Absichten und Interessen?

Daß die Bildungsabsichten gut gemeint sind, wird nicht verkannt; sogar die Schüler ahnen oder wissen es. Ebenso sicher ist allerdings auch, daß ein solches Lesen *für die Schule* kaum der Entwicklung von Leseinteresse dient. Lesen und Texte Analysieren ist eine Leistung, die verbale und intellektuelle Beweglichkeit voraussetzt, von manchen erbringbar und von vielen eben nicht; und die Ausstattung dieses Haben oder eben Nicht–Haben, Können oder Nicht–Können mit Noten dient zwar einer auf Leistung fixierten Gesellschaft, aber kaum der Beförderung von Leselust bzw. der Annäherung an die Welt der Literatur in einem umfassenden Sinn.

Daraus ergibt sich das Paradox, daß die Schule zum einem unerläßlich ist, wenn es darum geht, Lesen als Kulturtechnik auszubilden und später in so etwas wie propädeutische Analyseansätze hineinzuführen, daß aber die gleiche Schule zum andern auf schwerwiegende Weise die individuelle Leseentwicklung behindert bzw. sie zumindest bei vielen Schülern nicht zu fördern vermag. Wer nicht unter den gegebenen Bedingungen der Schule zum Leser wird oder Lesen als festes Verhaltensmuster nicht schon von zu Hause mitbringt, dem ist eben nicht zu helfen! Darin steckt viel Resignation, aber doch auch Hochmut und Gleichgültigkeit. Lesekultur – nicht nur Lesetechnik und die Beherrschung von Interpretationsverfahren! – gewissermaßen unter der Rubrik „schön, wenns auch *dazu* kommt" zu buchen, ist eindeutig zu wenig.

5. Lesen gegen die Schule

Wenn Schüler von diesen Voraussetzungen aus überhaupt zu Lesern im Sinne eines stabilen kulturellen Verhaltens werden, dann ist das alles andere als selbstverständlich; und viele werden es eindeutig nicht. (Natürlich spielt dabei das familiäre Umfeld ebenfalls eine wichtige Rolle: blockierend, ergänzend, befördernd oder hemmend – aber welche Instanz der entscheidende Faktor ist, läßt sich nur von Fall zu Fall entscheiden – und wie gesagt: ob eine veränderte Schule nicht eine weit größere Wirkung als bisher tun könnte, ist erst zu erproben. Es spricht jedenfalls einiges dafür ...).

Diejenigen jedoch, die gleichwohl Leser, welcher Art und von woher aus auch immer, geworden sind, sind grundsätzlich immer fein heraus; denn sie können ja das verlangte Spiel der Schule mitspielen. Aber als Dieter Kirsch (1978) nach der Privatlektüre solcher lesender Gymnasiasten fragte und auf die erhaltene Auskunft hin vorschlug, dann könne man doch diese Texte dem Literaturunterricht zugrunde legen, stieß er auf eine entrüstete Abwehr: Nein! nur das nicht!

Je nach Schulart und Altersstufe sowie entsprechend den gerade gängigen Trends las/liest zumindest *der* Teil der Schüler, der es von der Interessenlage oder dem intellektuellen Vermögen her leicht hat mit Lesen, Salingers *Fänger im Roggen* oder Hermann Hesse oder Stephen King oder Betty Mahmoodys *Nicht ohne meine Tochter* oder Texte über sexuellen Mißbrauch oder *TKKG* oder Enid Blyton usw.; doch er tut das in einer zunächst befremdlichen Gegenwendung zur Schule. Man kann das als normal verteidigen, als legitime Abgrenzung der Privatsphäre; aber bei der Begründung für diese Ablehnung wird doch auch erkennbar, daß Lesen für die Schule sich mit sehr vielen negativen Erfahrungen verbindet, und daß die Rettung des Lesens als einer ungestörten individuellen Erfahrung den genuinen Lesern nur durch einen radikalen Rückzug möglich erscheint.

Die gelegentlich vertretene Meinung, die Abwertung der Lektüre in der Schule sei eine nachträgliche Projektion und Ausdruck des in der Pubertät und Nachpubertät ablaufenden Prozesses der Distanzierung und der Gewinnung personaler Autonomie, ist nicht stichhaltig. Zu eindeutig sind die vielen negativen Leseerfahrung in der Schule; sie beginnen lange vor der Pubertät und drücken häufig reales Erleiden aus:

> *"»Vierzehn Tage? Vierhundert (fünfhundert) Seiten in vierzehn Tagen lesen! Das schaffen wir nie, Monsieur!«*
> *Monsieur läßt nicht mit sich handeln.*
> *Ein Buch, damit kann man jemand erschlagen, das ist ein Brocken Ewigkeit. Es ist die materialisierte Langeweile. Es ist das Buch. ›Das Buch‹. Er nennt es in seinen Aufsätzen nie anders: das Buch, ein Buch, die Bücher, Bücher ...*
> *›In seinem Buch G e d a n k e n will Pascal uns sagen, daß ...‹ [...]*

,In seinem Buch M a d a m e   B o v a r y   will Flaubert uns sagen, daß ...'" [...]
„Man muß lesen, man muß lesen!
— *Um zu lernen.*
— *Um unser Studium zu schaffen.*
— *Um ... "* (Pennac 1994, S.23f, S.80f).

Änderbar wäre das nur, wenn in der Schule auch emotionale und situative Bedürfnisse Raum fänden, wenn Lernprozesse individualisiert würden und wenn nicht der Zwang zu festmachbaren und bewertbaren Ergebnissen Schüler wie Lehrer lähmte. Da im übrigen die Qualität ‚stabiler Leser' in der Schule nicht bewertet wird, stellt sie auch kein Ziel dar, dessen Nicht–Erreichen diese Schule in Unruhe stürzen müßte. Daraus resultiert eine gewisse Gleichgültigkeit, die der notwendigen Umorientierung natürlich nicht dienlich ist. Ausnahmen – z. B. eine satte, von Brigitte Frei (vgl. 1992) initiierte Lese–Woche an der Realschule Brühl, während der sich alles andere dem Umgang mit Büchern und Autorinnen unterordnete – bestätigen im wesentlichen die Regel.

Schwerlich kann jedenfalls privates Nichtlesen oder aber privates Lesen gegen die Schule als Ausweis einer gelungenen Leseerziehung verstanden werden ...

6. Lesen in der Schule

Mit diesem Begriff ist nicht weniger als der Versuch eines Paradigmenwechsels im Literaturunterricht gemeint, der nicht nur den Gegensatz von Lesen für die Schule und gegen die Schule aufhebt, sondern auch zwischen Buch und elektronischen Medien vermittelt, sowie – nicht zuletzt! – zwischen Sachlesern und Spannungslesern, zwischen Sprachgewandten und Stillen oder Unbeholfenen und bis zu einem gewissen Grade zwischen den intellektuell Stärkeren und Schwächeren.

Ein solcher Paradigmenwechsel hat Voraussetzungen. Die schwierigste ist vermutlich der zu verändernde Bildungsbegriff, der nicht mehr Haben und Sein, sondern das Tun betont und der die vielfältigen inhaltlichen Zielvorstellungen dem Gedanken der Teilhabe unterordnet. Das meint beispielsweise, daß bei der Lektüre nicht ein irgendwie gearteter Erkenntnisertrag an erster Stelle steht, sondern die Ermöglichung einer intensiven Kontaktnahme mit dem Text und über ihn der Teilhabe am literarischen Leben in einem sehr weiten Sinne. Nicht ob aus der Lektüre etwas ‚herausgekommen‘ ist, sondern ob über die Lektüre ein Zuwachs an Leseinteresse und Leselust – die zusammen mit der Lesefertigkeit und Reflexionsbereitschaft die Lesefähigkeit konstituieren – erreicht und ob insgesamt eine sachliche oder emotionale Betroffenheit erzeugt wird, stellt den neuen Maßstab dar. Der Weg selbst ist schon ein wesentlicher Teil des Ziels.

Dieser veränderte Bildungsbegriff besteht auch nicht mehr allein auf der expliziten Interpretation als Endziel des Umgangs mit Dichtung, sondern läßt als gleichwertig alle Formen einer impliziten Interpretation zu. Es geht also um die Veränderung von Rangordnungen. Das schließt einen sehr offenen Literaturbegriff ein, der es ermöglicht, situativ beliebig wertige Texte zu nutzen. Die Schulbibliotheksberichte Walter Benjamins jedenfalls lassen die „Bewandtnis“, die diesem Verständnis nach ein Text für seinen Leser haben muß und die für den subjektiv–aktuellen Bezug zwischen Text und Leser steht, keineswegs in der ästhetischen Wertigkeit vermuten, sondern weit eher im aktionalen Geschehen, in der Möglichkeit des Aufbaus von Projektions–Träumen und der Füllung von Projektions–Räumen. Im Bereich der Sachliteratur ist es in entsprechender Weise die Befriedigung je individueller Interessen, die Lesen wichtig und angenehm macht. Das versperrt zwar den von der Schule so sehnlich gewünschten Weg zum schön ausgeglichenen Horazischen prodesse et delectare, jener so edlen wie schulmeisterlichen Vorstellung, daß alles, was des Menschen Herz erfreue, zugleich *nützlich* sein müsse. Die Öffnung des Weges zu einem interesse–geleiteten und emotionsbesetzten dauerhaften Lesen bewirkt jedoch weit mehr – nämlich die Nährung und Entwicklung einer breitflächigen und vielperspektivischen Lesekultur.

Solche Umorientierungen bzw. Paradigmenwechsel hat es vor allem im Zusammenhang der Reformpädagogik verschiedentlich gegeben. Das Büchlein von Wilhelm Fronemann (1921)

Der Unterricht ohne Lesebuch ist ein Beispiel dafür, und manches ist bis heute nicht eingelöst. Zwar bleibt Fronemann dem traditionellen Gedanken verhaftet, Literatur sei eine „Quelle künstlerischer, sittlicher und wissenschaftlicher Bildung"; aber vor allem andern geht es ihm darum, Bücher als „geheimnisvolle Geisterwelten, voll von Kräften und Offenbarungen" „in die Schulstube hereinzuholen" (1921, S.8). Das Ziel einer „Einführung in die Welt des Buches" übergreift bzw. relativiert dementsprechend *alle* anderen Ziele, weil es ja die Grundvoraussetzung zu ihrer Erreichung ist.

Die zweite Umorientierung betrifft die Blickrichtung des Unterrichts: Ausgangspunkt unterrichtlicher Prozesse ist nicht mehr der Stoff, sondern der Schüler. Hier hat die zeitgenössische Schulpädagogik mit dem Begriff der Schülerorientiertheit kräftig vorgearbeitet, wenn man sich auch wünschen möchte, daß beispielsweise die Aspekte eines ‚praktischen Lernens', wie sie von Andreas Flitner, Will Lütgert, Peter Fauser, Horst Rumpf u. a. vertreten werden, in der Diskussion stärker zur Wirkung kämen. Wenn etwa Lütgert sagt, der Begriff des praktischen Lernens wende sich „gegen die Abspaltung und Unterdrückung des Künstlerischen, des Handwerklichen, des Sinnlichen, des Emotionalen, der sozialen und historischen Erfahrung zugunsten der reinen Kognition" (1993, S.408), so drückt das im wesentlichen aus, was auch im vorliegenden Zusammenhang zur Diskussion steht. Die Konsequenz wäre ein weit intensiverer Ausbau des differenzierenden Lernens, wäre die viel stärkere Berücksichtigung der verschiedenen Arten zu lesen, z. B. des Unterschieds von männlichem und weiblichem Lesen – dessen Formen noch genauerer Erkundung bedürfen – auch in der Schule; und insgesamt zielte das auf die entschiedenere Einlösung der Brunerschen Forderung, Schule müsse „allen Lernenden die gleiche Chance geben" (Bruner 1974, S.119).

Mit der Formel vom Lesen in der Schule ist schließlich auch eine Veränderung des ‚Orts' dieser Tätigkeit im Unterricht verbunden. Hier ist auf einen Aspekt zu verweisen, den Bettina Hurrelmann in Anschluß an einen Erfahrungsbericht von Heide Bambach aus der Bielefelder Labor–Schule besonders herausstellt, ohne ihn allerdings weiter auszuführen, und der auch hier nur anskizziert werden kann: die Bedeutung der *Situation* für den Lernprozeß. In Bambachs Bericht werde, so B. Hurrelmann, „greifbar, welche Bedeutung Situationen und Personen für die Aneignung von Literatur haben". Man müsse „wohl zumindest von einer dreigliedrigen Wirkungsstruktur ausgehen: Situationen, Personen und Texte kommen zusammen" (Hurrelmann 1990, S.9).

Die Autorin verwendet hier im übrigen einen Begriff, der interessanterweise in der DDR–Didaktik zu Hause war und der es verdient, gerettet zu werden: der Begriff der *Literaturaneignung*. Aneignung – das ist mehr und, richtig verstanden, anderes als unsere geläufige Wendung von der ‚Auseinandersetzung‘ mit der Literatur, die in der Schule zu leisten sei. ‚Aneignen‘ – das heißt: bei sich heimisch machen, in Besitz nehmen, damit leben. Wer das will, muß dem Lesen in der Schule, wie gesagt, einen anderen Stellenwert geben: aus dem quasi neutralen Unterrichtsgegenstand und Mittel der Beförderung von Erkenntnissen und Einsichten wird dann ein stark emotions- und erwartungsbesetztes Feld der Begegnung des Schülers mit dem Fremden: Personen, Räumen, Geschehnissen, Gedanken, Gefühlen – aber in all dem auch immer wieder ein Feld der Begegnung mit sich selbst: mit den eigenen Wünschen, Ängsten, Sehnsüchten, Träumen, Hoffnungen und Erwartungen. Dieses Feld ist nicht in 45 lernzielbesetzten Minuten abzuschreiten, nicht einmal zu betreten, geschweige denn als situativer Lebensraum in Besitz zu nehmen.

Punktuell zweckbesetzte Leseprozesse vor allem im Zusammenhang mit Sachlesestoffen sind damit nicht ausgeschlossen; aber auch sie sind jetzt weit stärker individuell vernetzt zu denken; vor allem jedoch stellen sie nicht mehr die rigid einzige Form der Lektüre dar. Die Grundschuldidaktik hat mit dem Gedanken der Freiarbeit eine Alternative vorentworfen, die sich weiter entfalten und auch in die Sekundarstufe hinein entwickeln läßt: selbstbestimmtes, individuelles und situatives Lesen als in den Schulalltag eingewobenes Element: eingewoben, sowohl um das Band zwischen den Angeboten des Unterrichts und dem gelebten Leben zu verstärken als auch um diesem Band seinen gewissen eigenen Schmuck zu geben!

Dazu bedarf es personaler Initiativen: die Lehrerin/der Lehrer ist als Anreger, Animator, Begleiter, als impulssetzende wie als Hilfestellungen bietende Instanz an der Seite des Schülers – nicht nur *vor* und *über* ihm! – unentbehrlich. Erst aus dieser Haltung heraus kann Literaturunterricht im Sinne Daniel Pennacs zum den Leser gebärenden oder zumindest erhaltenden und nährenden Imaginationsraum werden. Ohne diese Qualität dagegen verkommt er allzuoft zur bloßen Fron. Das schließt nicht aus, daß die Lehrerin, der Lehrer zur gegebenen Zeit auch strukturelle und literaturgeschichtliche Informationen sowie die dazugehörigen Fertigkeiten der Analyse und Interpretation sowohl einbringt wie einfordert. Aber auch dann noch, also auch noch in den oberen Klassen, gilt der Grundsatz ‚first things first‘ und gilt es, die Grundlage der Lesefreude und –bereitschaft auszubauen und nicht zu zerstören.

7. Ein ‚anderer‘ Literaturunterricht

Wie kann ein solcher ‚anderer‘ Unterricht konkret aussehen? Es ist nützlich, sich das im Kontrast zum üblichen Lesen *für* die Schule zu vergegenwärtigen. Relativ unabhängig von den unterschiedlichen Konzeptionen gehört es zum Wesen des Lesebuchs, daß es eine mehr oder minder geschlossene Anthologie darstellt. Nur die seit den 70er Jahren üblich gewordenen Auszüge aus Kinder- und Jugendbüchern stellen in ihrem Verweis auf den ganzen Text eine gewisse Öffnung dar. Ansonsten ist das Lesebuch ein wohlkomponierter Textkosmos in nuce, der den Anspruch erhebt, die Welt der Literatur zu spiegeln. Natürlich hegen alle Lesebuchmacher die Hoffnung, die Abbildung im Kleinen werde Mut machen, in die große und weite Welt der Bücher hineinzutreten; aber faktisch kann sowohl ein Lehrer wie ein Schüler ohne weiteres 10 Schuljahre lang in dieser reduzierten Welt des Lesebuchs verharren; und wir wissen, daß das nicht ganz selten auch geschieht. Dieses geschlossene System steht natürlich in einem eklatanten Gegensatz zu der offenen Welt der elektronischen Medien, in der der Benutzer in fast schon exzessiver Art wechseln – zoomen, zappen und switchen – kann und die dem verändernden Zugriff jederzeit offen ist. Diese zwar nicht beabsichtigte, aber faktisch praktizierte Linearität und Eindimensionalität – wenn ein Lesebuchstück behandelt ist, spielt es im unterrichtlichen Zusammenhang keine Rolle mehr; es ist abgehakt, erledigt – entspricht auf der methodischen Ebene der Eindimensionalität und Einförmigkeit der unterrichtlichen Vermittlung: Der Text wird von der Lehrerin, dem Lehrer ausgewählt; die Lektüre ist also weithin fremdbestimmt. Dann die ‚Behandlung‘ – nicht ‚Aneignung‘! –: sie ist strikt linear. Das bedeutet in der Regel: vom Ganzen des Textes zu den Teilen, von einem allgemeinen Eindruck zu einer begründeten Argumentation, vom Einzelfall zur Verallgemeinerung, von der Fremdsituation zur Anwendung auf die eigene Lage usw.

Was schließlich die Abfolge der Texte anbelangt, so ist auch hier die Linearität eher zufällig unterbrochen: bei der Anlage des Stoffverteilungsplans werden zu den einzelnen Themenfeldern im Fach Deutsch selbst wie zu den Themen der sogenannten Sachfächer (Geschichte, Naturkunde, Geographie, Politik) passende Anschlußstücke ausgewählt, vertiefend, illustrierend, variierend, problematisierend, ergänzend usw., und daraus ergibt sich der Eindruck einer bunten Vielfalt. Aber die Lesebuchmacher verstehen ihre Kapitel- und Themenabfolgen durchaus als sachlogisch und schlüssig. Innerhalb der Kapitel etwa erwägen sie den Steilheitsgrad der Texte und ordnen sie entsprechend an, und ebenso entspricht die Abfolge der Kapitel häufig einem durchdachten Plan.

Alles in allem: die Lesebuchlektüre hat Lehrgangcharakter; für die Entwicklung und Entfaltung individueller Lesebedürfnisse bleibt kaum Raum. Nicht das sinnliche Gebilde ‚Gedicht‘ oder ‚Erzählung‘ steht im Mittelpunkt, auch nicht die individuell interessierende Sache bei Informationstexten, sondern das angestrebte Wissens- oder/und Erkenntnisziel. Daß dementsprechend die kognitive Schiene den Fahrplan bestimmt sowie Lernziele und Unterrichtsgespräche den Ablauf befördern, liegt auf der Hand. Lesen ist so gesehen ein dominant kognitiv-analytischer Prozeß; wer dabei Probleme hat, koppelt sich in der Regel ab und wartet auf einem Nebengleis, bis der Bildungsexpreß vobeigebraust ist. Man könnte auch sagen: Viele Reisende erkennen, daß das nicht ihr Zug ist, und springen früher oder später ab. Die aber, denen bei der Fahrt weder schwindelig noch langweilig wird, die ankommen – die schreiben dann wieder die neuen (Lese–)Fahrpläne für die nächste Generation und bestätigen, daß es nicht unmöglich sei, das Ziel zu erreichen. Daß es eine Fahrt voller Tücken und Gefahren mit Abstürzen und Stockungen ist, daß die Strecke von erschöpft und verletzt Zurückbleibenden gesäumt wird – nüchtern geschätzt sind es rund 70 Prozent – das nehmen die Ankommenden kaum wahr: schließlich machen 30 Prozent immer noch eine erkleckliche Schar aus; und daß beispielsweise Walter Benjamin dazugehörte, dessen von Lesewonnen getränkte Kindheits–Lektüre–Berichte doch auch belegen, wie Lesen ein Herz erfreuen kann, tragen sie wie ein Schutzschild oder ein Echtheitszertifikat vor sich her (vgl. dazu Haas 1993a).

8. Lesen und Buch im elektronischen Zeitalter: ein Ausblick

Das ,neue' Lesen in der Schule wird dementsprechend nicht mehr mit dem herkömmlichen Lesebuch als Zentrum aller alltäglichen Leseprozesse auskommen, sondern gemäß dem Hyperbookmodell – wenn auch zunächst noch ohne Hyperbook selbst – vorgehen. Gemeint ist damit die Konzeption einer vielperspektivischen, vielfach vernetzten, nicht–linearen und nach vielen Seiten hin offenen Lektüre, die nicht so sehr die Technik, wohl aber die Rezeptions– bzw. Aktionsmuster beim Umgang mit dem Computer in den Mittelpunkt stellt.

Am Modell des Hyperbooks verdeutlicht: Der Text stellt eine interaktive Instanz dar, d. h. er bietet an jeder Stelle die vielfältigsten Eingriffsmöglichkeiten an. Je nach der Textsorte und je nach dem individuellen Bedürfnis sehen diese Eingriffe ganz unterschiedlich aus: Es lassen sich beispielsweise in einem angebotenen Text sowohl die Figuren wie der Handlungsgang verändern; aber wer will, kann auch beim gleichen oder einem anderen Text Begriffs– und Sacherklärungen dazuholen, kann eine historische Entwicklung verfolgen oder etwas über den Autor erfahren. Letztlich sind die Möglichkeiten, sich in einem Text zu bewegen, ihn aus– oder umzubauen, ihn mit Fragen und Informationen zu durchsetzen, ihn mit anderen Texten, wissenschaftlicher, erzählerischer, musikalischer oder bildlicher Art zu verbinden, fast unbegrenzt. Der Schwierigkeits- bzw. Komplexitätsgrad kann dabei beliebig variiert werden. Lektüreprozesse dieser Art lassen sich für ein erstes Schuljahr wie für die Arbeit im Zusammenhang wissenschaftlicher Forschung entwerfen, ausgelegt für Spiel- oder Spannungslesen, aber ebenso für strikte Textarbeit; und das alles kann als Einzel- wie auch als Gruppenprozeß ablaufen.

Eine solche Konzeption stellt keineswegs den Entwurf für das übernächste Jahrtausend dar, sondern ist, leicht erkennbar, zumindest aspektweise bereits im Modell eines handlungs- und produktionsorientierten Literaturunterrichts vorentworfen.[4] Bei allen Unterschieden, von denen noch zu sprechen ist, gibt es frappierende Gemeinsamkeiten:

— Hier wie dort steht nicht mehr unbedingt der fertige und ganze Text am Anfang; er kann sich in der aktiven Lektüre auch erst aufbauen

— hier wie dort wird der Leser zum aktiv eingreifenden Mitautor im Sinne von Novalis' Votum: „Nur dann zeig ich, daß ich einen Schriftsteller verstanden habe, wenn ich in seinem Geist handeln kann, wenn ich ihn, ohne seine Individualität zu schmälern, übersetzten und mannigfach verändern kann" (Novalis 1798 S.436). Lesen wird in diesem Sinne zur „freien Operation"

— hier wie dort geht es um die Entfaltung unterschiedlicher und individuell handhabbarer Zugänge zu einem Text

— hier wie dort steht das Sinnliche und Emotive gleichberechtigt neben der reinen Kognition

— hier wie dort kann der Leser den Level und die Art und Weise des Umgangs mit dem Text frei wählen.

Unübersehbar ist allerdings, daß im handlungs- und produktionsorientierten Literaturunterricht das sinnenhafte Element eine größere Rolle spielt, während das genuine Hyperbook-Verfahren stärker auf kognitive Möglichkeiten hin orientiert

---

4   Vgl. Haas 1984, Waldmann 1987, Haas/Menzel/Spinner 1994.

ist. Norbert Groebens starke Betonung der informativen Sachliteratur macht das sehr deutlich. Das Signal, das davon aus-
geht und sicher aufgenommen werden sollte, wenn nach Möglichkeiten gefragt wird, junge Menschen auf ihren spezifischen Interessen entgegenkommende Weise in Leseprozesse
hineinzuführen, verdient jedenfalls Beachtung, d. h. das
Lesen informatorischer Texte wird in Zukunft vermutlich ein
größeres Gewicht erhalten, ohne daß die Schule diese Interessen allerdings nur unter dem Aspekt der Wissensvermittlung
sehen und ausbeuten dürfte.

Das emotionale Spannungslesen ist als Motivationselement damit keineswegs völlig vom Tisch;[5] und hier könnte sich eine
phantasiereiche Buchlektüre herkömmlicher Art als unersetz-
bar erweisen (wobei ja auch eine solche Lektüre unter Bil-
dungsaspekten keineswegs ‚leer‘, d. h. ohne bewußtseins-
mäßigen Ertrag sein muß!). Auch die musisch-ästhetischen
bzw. künstlerischen Aspekte sowie der Aspekt des körperli-
chen Ausdrucks in Spiel, Tanz, Pantomime usw. lassen sich
im nicht-elektronischen Feld breiter, gelassener, vielleicht
auch befreiender entfalten. Es geht also nicht um ein Entwe-
der-Oder, sondern um Übergänge, Verbindungen, Ergänzungen und Öffnungen in eine Zukunft hinein, die auch das traditionelle Buch noch kennen und schätzen, aber ebenso neue
Formen des kulturellen Verhaltens, des Unterrichtens und der
literarischen Kommunikation ausbilden wird, auf die wir uns
vorzubereiten haben.

Die Botschaft lautet also nicht: das Buch ist tot – es lebe der
Computer; sondern: der traditionelle Literaturunterricht ist tot
– es lebe ein Leseunterricht *in* der Schule, der lebendiger, of-
fener, sinnlicher, individueller, leseanregender, unverkniffe-
ner, bunter, freundlicher, vielperspektivischer ist und der mit
Gelassenheit alle Optionen für ein elektronisches Kommunika-
tionszeitalter offen hält.

---

5   Daniel Pennac widmet sein Buch einem „großen Leser von Ro-
    manen und romantischen Leser" (Pennac 1994, S.7).

Literatur

Das Gesamtliteraturverzeichnis führt neben den Texten, die in den Beiträgen zitiert wurden, eine kleinere Anzahl weiterer Texte zum Thema an, um insgesamt einen Überblick über weiterführende Literatur zu bieten.

Adorno, Theodor W. 1970: Ästhetische Theorie. Frankfurt/M.: Suhrkamp.

Andersen, Simone 1985: Sprachliche Verständlichkeit. Bochum: Brockmeyer.

Andresen, Ute 1993: Versteh mich nicht so schnell: Gedichte lesen mit Kindern. Weinheim: Quadriga, 2. Aufl.

Anonyma 1800: Ueber Lektüre, ein Vorschlag an die weibliche Lesewelt. (Aus der Schreibetafel einer Ungelehrten.) In: Journal des Luxus und der Moden. S.627–642.

Armbruster, Bonnie B.; Anderson, Thomas H. 1980: The Effect of Mapping on the Free Recall of Expository Text. Center for the Study of Reading. Technical Report, No.160. University of Illinois at Urbana Campaign.

Assmann, Aleida 1985: Die Domestikation des Lesens. Drei historische Beispiele. In: Zeitschrift für Literaturwissenschaft und Linguistik 57/58. S.95–110.

Astington, Janet W. 1990: Narrative and the Child's Theory of Mind. In: Britton et al. 1990. S.151–169.

Aust, Hugo 1983: Lesen. Überlegungen zum sprachlichen Verstehen. Tübingen: Niemeyer.

Ausubel, David P. 1960: The Use of Advance Organizers in the Learning and Retention of Meaningful Verbal Learning. In: Journal of Educational Psychology 51. S.267–272.

ders. 1963: The Pychology of Meaningful Verbal Learning. New York: Grune & Stratton.

ders.; Fitzgerald, Donald 1962: Organizer, General Background, and Antecedent Learning Variables in Sequential Verbal Learning. In: Journal of Educational Psychology 52, S.266–274.

Baake, Dieter; Sander, Uwe; Vollbrecht, Ralf 1990: Lebenswelten Jugendlicher. Bd.1: Lebenswelten sind Medienwelten. Bd.2: Lebensgeschichten sind Mediengeschichten. Opladen: Leske und Budrich.

Baehr, Hildburg 1977: Gedichte fordern uns heraus. Eine Unterrichtsreihe im 4. Schuljahr. In: Grundschule, H.7/1977. S.318–321.

Barsch, Achim; Rusch, Gebhard; Viehoff, Reinhold (Hrsg.) 1994: Empirische Literaturwissenschaft in der Diskussion. Frankfurt/M.: Suhrkamp.

Bassin, Carolyn B.; Martin, Clessen J. 1976: Effects of Three Types of Redundancy Instruction on Comprehension, Reading Rate and Reading Time of English Prose. In: Journal of Educational Psychology 68. S.649–652.

Becker, Eva D. 1970: Klassiker in der deutschen Literaturgeschichtsschreibung zwischen 1780 und 1860. In: Hermand, Jost; Windfuhr, Manfred (Hrsg.): Zur Literatur der Restaurationsepoche 1815–1848. Stuttgart: Metzler. S.349–370.

Beilfuß, Wilfried 1987: Der literarische Rezeptionsprozeß. Ein Modell. Frankfurt/M., Bern: Peter Lang.

Beinlich, Alexander 1970: Über die literarische Entwicklung in Kindheit und Jugend. In: ders. (Hrsg.): Handbuch des Deutschunterrichts im ersten bis zehnten Schuljahr. Bd. 2. Emsdetten. S.885–958.

ders. 1973: Die Entwicklung des Lesers. In: Baumgärtner, Alfred Clemens (Hrsg.): Lesen – ein Handbuch. Lesestoff. Leser und Leseverhalten. Lesewirkungen. Leseerziehung. Lesekultur. Hamburg: Verlag für Buchmarktforschung. S.172–210.

Beisbart, Ortwin; Eisenbeiß, Ulrich; Koß, Gerhard; Marenbach, Dieter (Hrsg.) 1993: Leseförderung und Leseerziehung: Theorie und Praxis des Umgangs mit Büchern für junge Leser (Hans E. Giehrl zum 65. Geburtstag). Donauwörth: Auer.

Benjamin, Walter [1916]: Über Sprache überhaupt und über die Sprache des Menschen. In: ders.: Gesammelte Schriften. Hrsg. v. Rolf Tiedemann und Hermann Schweppenhäuser. Bd. II/1. Suhrkamp: Frankfurt/M. 1972ff. S.137–140.

ders. [1928]: Einbahnstraße. In: Gesammelte Schriften. Bd. IV/1. S.83–148.

Berg, Klaus; Kiefer, Marie–Luise, (Hrsg.) 1987: Massenkommunikation III. Eine Langzeitstudie zur Mediennutzung und Bewertung 1964–1985. Frankfurt/M. (Schriftenreihe Media Perspektiven, 9).

Berkowitz, Mina 1972: The Effect of Nominalisation on Reading Comprehension. In: Dissertation Abstracts International 33 (6–A). S.2757.

Berlyne, Daniel E. 1954: An Experimental Study of Human Curiosity. In: British Journal of Psychology 45. S.256–265.

ders. 1960/1974: Conflict, Arousal and Curiosity. New York: Mc-Graw Hill. (dt.: Konflikt, Erregung, Neugier. Stuttgart: Klett–Cotta 1974).

ders. 1962: Uncertainty and Epistemic Curiosity. In: British Journal of Psychology 53. S.27–34.

ders.; Frommer, Frances D. 1966: Some Determinants of the Incidence and Content of Children's Questions. In: Child Development 37. S.177–189.

ders. (Hrsg.) 1974: The New Experimental Aesthetics. In: ders.: Studies in the New Experimental Aesthetics. New York.

Bernhard, Thomas 1985: Alte Meister: Komödie. Frankfurt/M.: Suhrkamp [1993].

Bettelheim, Bruno [1980]: Kinder brauchen Märchen. Übers. v. L. Mickel; B. Weitbrecht. München: dtv, 7. Aufl. 1984.

ders. 1990: Wichtige Bücher im Leben. In: ders.: Themen meines Lebens. Stuttgart: Deutsche Verlags–Anstalt. S.109–123.

Bibliotheken '93 [1994]. Strukturen – Aufgaben – Positionen. Hrsg. v. d. Bundesvereinigung Deutscher Bibliotheksverbände. Berlin, Göttingen: Deutsches Bibliotheksinstitut 1994.

Blumenberg, Hans 1986: Die Lesbarkeit der Welt. Frankfurt/M.: Suhrkamp.

Böhme–Dürr, Karin 1990: Die Rolle der Massenmedien im Spracherwerb. In: Neumann(-Braun), Klaus; Charlton, Michael (Hrsg.): Spracherwerb und Mediengebrauch. Tübingen: Gunter Narr. S.149–168.

Bosse, Dorit 1983: Leseformen und Lebenssituation – untersucht an Interviews über das Alltagslesen Jugendlicher. Gesamthochschule Kassel (Manuskript).

Bourdieu, Pierre 1987: Die feinen Unterschiede. Kritik der gesellschaftlichen Urteilskraft. Frankfurt/M.: Suhrkamp.

Braun, Barbara 1994: Vorläufer der literarischen Sozialisation in der frühen Kindheit – eine entwicklungspsychologische Fallstudie. [Arbeitstitel] (Im Druck).

dies.; Charlton, Michael; Orlik, Waltraud; Schneider, Sylvia; Sutter, Tilmann 1994: Fallanalyse: Die Sozialisation des Erzählens. In: Sutter, Tilmann; Charlton, Michael (Hrsg.): Soziale Kognition und Sinnstruktur. Zur Entwicklung regelgeleiteten Handelns. Oldenburg: bis (Im Druck).

Brinton, James E.; Danielson, Wayne A. 1958: A Factor Analysis of Language Elements Affecting Readability. In: Journalism Quarterly 35. S.420–426.

Britton, Bruce K.; Pellegrini, Anthony D. (Hrsg.) 1990: Narrative Thought and Narrative Language. Hillsdale/N.J.: Lawrence Erlbaum.

231

Brunken, Otto 1990: ‚Amadis und seinesgleichen Grillen‘. Die Auseinandersetzung über den Roman als Lektürestoff für die Jugend im 16., 17. und 18. Jahrhundert. In: Grenz 1990, S.124-133

Bruner, Jerome 1974: Der Wille zum Lernen. In: ders.: Entwurf einer Unterrichtstheorie. Berlin, Düsseldorf: Schwann. S.111–124.

ders. 1977: Wie das Kind lernt, sich sprachlich zu verständigen. In: Zeitschrift für Pädagogik 23. S.829–844.

ders. [1983]: Child's Talk: Learning to use Language. New York, London. (dt.: Wie das Kind sprechen lernt. Bern: Huber 1987.)

ders. 1986: Actual Minds, Possible Worlds. Cambridge/Mass., London: Harvard University Press.

Buch und Buchhandel in Zahlen. Hrsg. v. Börsenverein des Deutschen Buchhandels e.V., Frankfurt/M.: Buchhändler–Vereinigung.

Buch und Lesen in Kindheit und Jugend. Ein kommentiertes Auswahlverzeichnis von Literatur und Modellen zur Leseförderung. Materialien der Stiftung Lesen zur Leseförderung und Leseforschung. Bd.5. Weinheim, Basel: Beltz 1992.

Bühler, Charlotte [1918]: Das Märchen und die Phantasie des Kindes. In: dies.; Hetzer, Hildegard: Das Märchen und die Phantasie des Kindes. München: Johann Ambrosius Barth 1958. S.17–71. [Erstmals in: Zeitschrift für angewandte Psychologie, Beiheft 7, 1918].

Charlton, Michael; Neumann(-Braun), Klaus 1990: Medienrezeption und Identitätsbildung. Kulturpsychologische und kultursoziologische Befunde zum Gebrauch von Massenmedien im Vorschulalter. (SkriptOralia, Bd. 28.) Tübingen: Gunter Narr.

dies. 1992a: Medienkindheit, Medienjugend. München: Quintessenz–Verlag.

dies. 1992b: Medienkommunikation im Alltag. Interpretative Studien zum Medienhandeln von Kindern und Jugendlichen. München, New York usw.: K.G.Saur.

Chomsky, Noam 1957: Syntactic Structures. The Hague: Mouton.

Christ, Hannelore 1994: ‚Es kommt aber auch immer aufs Kind drauf an ...‘. Überlegungen zur geschlechtsverbundenen Textrezeption. In: Diskussion Deutsch 136. S.82–88.

Christmann, Ursula 1989: Modelle der Textverarbeitung: Textbeschreibung als Textverstehen. Münster: Aschendorff.

dies.; Groeben, Norbert 1994: Textverstehen – Textverständlichkeit. Ein Forschungsüberblick unter Anwendungsperspektive. In: Krings, H. (Hrsg.), Wissenschaftliche Grundlagen des Technischen Schreibens. (Im Druck).

Cochran–Smith, Marilyn 1984: The Making of a Reader. Norwood/N.J.: Ablex.

Coleman, E.B. 1964: The Comprehensibility of Several Grammatical Transformations. In: Journal of Applied Psychology 48. S.131–134.

ders. oder dies. 1965: Learning of Prose Written in Four Grammatical Transformations. In: Journal of Applied Psychology 48. S.332–341.

Conrady, Peter (Hrsg.) 1988: Tastend nach dem Licht. Gedichte von Jugendlichen. Essen: Die Blaue Eule.

ders. (Hrsg.) 1989: Literatur–Erwerb. Kinder lesen Texte und Bilder. Frankfurt/M.: dipa.

Conze, Werner; Kocka, Jürgen; Koselleck, Reinhart; Lepsius, M. Rainer (Hrsg.) 1985ff: Bildungsbürgertum im 19. Jahrhundert; Bd. 1–4; Stuttgart: Klett–Cotta 1985, 1990, 1990, 1989.

Culler, Jonathan 1988: Dekonstruktion. Derrida und die poststrukturalistische Literaturtheorie. Reinbek b. Hamburg: Rowohlt.

D–r. 1788: Winke über Lektüre, und Einiges über das Romanenlesen insbesondere. In: Münsterisches gemeinnützliches Wochenblatt, 4.Jg., XVI.–XVII. Stück. S.62–71.

Dahrendorf, Malte 1978: Das Mädchenbuch und seine Leserin. Weinheim, Basel: Beltz, 3. Aufl.

ders. 1980: Kinder- und Jugendliteratur im bürgerlichen Zeitalter. Beiträge zu ihrer Geschichte, Kritik und Didaktik. Königstein/Ts.: Scriptor.

ders. 1990: Zum Hiatus zwischen Kinderliteratur und literarischer Moderne. In: Ewers et al. 1990. S.25–37.

ders.; Knobloch, Jörg (Hrsg.) 1992: Kinder- und Jugendliteratur im offenen Unterricht: Freiarbeit, Wochenplan, Projekte. Weinheim: Juventa.

ders. 1993: Die Kinderliteratur und die Anfänge. In: Schober, Otto (Hrsg.): Abenteuer Buch. Festschrift für Alfred Clemens Baumgärtner. Bochum: Kamp. S.145–157.

Derrida, Jacques 1985: Freud und der Schauplatz der Schrift. In: ders.: Die Schrift und die Differenz. Übers. v. R. Gasché. Suhrkamp: Frankfurt/M., 2.Aufl. S.302–351.

Dresdner, Edmund 1889/90: Das Publikum und die Literatur. In: Kritisches Jahrbuch 1, H.2. S.3–12.

Drinkmann, Arno; Groeben, Norbert 1981: Techniken der Textorganisation zur Verbesserung des Lernens aus Texten: Ein metaanalytischer Überblick. Heidelberg: Bericht aus dem Psychologischen Institut der Universität Heidelberg. Diskussionspapier Nr.27.

Duffy, Thomas M. et al. 1989: Models for the Design of Instructional Text. In: Reading Research Quarterly 24. S.434–457.

Dunn, Judy 1988: The Beginnings of Social Understanding. Oxford: Basil Blackwell.

Eco, Umberto 1973: Das offene Kunstwerk. Frankfurt/M.

Eggert, Hartmut 1971: Studien zur Wirkungsgeschichte des deutschen historischen Romans 1850–1875. Frankfurt/M.: Vittorio Klostermann.

ders.; Graf, Werner 1987: Über die Notwendigkeit von Fallstudien im Bereich der literarischen Sozialisation. In: Jahrbuch der Deutschdidaktik 1986. Tübingen: Gunter Narr. S.43ff.

ders. 1989: Veränderungen des Lesens im ‚Medienverbund‘? Überlegungen zum gegenwärtigen Stand der Lese(r)forschung. In: Literatur & Erfahrung 21. S.19–42.

ders.; Garbe, Christine 1995: Literarische Sozialisation. Stuttgart: Metzler. (In Vorbereitung).

Eigler, Gunter 1990: Funktionaler Analphabetismus. Einführung. In: Unterrichtswissenschaft 18. S.98–100.

Eiseman, Mimi; Sieveking, Nicholas; Binkley, M. Edward 1973: Use of Incongruous Materials in Classroom Learning. In: Journal of General Psychology 123. S.227–230.

Elias, Norbert 1936: Über den Prozeß der Zivilisation. Frankfurt/M.: Suhrkamp, [8]1981/82.

Elstner, Robert 1994: Der Aufbau des Leipziger Schulbibliotheksnetzes. In: Buch und Bibliothek, H.6/7. S.552–556.

Engelhardt, Ulrich 1986: ‚Bildungsbürgertum‘. Begriffs- und Dogmengeschichte eines Etiketts. Stuttgart: Klett-Cotta.

ders. 1990: ‚... geistig in Fesseln‘? Zur normativen Plazierung der Frau als ‚Kulturträgerin‘ in der bürgerlichen Gesellschaft während der Frühzeit der deutschen Frauenbewegung. In: Lepsius, M. Rainer (Hrsg.): Bildungsbürgertum im 19. Jahrhundert, Teil 3: Lebensführung und ständische Vergesellschaftung. Stuttgart: Klett-Cotta. S.113–175.

Engelkamp, Johannes 1973: Semantische Struktur und die Verarbeitung von Sätzen. Bern: Huber.

ders. 1974: Psycholinguistik. München: Fink.

Ewers, Hans-Heino (Hrsg.) 1980: Kinder- und Jugendliteratur der Aufklärung. Stuttgart: Ph. Reclam Jun.

ders. 1989a: Kinder brauchen Geschichten. In: Grundschule, H.1/89. S.8–13.

ders. 1989b: Vorüberlegungen zu einer Theorie der Kinderliteratur. In: Conrady 1989. S.61–70.

ders. 1990: Die Grenzen literarischer Kinder- und Jugendbuchkritik. In: Scharioth, Barbara, Schmidt, Joachim (Hrsg.): Zwischen allen Stühlen. Zur Situation der Kinder- und Jugendliteratur-Kritik. Tutzing: Evangelische Akademie. S.75-92.

ders.; Lypp, Maria; Nassen, Ulrich (Hrsg.) 1990: Kinderliteratur und Moderne: Ästhetische Herausforderungen der Kinderliteratur im 20. Jahrhundert. Weinheim, München: Juventa.

ders. (Hrsg.) 1991: Kindliches Erzählen – Erzählen für Kinder: Erzählerwerb, Erzählwirklichkeit und erzählende Kinderliteratur. Weinheim, Basel: Beltz.

Fend, Helmut 1979: Sozialisation durch Literatur. Soziologie der Schule IV. Weinheim, Basel: Beltz.

ders. 1990: Vom Kind zum Jugendlichen. Der Übergang und seine Risiken. (Entwicklungspsychologie der Adoleszenz in der Moderne. Bd.1.) Bern, Stuttgart, Toronto: Hans Huber.

Fischer, Peter M.; Mandl, Heinz 1981: Selbstwahrnehmung und Selbstbewertung beim Lernen. Metakognitive Komponenten der Selbststeuerung beim Lernen mit Texten. (Deutsches Institut für Fernstudien an der Universität Tübingen. Forschungsbericht Nr.10.)

Flamm, Anne 1994: Astrid Lindgren: ‚Die Brüder Löwenherz‘ – Ein Kinderbuch aus der Sicht der Kritiker und aus der Sicht seiner jungen Leser. Schriftliche Hausarbeit zur ersten Staatsprüfung. Augsburg (Manuskript).

Flesch, Rudolf A. 1948: A New Readability Yardstick. In: Journal of Applied Psychology 32. S.221–233.

Foss, Donald J. 1969: Decision Processes during Sentence Comprehension: Effects of Lexical Item Difficulty and Position upon Decision Times. In: Journal of Verbal Learning and Verbal Behavior 8. S.457–462.

Frank, Bernward 1991: Kultur und Medien. Angebote – Interessen – Verhalten. Eine Studie der ARD/ZDF-Medienkommission (Schriftenreihe Media Perspektiven, Bd.11). Baden–Baden: Nomos.

Frank, Gerd; Stephan, Joachim 1979: Der Schüler als Leser. Textrezeption und Literaturunterricht. Freiburg i.Br.: Herder.

Frei, Brigitte 1992: Eine Woche voller Lesen. In: Schulbibliothek aktuell, H.3/92. S.191–197.

Freud, Sigmund [1908]: Der Dichter und das Phantasieren. In: ders. Studienausgabe. Frankfurt/M.: S.Fischer 1969ff, Bd. 10. S.169–180.

ders. [1925]: Notiz über den Wunderblock. In: ders., Studienausgabe. Frankfurt/M.: S.Fischer 1969ff, Bd. 3. S.363–371.

ders. [1930]: Das Unbehagen in der Kultur. In: ders.: Studienausgabe. Frankfurt/M.: S.Fischer, [2]1972ff., Bd. IX. S.191–270.

Freyer, Hieronymus 1737: Das XX Programma Vom Romanenlesen den 29 Martii 1730. In: ders.: Programmata Latino–Germanica usw. Halae Magdeburgicae, 1737. S.449–478 u. Add.

Friedländer, Käte 1941: Über Kinderbücher und ihre Funktion in Latenz und Vorpubertät. In: Internationale Zeitschrift für Psychoanalyse und Imago 26. S.232–251.

Fritz, Angela 1989: Lesen in der Mediengesellschaft: Standortbeschreibung einer Kulturtechnik. Wien: Braunmüller.

dies. 1991: Lesen im Medienumfeld. Mit einer Synopse von Ulrich Saxer. Gütersloh: Bertelsmann–Stiftung.

Fronemann, Wilhelm 1921: Der Unterricht ohne Lesebuch. Köln: Schaffstein.

Frühwald, Wolfgang 1990: Büchmann und die Folgen. Zur sozialen Funktion des Bildungszitates in der deutschen Literatur des 19. Jahrhunderts. In: Koselleck, Reinhart (Hrsg.): Bildungsbürgertum im 19. Jahrhundert; Teil 2: Bildungsgüter und Bildungswissen. Stuttgart: Klett–Cotta. S.197–219.

Garbe, Christine 1993a: Frauen – das lesende Geschlecht? Perspektiven einer geschlechtsdifferenzierten Leseforschung. In: Literatur und Erfahrung, H.26/27 (Themenheft ‚Frauen Lesen‘, hrsg. v. C.Garbe). S.7–33.

dies. 1993b: Geschlecht und Lektüre. Eine Problemskizze. In: Ide: Informationen zur Deutschdidaktik, H.1/93 (Themenheft ‚Lesen‘). S.21–36.

Gärtner, Hans (Hrsg.) 1978: Jugendliteratur im Sozialisationsprozeß. Bad Heilbronn: J.Klinkhardt.

Garner, Ruth; Alexander, Patricia A.; Gilligham, Mark G.; Kulikowich, Jonna M.; Brown, Rachel 1991: Interest and Learning from Text. In: American Educational Research Journal 28. S.643–659.

Gentner, Dedre; Stevens, A.L. 1983: Mental Models. Hillsdale/N.J.: Lawrence Erlbaum.

Gibson, Eleanor J.; Levin, Harry [1975]: Die Psychologie des Lesens. Frankfurt/M.: Fischer 1989.

Giehrl, Hans Eberhard 1968: Der junge Leser. Einführung in Grundfragen der Jungleserkunde und der literarischen Erziehung. Donauwörth: Auer.

Gilges, Martina 1992: Lesewelten. Geschlechtsspezifische Nutzung von Büchern bei Kindern und Erwachsenen. Bochum: Universitätsverlag Dr.N.Brockmeyer.

Gloor, Peter A.; Streitz, Norbert A. (Hrsg.) 1990: Hypertext und Hypermedia. Von theoretischen Konzepten zur praktischen Anwendung. Heidelberg: Springer.

Glowalla, Ulrich; Schoop, Eric (Hrsg.) 1992: Hypertext und Multimedia. Neue Wege in der computerunterstützten Aus- und Weiterbildung. Heidelberg: Springer.

Goetsch, Paul (Hrsg.) 1994: Lesen und Schreiben im 17. und 18. Jahrhundert. Studien zu ihrer Bewertung in Deutschland, England, Frankreich. Tübingen: Gunter Narr.

Gottschall, Rudolf 1867: Die Classiker als Nationaleigenthum. In: Börsenblatt für den deutschen Buchhandel 34, Nr.261, vom 9.11.1867. S.2870.

Gottwald, Eckart; Hibbeln, Regina; Lauffer, Jürgen (Hrsg.) 1989: Alte Gesellschaft – Neue Medien. Opladen: Leske und Budrich.

Graf, Werner 1980: ‚Literarische Pubertät‘. Überlegungen zu Interviews mit erwachsenen Lesern. In: Der Deutschunterricht 32, H.5. S.16–24.

ders. 1989: Der Medienverbund im Kopf. Thesen zum neuen Lesen. In: Literatur & Erfahrung 21. S.3–18.

ders. 1990: „Ich lasse mich nicht vom Buch wegholen!" Eine subjektive Mediengeschichte der letzten 50 Jahre. (Literatur & Erfahrung, 22). Berlin, Paderborn.

ders. 1991: Das Lese als biographischer Prozeß. Überlegungen zur Lektürebiographie eines sechzigjährigen Lesers. In: Janota, Johannes (Hrsg.): Kultureller Wandel und die Germanistik in der Bundesrepublik. Vorträge des Augsburger Germanistentags 1991. Bd. 1. Tübingen 1993. S.246-259.

Grenz, Dagmar (Hrsg.) 1990: Kinderliterarur - Literatur auch für Erwachsene? München: Fink.

Groebel, Jo 1994: Kinder und Medien: Nutzung, Vorlieben, Wirkungen. In: Media Perspektiven, Nr.1/94. S.21–28 .

Groeben, Norbert 1972: Die Verständlichkeit von Unterrichtstexten. Münster: Aschendorff, [2]1978.

ders. 1981: Verständlichkeitsforschung unter Integrationsperspektive: Ein Plädoyer. In: Mandl, H. (Hrsg.), Zur Psychologie der Textverarbeitung. München. S.367–385.

ders. 1982: Leserpsychologie: Textverständnis – Textverständlichkeit. Münster: Aschendorff.

ders.; Vorderer, Peter 1988: Leserpsychologie: Lesemotivation – Lektürewirkung. Münster: Aschendorff.

ders.; Vorderer, Peter 1989: Immer noch ‚Lesealter'?. In: Conrady 1989. S.9–22.

ders. 1989: Das Konzept der Text–Leser–Interaktion in der Empirischen Literaturwissenschaft. In: SPIEL (Siegener Periodikum zur Internationalen Empirischen Literaturwissenschaft) 8, H.2. S.255–273.

Groß, Sabine 1994: Lese-Zeichen. Kognition, Medium und Materialität im Leseprozeß. Darmstadt: Wiss. Buchgesellschaft.

Haas, Gerhard (Hrsg.) 1974: Kinder– und Jugendliteratur. Zur Typologie und Funktion einer literarischen Gattung. (3., völlig neu bearbeitete Aufl. 1984 u. d. T.: Kinder– und Jugendliteratur. Ein Handbuch). Stuttgart: Reclam.

ders. 1976: Lesen – in der Schule, nicht (nur) für die Schule. In: Westermanns Pädagogische Beiträge, H.10/76. S.28–34.

ders. 1982: Lesen als mehrperspektivisch–situationsbezogener Prozeß. In: ders.: (Hrsg.): Literatur im Unterricht. Modelle zu erzählerischen und dramatischen Texten in der Sek. I und II. Stuttgart: Reclam. S.9–17.

ders. [1984]: Handlungs– und produktionsorientierter Literaturunterricht in der Sekundarstufe 1. Hannover: Schroedel, [5]1990.

ders. 1987: Wo liegt Nangilima? Astrid Lindgrens ‚Die Brüder Löwenherz'. In: Praxis Deutsch 14, Nr.86. S.27–30.

ders. 1993a: Lesen und Schreiben. Vorschläge für einen produktionsorientierten Literaturunterricht nebst einigen ketzerischen Gedanken über Hoffnungen und Täuschungen der Literaturdidaktik. In: Beisbart 1993. S.195–202.

ders. 1993b: Phantastik – die widerrufene Aufklärung? In: Lange, Günter; Steffens, Wilhelm (Hrsg.): Literarische und didaktische Aspekte der phantastischen Kinder– und Jugendliteratur. Würzburg: Königshausen und Neumann. S.11–24.

ders.; Menzel, Wolfgang; Spinner, Kaspar H. 1994: Handlungs– und produktionsorientierter Literaturunterricht. Basisartikel. In: Praxis Deutsch 21, Nr.123. S.17–25.

Hakes, David T. 1971: Does Verb Structure Affect Sentence Comprehension? In: Perception and Psychophysics 10. S.229–232.

Hamacher, Werner 1988: Unlesbarkeit. In: de Man, Paul: Allegorien des Lesens. Frankfurt/M.: Suhrkamp. S.7-29.

Hamann, Ludwig 1899: Der Umgang mit Büchern und die Selbstkultur. Leipzig, 2. Aufl.

238

Hamilton, Helen W.; Deese, James 1971: Comprehensibility and Subject–Verb Relation in Complex Sentences. In: Journal of Verbal Learning and Verbal Behavior 10. S.163–170.

Häntzschel, Günter (Hrsg.) 1986: Bildung und Kultur bürgerlicher Frauen 1850–1918. Eine Quellendokumentation aus Anstandsbüchern und Lebenshilfen für Mädchen und Frauen als Beitrag zur weiblichen literarischen Sozialisation. Tübingen: Max Niemeyer.

Härter, Andreas 1991: Text–Passagen. Lesen Leseunterricht Lesebuch. Frankfurt/M.: Diesterweg.

ders. 1992: Literaturunterricht und Leselust. In: ders.; Noser, A. (Hrsg.): Die Rückkehr der Musen. Positionen und Perspektiven ästhetischer Erfahrung und musischer Bildung. Konstanz: Universitätsverlag. S.209–227.

Härtling, Peter 1979: Ben liebt Anna. Kinderroman. Weinheim: Beltz.

ders. 1984: Der spanische Soldat oder Finden und Erfinden. Frankfurter Poetik-Vorlesung. Darmstadt, Neuwied: Luchterhand.

Heath, Shirley Brice 1982: What no bedtime story means: narrative skills at home and at school. In: Language in Society 11. S.49–76.

dies. 1986: Separating ‚Things of the Imagination‘ from Life: Learning to Read and Write. In: Teale et al. 1986. S.156–172.

Heidtmann, Horst 1992: Kindermedien. Stuttgart: Metzler.

Hentig, Hartmut von 1990: Wir brauchen Leser. Wirklich? Konstanz: Faude.

Heydorn, Heinz–Joachim [1970]: Über den Widerspruch von Bildung und Herrschaft. Frankfurt/M.: Syndikat 1979. [Erstmals: Frankfurt/M.: Europäische Verlagsanstalt 1970.]

Hidi, Suzanne; Baird, William; Hildyard, Angela 1982: That’s Important but is it Interesting? Two Factors in Text Processing. In: Flammer, August; Kintsch, Walter: Discourse Processing. Amsterdam: North–Holland. S.63–75.

Hill, Eric 1980: Ja, wo is’ er denn? (Originaltitel: Where’s Spot?). o. O.: Schreiber.

Holley, Charles D.; Dansereau, Donald F. 1984: The Development of Spatial Learning Strategies. In: Holley, Charles D.; Dansereau, Donald F.: Spatial Learning Strategies. London: Academic Press. S.3–20.

Höppner, Martina 1984: Peter Härtlings ‚Ben liebt Anna‘ im 3. Schuljahr. Schriftliche Hausarbeit im Rahmen der Ersten Staatsprüfung. Aachen, Manuskr.

Hörmann, Hans 1980: Der Vorgang des Verstehens. In: Kühlwein, Wolfgang; Raasch, Albert (Hrsg.): Sprache und Verstehen, Bd. 1. Tübingen. S.17–29.

Hurrelmann, Bettina 1982: Kinderliteratur im sozialen Kontext. Eine Rezeptionsanalyse am Beispiel schulischer Literaturverarbeitung. Weinheim, Basel: Beltz.

dies. 1990: Kinderkultur. Produktiver Umgang mit Büchern. In: Die Grundschulzeitschrift 39. S.4–9.

dies. 1992: Lesen ist Familiensache – wirklich? In: Neue Sammlung 32. S.235–249.

dies. 1993: Lesenlernen als Grundlage einer umfassenden Medienkompetenz. In: Becher, Hans Rudolf; Bennack, Jürgen (Hrsg.) Taschenbuch Grundschule. Baltmannsweiler: Schneider. S.246–260.

dies. 1994a: Familie und Schule als Instanzen der Lesesozialisation. In: Mitteilungen des deutschen Germanistenverbandes 41, H.2. S.27–38.

dies. 1994b: Leseförderung. Basisartikel in: Praxis Deutsch 21, Nr. 127. S.17-26.

dies. Siehe auch: Lesesozialisation 1993.

Hurrelmann, Klaus; Ulich, Dieter 1991: Gegenstands– und Methodenfragen der Sozialisationsforschung. In: dies. (Hrsg.): Neues Handbuch der Sozialisationsforschung. Weinheim, Basel: Beltz. S.3–20.

Illich, Ivan 1991: Im Weinberg des Textes. Als das Schriftbild der Moderne entstand. Frankfurt/M.: Luchterhand Literaturverlag.

Iser, Wolfgang 1976: Der Akt des Lesens. München: Fink.

ders. 1991: Das Fiktive und das Imaginäre. Perspektiven literarischer Anthropologie. Frankfurt/M.: Suhrkamp.

Jäger, Georg 1973: Der Deutschunterricht auf Gymnasien 1780–1850. In: Deutsche Vierteljahresschrift für Literaturwissenschaft und Geistesgeschichte 47. S.120–147.

ders. 1981: Schule und literarische Kultur. Bd. 1: Sozialgeschichte des deutschen Unterrichts an höheren Schulen von der Spätaufklärung bis zum Vormärz. Stuttgart: Metzler.

ders. 1988: Der Kampf gegen Schmutz und Schund. Die Reaktion der Gebildeten auf die Unterhaltungsindustrie. In: Archiv für Geschichte des Buchwesens 31. S.163–191.

ders. 1991: Medien. In: Christa Berg (Hrsg.): Handbuch der deutschen Bildungsgeschichte. Bd.4: 1870–1918. Von der Reichsgründung bis zum Ende des Ersten Weltkriegs. München: C.H. Beck. S.437-499.

Jauss, Hans Robert 1987: Die Theorie der Rezeption – Rückschau auf ihre unerkannte Vorgeschichte. Konstanz: Universitätsverlag.

Janosch 1978: Oh, wie schön ist Panama. Weinheim, Basel: Beltz & Gelberg.

Jansen, Rolf 1993: Thesaurusrelationen als instrumentelle Hilfsmittel für Hypertext und Wissensbanken. In: Zeitschrift für Informationswissenschaft und –praxis 1. S.7–14.

Johnson–Laird, Philip N. 1983: Mental Models. Toward a Cognitive Science of Language, Inference, and Consciousness. Cambridge: University Press.

Jugendwerk der Deutschen Shell 1985: Jugendliche und Erwachsene '85. Bd. 2. Hamburg.

Karst, Theodor (Hrsg.) 1978f: Kinder– und Jugendlektüre im Unterricht. 2 Bde. Bad Heilbrunn/Obb: Klinkhardt.

Kesting, Marianne 1965: Die Vermessung des Labyrinths. Frankfurt/M.

Kintsch, Walter 1974: The Representation of Meaning in Memory. Hillsdale/N.J.: Lawrence Erlbaum.

Kirsch, Dieter 1978: Literaturbarrieren bei jugendlichen Lesern. Eine empirische Untersuchung über den Dissens zwischen schulischer und außerschulischer Lektüre bei Schülern der Stadt Ludwigshafen. Frankfurt/M.: Haag und Herchen.

Kittler, Friedrich 1985: Ein Höhlengleichnis der Moderne. Lesen unter hochtechnischen Bedingungen. In: Zeitschrift für Literaturwissenschaft und Linguistik 57/58. S.204–220.

Klare, George R. 1963: The Measurement of Readability. Ames: Iowa State University Press.

Klingberg, Göte 1973: Kinder– und Jugendliteraturforschung. Wien, Köln, Graz: Hermann Böhlau.

Klingler, Walter; Windgasse, Tomas 1994: Eine Analyse der Fernsehnutzung von 6– bis 13jährigen. Media Perspektiven, Nr.1/94. S.1–13.

Köcher, Renate 1988: Familie und Lesen. Eine Untersuchung über den Einfluß des Elternhauses auf das Leseverhalten. In: Archiv für Soziologie und Wirtschaftsfragen des Buchhandels LXIII/ 1988. (Beilage zum Börsenblatt für den deutschen Buchhandel, Nr.82, vom 14.10.1988). Frankfurt/M.: Buchhändlervereinigung. S.2275– 2364.

dies.: siehe auch: Lesesozialisation 1993.

Kocka, Jürgen (Hrsg.) 1988: Bürgertum im 19. Jahrhundert. Bd. 3. München: Deutscher Taschenbuch–Verlag.

Köpf, Gerhard (Hrsg.) 1981: Rezeptionspragmatik. Beiträge zur Praxis des Lesens. München: Fink.

Krapp, Andreas; Prenzel, Manfred (Hrsg.) 1992: Interesse, Lernen, Leistung. Münster: Aschendorff.

Kraul, Margret 1984: Das deutsche Gymnasium 1780–1980. Frankfurt/M.: Suhrkamp.

Kreft, Jürgen 1986: Moralische und ästhetische Entwicklung im didaktischen Aspekt. In: Oser, Fritz; Althof, Wolfgang; Garz, Detlef (Hrsg.): Moralische Zugänge zum Menschen – Zugänge zum moralischen Menschen. München: Kindt. S.257–280.

Kübler, Hans Dieter; Graf, Angela 1994: Ein enttäuschender Streifzug durch Hamburger Schulen. In: Buch und Bibliothek, H. 6–7/94. S.542–551.

Kuhlen, Rainer 1991: Hypertext. Ein nicht–lineares Medium zwischen Buch und Wissensbank. Berlin, Heidelberg.

Langemayr, Margret 1993: Lese–Erfahrungen im Gruppengespräch. Ein Beitrag zur psychoanalytischen Erforschung literarischer Rezeptionsprozesse. Frankfurt/M., Berlin usw.: Peter Lang.

Langenbucher, Wolfgang R. 1968: Das Publikum im literarischen Leben des 19. Jahrhunderts. In: Börsenblatt für den deutschen Buchhandel, Nr. 65, vom 13.8.1968. S.1857–1866.

Langer, Inghard F.; Schulz von Thun, Friedemann; Tausch, Reinhard 1974: Verständlichkeit in Schule, Verwaltung, Politik und Wissenschaft. München: Reinhardt.

Larcher, Dietmar; Spiess, Christina (Hrsg.) 1980: Lesebilder. Geschichten und Gedanken zur literarischen Sozialisation. Reinbek b. Hamburg: Rowohlt.

Lemish, Dafna 1987: Viewers in diapers. In: Lindlof, Thomas (Hrsg.): Natural audiences. Norwood/N.J.: Ablex. S.33–57.

Lesesozialisation. 1993:
   Bd. 1: Hurrelmann, Bettina; Hammer, Michael; Nieß, Ferdinand: Leseklima in der Familie: Eine Studie der Bertelsmann–Stiftung.
   Bd. 2: Bonfadelli, Heinz; Fritz, Angela; Köcher, Renate: Leseerfahrungen und Lesekarrieren: Studien der Bertelsmann–Stiftung.
   Gütersloh: Verlag Bertelsmann–Stiftung.

Lévinas, Emanuel 1983: Die Spur des Anderen. Untersuchungen zur Phänomenologie und Sozialphilosophie. Übers. v. W.N. Krewani. Freiburg, München: Alber.

Lippert, Elisabeth (d. i. Schliebe–Lippert, Elisabeth) 1950: Der Mensch als Leser. In: Schmücker, E. (Hrsg.): Begegnung mit dem Buch. Ratingen: Henn.

Lucariello, Joan 1990: Canonicality and Consciousness in Child Narrative. In: Britton et al. 1990. S.131–150.

Luiten, John; Ames, Wilbur; Ackerson, Gary 1980: A Meta–Analysis of the Effects of Advance Organizers on Learning and Retention. In: American Educational Research Journal 17. S. 211–218.

Lütgert, Will 1993: Praktisches Lernen – theorietauglich? In: Neue Sammlung 33, H.3. S.405–419.

Lypp, Maria 1984: Einfachheit als Kategorie der Kinderliteratur. Frankfurt/M.: dipa.

dies. 1989: Literarische Bildung durch Kinderliteratur. In: Conrady 1989. S.70–80.

Maier, Karl Ernst (Hrsg.) 1980: Kind und Jugendlicher als Leser. Bad Heilbrunn: J. Klinkhard.

Mandelkow, Karl Robert 1990: Die bürgerliche Bildung in der Rezeptionsgeschichte der deutschen Klassik. In: Reinhart Koselleck (Hrsg.): Bildungsbürgertum im 19. Jahrhundert; Teil 2: Bildungsgüter und Bildungswissen. Stuttgart: Klett-Cotta. S.181–196.

Mandler, Jean M. 1984: Stories, Scripts and Scenes. Hillsdale/N.J.: Lawrence Erlbaum.

Marées, Heinrich L. de 1806: Anleitung zur Lektüre (Bildungsbibliothek für Nichtstudierte. Hrsg. v. L. P. Funke. 1. Bd., 2. Abth.). Hamburg.

Martens, Wolfgang 1977: Der gute Ton und die Literatur. Anstandsbücher als Quelle für die Leserforschung. In: Göpfert, Herbert G. (Hrsg.): Buch und Leser. Hamburg: Dr. Ernst Haus Herbert G.wedell & Co. Verl. S.203–229.

Martino, Alberto 1976: Barockpoesie, Publikum und Verbürgerlichung der literarischen Intelligenz. In: Internationales Archiv für Sozialgeschichte der deutschen Literatur 1. S.107–145.

Mathews, W.A. 1968: Transformational Complexity and Short Term Recall. In: Language and Speech 11, No.2. S.220–228.

Mattenklott, Gundel 1989: Zauberkreide. Kinderliteratur seit 1945. Stuttgart: Metzler.

dies. 1993: Literatur in der Kinderkulturarbeit. In: Praxisfeld: Kinderkulturarbeit. Hrsg. von der Bundesvereinigung Kulturelle Jugendbildung. Remscheid.

Mayer, Richard E. 1979: Can Advance Organizer Influence Meaningful Learning? In: Review of Educational Research 49. S. 371–383.

243

Mehr mit Medien machen. 1993. Aktive Literatur- und Medienvermittlung in Kinder- und Jugendbibliotheken. Bd. 1: Geschichten präsentieren und umsetzen. Hrsg. v. d. DBI-Exper-
tengruppe ,Erarbeitung von Materialien zur aktiven Medienver-
mittlung/Leseförderung in Kinder-, Jugend- und Schulbibliotheken'. Berlin: Deutsches Bibliotheksinstitut.

Messner, Rudolf 1992: Die Bedeutung der Privatlektüre Jugendlicher und die Begrenzungen des Deutschunterrichts. In: Schulbibliothek aktuell, H.2/92. S.79–89.

ders.; Rosebrock, Cornelia 1987: Ein Refugium für das Unerledigte
– Zum Zusammenhang von Lesen und Lebensgeschichte Ju-
gendlicher in kultureller Sicht. In: Buttgereit, Michael (Hrsg.):
Lebensverlauf und Biografie. (Werkstattbericht, Bd.18.) Kassel:
Gesamthochschul-Bibliothek. S.155–197.

Metz, Christian 1972: Semiologie des Films. Übers. v. R. Koch.
München: Fink.

Meyer-Krentler, Eckhardt 1992: „Der Poesie kan ein studiosus juris
gar wohl entbehren". Rhetorik, Verfachlichung und literari-
scher Wandel vom 17. zum 18. Jahrhundert – ein Vortrag. In:
Bornscheuer, Lothar; Kaiser, Herbert; Kulenkampff, Jens
(Hrsg.): Glaube, Kritik, Phantasie. Europäische Aufklärung in
Religion, Politik, Literatur und Kunst. Frankfurt/M.

Mihm, Arend 1973: Sprachstatistische Kriterien zur Tauglichkeit
von Lesebüchern. In: Linguistik und Didaktik 4. S.117–127.

Miller, Peggy; Nemoianu, Anca; De Jong, Judith 1986: Early Reading at Home: Its Practice and Meanings in a Working-Class
Community. In: Schieffelin, Bambi B.; Gilmore, Perry (Hrsg.):
The Acquisition of Literacy. Ethnographic Perspectives. Nor-
wood/N.J.: Ablex. S.3–15.

Mitchell, W.J.T. 1990: Was ist ein Bild? In: Bohn, Volker (Hrsg.):
Bildlichkeit. Frankfurt/M.: Suhrkamp. S.17–68.

Muth, Ludwig 1993a: Der befragte Leser: Buch und Demoskopie.
München, London usw.: Sauer.

ders. 1993b: ,Bücher sind kein geringer Teil des Glücks'. In:
Börsenblatt für den deutschen Buchhandel, Nr.95, Nov. 1993.
S.10–15.

Nelson, Ted H. 1987: Literary machines, Edition 87.1. (erhältlich
v. d. Verteilern: 702 South Michigan, South Bend, IN 46618).

Neues Konversations-Lexikon für alle Stände ... 1859. Hrsg. v.
H.J.Meyer. 10.Bd. Hildburghausen, New York. Artikel
,Lesen'.

Neues Konversations–Lexikon, ein Wörterbuch des allgem. Wissens ... 1867. Hrsg.v. Hermann J.Meyer. Neuer Stereotyp–Abdruck der 2. gänzlich umgearb. Aufl. (beendigt 1867). 10.Bd. Hildburghausen 1870. Artikel ‚Lesen‘.

Ninio, Anat 1980: Picture–book reading in mother–infant dyads belonging to two subgroups in Israel. In: Child Development 51. S.587–590.

dies. 1983: Joint picture–book reading as a multiple vocabulary acquisition device. In: Developmental Psychology 19. S.445–451.

dies.; Bruner, Jerome 1976: The achievement and antecedents of labeling. In: Journal of Child Language 5. S.1–15.

Noelle–Neumann, Elisabeth 1978: Werden wir alle Proletarier? Wertewandel in der Gesellschaft. Zürich: Lenos.

Novalis [1798]: Vermischte Bemerkungen. 29 (Ath. 287). In: Werke in einem Band. Hrsg. v. Mähl, Hans–Joachim; Samuel, Richard. München: Hanser 1981.

Oz, Amos 1993: Sumchi. München: Hanser.

Pahl, Johann G. 1792: Warum ist die deutsche Nation in unserem Zeitalter so reich an Schriftstellern und Büchern. In: Der Weltbürger. 3. Bd. S.617–625.

Paivio, Allan 1971: Imagery and Verbal Processes. New York: Holt, Rinehart & Winston.

Pape, Walter 1981: Das literarische Kinderbuch. Studien zur Entstehung und Typologie. Berlin, New York: De Gruyter.

Paradovsky, William 1967: Effect of Curiosity on Incidential Learning. In: Journal of Educational Psychology 58. S.50–55.

Payrhuber, Franz–Josef 1994: Lust am Lesen in der Schule? Über Einstellungen von Lehrern zum Kinder– und Jugendbuch. Beitrag zur Tagung ‚Lesen im Wandel: Probleme der literarischen Sozialisation heute‘. Wiesbaden–Naurod, 23.–25.2.94.

Pennac, Daniel: Wie ein Roman. Köln: Kiepenheuer & Witsch 1994.

Peterson, Polly W. 1974: The Effects of Telegraphic Prose, Compressed Speech, and Modality on Comprehension. In: Dissertation Abstracts International 34 (12–A). S.7592.

Petsch, Peter 1992: Schwerpunkt Bremen bei Jugendlichen/jungen Erwachsenen. Der Bruch mit der Bibliothek. In: Die effektive Bibliothek. Endbericht des Projektes ‚Anwendung und Erprobung einer Marketingkonzeption für Öffentliche Bibliotheken‘. Bd. 1: Texte. Berlin: Deutsches Bibliotheksinstitut.

Pfleger, Reinhard 1972: Studien zur Konstituierung einer rezeptionsanalytisch fundierten Literaturdidaktik. Frankfurt/M., Bern: Peter Lang.

Pichert, James W.; Anderson, Richard C. 1977: Taking Different Perspectives on a Story. In: Journal of Educational Psychology 69. S.309–315.

Pleticha, Heinrich (Hrsg.) 1978: Lese–Erlebnisse 2. Frankfurt/M.: Suhrkamp.

ders. 1991: Zwischen Büchern aufwachsen. In: Der Bundesminister für Bildung und Wissenschaft (Hrsg.): In Sachen Lesekultur. Bonn. S.44–51.

Pohl, Uta 1964: Weitschweifigkeit, Satzeigenschaften und Behaltenseffekte. In: Zeitschrift für Psychologie 169. S.216–231.

Postman, Neil 1983: Das Verschwinden der Kindheit. Frankfurt/M.: S.Fischer.

ders. 1985: Wir amüsieren uns zu Tode. Frankfurt/M.: S.Fischer.

Prinz, August [1856]: Stand, Bildung und Wesen des Buchhandels. Altona. Reprint, mit einem Nachw. v. H. Sarkowski. Heidelberg: Winter 1978.

Projekt Lesegeschichte als Kulturaneignung (Hrsg.) 1984: Vorstellung des Projekts. (Projektheft 1.) Kassel: Gesamthochschule Kassel, 2., erw. Aufl.

Prondczynsky, Andreas von 1993: ‚Lesen‘ als Metapher der Weltaneignung. Schwierigkeiten wissenschaftlicher Pädagogik mit der Theoretisierbarkeit einer zentralen ‚Kulturtechnik‘ der Moderne. In: Zeitschrift für Pädagogik 39, H.2. S.257–273.

Rank, Bernhard (Hrsg.) 1994: Erfahrungen mit Phantasie. Analysen zur Kinderliteratur und didaktische Entwürfe: Festschrift für Gerhard Haas zum 65. Geburtstag. Baltmannsweiler: Schneider–Hohengehren.

Rapp, Urie 1973: Handeln und Zuschauen. Darmstadt: Luchterhand.

Rarisch, Ilsedore 1976: Industrialisierung und Literatur. Buchproduktion, Verlagswesen und Buchhandel in Deutschland im 19. Jahrhundert in ihrem statistischen Zusammenhang. Berlin: Colloquium.

Richter, Dieter 1980a: Die Kinder und ihre strengen Freunde. In: Larcher/Spiess 1980. S.153–159.

ders. 1980b: Die Leser und die Lehrer. Bilder aus der Geschichte der literarischen Sozialisation. In: Larcher/Spiess 1980. S.201–222.

ders. 1987: Das fremde Kind: Zur Entstehung des Kindheitsbildes des bürgerlichen Zeitalters. Frankfurt/M.: Fischer.

Rosebrock, Cornelia [1990]: Lektüre und Wiederholung. Philosophische Studien zur Zeitkonstitution des Lesens. Neuauflage: Kasseler Philosophische Schriften 32. Kassel: Jenior und Pressler 1994.

dies. 1991a: Kinder als Leser. In: JuLit. Informationen des Arbeitskreises für Jugendliteratur 17, H.2. S.72–83.

dies. 1991b: Thesen zur adoleszenten Lust am Text. In: Mitteilungen des Instituts für Jugendbuchforschung 1. S.21–26.

dies. 1993: Geschlechtscharakter und Lektürepraxis. In: Mitteilungen des Deutschen Germanistenverbandes 40, H.2. S.29–40.

dies. 1994a: ‚Stimme des Schöngeists‘: Pro–Argumente. In: Rosebrock, Cornelia; Groeben, Norbert: Literarästhetische Zentrierung der ‚literarischen Sozialisation‘? – Ein begriffsanalytisches Streitgespräch. Referat im Rahmen der Tagung ‚Lesen im Wandel: Probleme der literarischen Sozialisation heute‘. Wiesbaden–Naurod, 23.–25.2.94.

dies. 1994b: Die Lesekultur Jugendlicher zwischen Moderne und Postmoderne. In: Ewers, Hans–Heino (Hrsg.): Jugendkultur im Adoleszenzroman. Weinheim: Juventa 1994. S.239-263.

Rosengren, Karl E.; Wenner, Lawrence A.; Palmgreen, Philip (Hrsg.) 1985: Media gratifications research. Current perspectives. Beverly Hills: Sage.

Rumelhart, David E. 1975: Notes on a Schema for Stories. In: Bobrow, Daniel G.; Collins, Allan: Representation and Understanding. New York: Academic Press. S.237–272.

ders.; Ortony, Andrew 1977: The Representation of Knowledge in Memory. In: Anderson, Richard C.; Spiro, J.Rand ; Montague, William E.: Schooling and the Acquisition of Knowledge. Hillsdale/N.J.: Lawrence Erlbaum. S.99–135.

Rünger, Berthold 1988: Das reduzierte literarische Lesen. Zur Entwicklung einer kritisch–empirischen Typologie. Frankfurt/M., Bern: Peter Lang.

Rupp, Gerhard 1987: Kulturelles Handeln mit Texten. Fallstudien aus dem Schulalltag. Paderborn: Schroedel.

Rutschky, Katharina 1980: Die Lesewut. Autonome Bildungsprozesse von Kindern im 19. Jahrhundert. In: Der Deutschunterricht 32, H.5. S.78–98.

Rutschky, Michael 1981: Lektüre der Seele. Eine historische Studie über die Psychoanalyse der Literatur. Frankfurt/M., Berlin, Wien: Ullstein.

Sachs, Jacqueline S. 1967: Recognition Memory for Syntactic and Semantic Aspects of Connected Discourse. In: Perception and Psychophysics 2, No.9. S.437–442.

Savin, Harris B.; Perchonock, Ellen 1965: Grammatical Structure and the Immediate Recall of English Sentences. In: Journal of Verbal Learning and Verbal Behavior 4. S.348–353.

Saxer, Ulrich 1988: Wissensklassen durch Massenmedien? Entwicklung, Ergebnisse und Tragweite der Wissenskluftforschung. In: Fröhlich, Werner D.; Zitzlsperger, Rolf; Franzmann, Bodo (Hrsg.): Die verstellte Welt. Beiträge zur Medienökologie. Weinheim, Basel: Beltz 1992 [Zuerst: Frankfurt/M.: Fischer 1988]. S.141–190.

ders.; Langenbucher, Wolfgang; Fritz, Angela 1989: Kommunikationsverhalten und Medien. Gütersloh: Bertelsmann-Stiftung.

ders. 1991: Lese(r)forschung – Lese(r)förderung. In: Fritz 1991. S.99–134.

Schallert, Diane L. 1976: Improving Memory for Prose: The Relationship between Depth of Processing and Context. In: Journal of Verbal Learning and Verbal Behavior 15. S.621–632.

Schenda, Rudolf [1970]: Volk ohne Buch. Studien zur Sozialgeschichte der populären Lesestoffe 1770–1910. München: Deutscher Taschenbuch-Verlag 1977.

Schiefele, Hans; Stocker, Karl 1990: Literatur-Interesse. Ansatzpunkte einer Literaturdidaktik. Weinheim, Basel: Beltz.

Schmidt, Arno 1970: Zettels Traum. Frankfurt: Fischer.

Schmidt, Siegfried J. 1971: ästhetizität. philosophische beiträge zu einer theorie des ästhetischen. München.

ders. 1974: Literaturwissenschaft zwischen Linguistik und Sozialpsychologie. zeitschrift für germanistische linguistik 2. S.49–80.

Schmidtchen, Gerhard 1968: Eine Politik für das Buch. In: Börsenblatt für den Deutschen Buchhandel (Frankfurt/M.), Nr.102, vom 20.12.1968. S.3239–3255.

Schneider, Peter 1982: Illusion und Grundstörung. Psychoanalytische Überlegungen zum Lesen. In: Psyche, H.4/1982. S.327–342.

Schneider, Silvia 1994: Entwicklungsbedingungen sozialer Handlungsfähigkeit. Formen der Interaktionsstrukturierung beim gemeinsamen Bilderbuchlesen von Eltern und Kind. Frankfurt/M.: Peter Lang (Im Druck).

Schön, Erich 1987: Der Verlust der Sinnlichkeit oder die Verwandlungen des Lesers. Mentalitätswandel um 1800. Stuttgart: Klett-Cotta, Neuausgabe 1993.

ders. 1990a: Die Entwicklung literarischer Rezeptionskompetenz. Ergebnisse einer Untersuchung zum Lesen bei Kindern und Jugendlichen. In: SPIEL (Siegener Periodicum zur Internationalen Empirischen Literaturwissenschaft) 9, H.2. S.229–276.

ders. 1990b: Weibliches Lesen: Romanleserinnen im späten 18. Jahrhundert. In: Gallas, Helga; Heuser, Magdalene (Hrsg.): Untersuchungen zum Roman von Frauen um 1800. Tübingen: Max Niemeyer. S.20–40.

ders. 1991: Selbstaussagen zur Funktion literarischen Lesens im Lebenszusammenhang von Kindern und Jugendlichen. In: Janota, Johannes (Hrsg.): Kultureller Wandel und die Germanistik in der Bundesrepublik. Vorträge des Augsburger Germanistentags 1991, Bd. 1. Tübingen: Max Niemeyer 1993. S.246–259.

ders. 1993: Jugendliche Leser und ihr Deutschunterricht. In: Balhorn, Heiko; Brügelmann, Hans (Deutsche Gesellschaft für Lesen und Schreiben): Bedeutungen erfinden – im Kopf, mit Schrift und miteinander. Zur individuellen und sozialen Konstruktion von Wirklichkeiten. Konstanz: Faude. S.220–227.

ders. 1994: Leser und Lektüre im 18. Jahrhundert. Die Ausleihbücher der Herzog August Bibliothek Wolfenbüttel (1714–1799) und ihr Nutzen für die Erforschung des Lesens im 18. Jahrhundert. In: Das achtzehnte Jahrhundert 18, H.2.

ders. 1995: Publikum und Roman im 18. Jahrhundert. In: Jäger, Hans Wolf: Öffentlichkeit im 18. Jahrhundert. Akten der Jahrestagung der Deutschen Gesellschaft für die Erforschung des achtzehnten Jahrhunderts, Meersburg Nov. 1992. Göttingen: Wallstein Verlag. (Im Druck).

Schönau, Walter 1991: Einführung in die psychoanalytische Literaturwissenschaft. Stuttgart: Metzler.

Schücking, Levin Ludwig 1931: Die Soziologie der literarischen Geschmacksbildung. 2., erw. Aufl. Leipzig, Berlin: B.G.Teubner.

Shannon, Claude E.; Weaver, Warren 1949: The Mathematical Theory of Communication. Urbana: University of Illinois Press.

Singer, Isaac Bashevis 1970: Rettet den kindlichen Leser! Ein Pamphlet, das für die Rückkehr zur Naivität plädiert. In: Die Zeit, vom 10.4.1970. S.19f.

Slobin, Dan J. 1966: Grammatical Transformations and Sentence Comprehension in Childhood and Adulthood. In: Journal of Verbal Learning and Verbal Behavior 5. S.219–227.

Snow, Catherine B.; Goldfield, Beverley A. 1983: Turn the page please: situationspecific language acquisition. In: Journal of Child Language 10. S.551–569.

dies.; Ninio, Anat 1986: The contracts of literacy: What children learn from learning to read books. In: Teale et al. S.116–138.

Spinner, Kaspar H. 1977: Zeichen, Text, Sinn: zur Semiotik des literarischen Verstehens. Göttingen: Vandenhoeck und Ruprecht.

ders. 1980: Ich und Welt im Unterricht. Schülertexte als Paradigma. In: ders. (Hrsg.): Identität und Deutschunterricht. Göttingen: Vandenhoeck und Ruprecht. S.7–14.

ders. 1986: Zwischen Bild und Metapher: zur Entwicklung ästhetischer Kompetenz bei Kindern. In: Colberg, Heidrun; Petersen, Doris: Spuren. Festschrift für Theo Schumacher. Stuttgart: Akademischer Verlag. S.469–476.

ders. 1989a: Fremdverstehen und historisches Verstehen als Ergebnis kognitiver Entwicklung. In: Der Deutschunterricht, H.4/89. S.19–23.

ders. 1989b: Kann literarische Bildung zu gesellschaftlicher Verantwortung befähigen? Intimisierung des Deutschunterrichts. In: Mitteilungen des Deutschen Germanistenverbandes 36, H.4. S.15–22.

ders. 1989c: Literaturunterricht und moralische Entwicklung. In: Praxis Deutsch 16, Nr.95. S.13–19.

ders. 1993: Entwicklung des literarischen Verstehens. In: Beisbart 1993. S.55–64.

Steinbrinker, Günther 1978: Eigenes Gestalten von lyrischen Vorformen in der Grundschule. In: Pielow, Winfried; Sanner, Rolf (Hrsg.): Kreativität und Deutschunterricht. Stuttgart: Klett, 2. Aufl. S.121–141.

Steinlein, Rüdiger 1982: Vom geselligen Hörer zum einsamen Leser. Die Verbürgerlichung mündlicher Erzählkommunikation. In: Merkel, Johannes; Nagel, Michael (Hrsg.): Erzählen. Die Wiederentdeckung einer vergessenen Kunst. Reinbek b. Hamburg: Rowohlt. S.156–171.

ders. 1987: Die domestizierte Phantasie. Studien zur Kinderliteratur, Kinderlektüre und Literaturpädagogik des 18. und frühen 19. Jahrhunderts. Heidelberg: Winter.

Stephan, Joachim 1985: Lesen und Verstehen: Eine Anleitung zum besseren Umgang mit fiktionaler Literatur. Darmstadt: Wissenschaftliche Buchgesellschaft.

Stierle, Karlheinz (Hrsg.) 1979: Identität. (Poetik und Hermeneutik, VIII.) München.

Stiftung Lesen (Hrsg.) 1993: Leseverhalten in Deutschland 1992/93. Repräsentativstudie zum Lese- und Medienverhalten der erwachsenen Bevölkerung im vereinigten Deutschland. Zusammenfassung der Ergebnisse. Mainz.

Stolurow, Lawrence M.; Newman, J. Robert 1959: A Factorial Analysis of Objective Features of Printed Language Presumably Related to Reading Difficulty. In: Journal of Educational Research 52, No.7. S.243–251.

Sutter, Tilman 1994: Zur Entwicklung des kindlichen Symbolge-
brauchs. (Forschungsberichte des Psychologischen Instituts der
Universität Freiburg i. Br., Nr.103.)

Szyrocki, Marian 1978: Buchproduktion und das literarische Publikum im 17. Jahrhunderts. In: Höhle, Thomas; Sommer, Diet-
rich (Hrsg.): Probleme der Literatursoziologie und der literarischen Wirkung. Halle: Martin–Luther–Universität Halle–Wit-
tenberg / VEB Kongreß– und Werbedruck Oberlungwitz. S.19–
28.

Teale, William H.; Sulzby, Elisabeth (Hrsg.) 1986: Emergent Literacy. Writing and Reading. Norwood/N.J.: Ablex.

Tergan, Sigmar–Olaf 1993: Zum Aufbau von Wissensstrukturen mit
Texten und Hypertexten. In: Zeitschrift für Informationswissenschaft und –praxis 1. S.15–22.

Ulich, Dieter; Ulich, Michaela 1994: Literarische Sozialisation: Wie
kann das Lesen von Geschichten zur Persönlichkeitsentwick-
lung beitragen? Unveröffentl. Beitrag zur Tagung ‚Lesen im
Wandel – Literarische Sozialisation heute‘. Wiesbaden–Naurod,
23.–25.2.94.

Ummel, Hannes 1994: Die Funktion des Deutschunterrichts in der
Lesesozialisation. In: Schweizer Schule 7/8. S.37–45.

Ungern–Sternberg, Wolfgang v. 1987: Medien. In: Jeismann, Karl–
Ernst; Lundgreen, Peter (Hrsg.): Handbuch der deutschen Bildungsgeschichte. Bd. 3: 1800–1870: Von der Neuordnung
Deutschlands bis zur Gründung des deutschen Reiches. München: C.H.Beck. S.379–416.

Unseld, Siegfried (Hrsg.) 1975: Erste Lese-Erlebnisse. Frank-
furt/M.: Suhrkamp.

van Dijk, Teun A.; Kintsch, Walter 1983: Strategies of Discourse
Comprehension. Orlando: Academic Press.

Viehoff, Reinhold 1982: Aspects of Literary Socialization of Children: Can children really receive and understand texts as literary
texts? In: Poetics 11. S.345–369.

Vierhaus, Rudolf 1972: Bildung. In: Brunner, Otto; Conze, Werner;
Koselleck, Reinhart (Hrsg.): Geschichtliche Grundbegriffe,
Bd. 1. Stuttgart: Klett–Cotta. S.508–551.

Volkmann, Ernst (Hrsg.) 1940: Erlebnisse mit Büchern in deutschen
Selbstzeugnissen. Bd. 2. Weimar: Gesellschaft der Bibliophilen
(Jahresgabe).

von Cube, Felix 1982: Kybernetische Grundlagen des Lernens und
Lehrens. Stuttgart: Klett–Cotta.

Vorderer, Peter: Lesen als Handlung. In: Barsch et al. 1994. S.206–222.

Vygotsky, Lev Semenovich [1933]: Play and its Role in the Mental Development of the Child. In: Bruner, Jerome S.; Jolly, Alison; Sylva, Kathy (Hrsg.): Play – Its Role in Development and Evolution. Harmondsworth: Penguin Books 1976. S.537–554.

ders. [1938]: Mind in Society. The development of higher psychological processes. Cambridge/Mass. 1978.

Wade, Suzanne E.; Adams, Robert B. 1989: The Effect of Interest on Sensitivity to Importance and Learning. Paper presented at the meeting of the American Educational Research Association, San Francisco.

Wade, Suzanne E.; Adams, Robert B. 1990: Effects of Importance and Interest on Recall of Biographical Text. In: JRB: A Journal of Literacy 22. S.331–353.

Waldmann, Günter 1987: Grundzüge von Theorie und Praxis eines produktionsorientierten Literaturunterrichts. In: Hopster, Norbert (Hrsg.): Handbuch Deutsch. Paderborn: Schöningh. S.98–141.

Walser, Martin 1965: Hölderlin auf dem Dachboden. In: ders.: Erfahrungen und Leseerfahrungen. Frankfurt/M.: Suhrkamp. S. 113–123.

Wardetzky, Kristin 1991: Frühe Prägung? Märchenrezeption und Entwicklung literarischer Interessen. In: Ewers, Hans–Heino 1991. S.61–81.

Welke, Martin 1981a: Die Legende vom ‚unpolitischen Deutschen‘. Zeitungslesen im 18. Jahrhundert als Spiegel des politischen Interesses. In: Jahrbuch der Wittheit zu Bremen 25. S.161–188.

ders. 1981b: Gemeinsame Lektüre und frühe Formen von Gruppenbildungen im 17. und 18. Jahrhundert: Zeitungslesen in Deutschland. In: Dann, Otto (Hrsg.): Lesegesellschaften und bürgerliche Emanzipation. München: C.H.Beck. S.29–53.

Wengraf, Edmund 1889: Literatur und Gesellschaft. In: Die Neue Zeit 7. S.241–248.

Wetzel, Michael 1991: Die Enden des Buches oder die Wiederkehr der Schrift: Von den literarischen zu den technischen Medien. Weinheim: VCH.

Wieler, Petra 1989: Sprachliches Handeln im Literaturunterricht als didaktisches Problem. Bern, Frankfurt/M. usw.: Peter Lang.

dies. 1994: Kommunikation über Kinderliteratur im sozialen Kontext der Familie. Wie Mütter ihren Kindern ein Bilderbuch vorlesen. In: Barsch et al. 1994. S.250–274.

Wilkending, Gisela 1987: Kinder- und Jugendbuch. Bamberg: Bucher.

dies. 1994: Einleitung. In: Kinder- und Jugendliteratur: Mädchenliteratur. Vom 18. Jahrhundert bis zum Zweiten Weltkrieg. Eine Textsammlung. Hrsg. v. G.Wilkending. Stuttgart: Philipp Reclam jun. S.7–70.

Willenberg, Heiner 1978: Zur Psychologie literarischen Lesens: Wahrnehmung, Sprache und Gefühle. Paderborn: Schöningh.

Wingert, Bernd et al. 1992: Flusser–Hypertext – ein multimediales Studiersystem – Ergebnisse und Erfahrungen mit der Entwicklung des Prototyps. Kernforschungszentrum Karlsruhe. Unveröffentl. Manuskript.

ders. 1993: Äußerer und innerer Hypertext: Eine notwendige Differenzierung, verdeutlicht am Flusser–Hypertext. In: Zeitschrift für Informationswissenschaft und –praxis 1. S.29–37.

Wittmann, Reinhard 1991: Geschichte des deutschen Buchhandels: ein Überblick. München: C.H.Beck.

Wolgast, Heinrich [1896]: Das Elend unserer Jugendliteratur. Ein Beitrag zur künstlerischen Erziehung unserer Jugend. Worms: Wunderlich. Auszugsweiser Nachdruck d. 7. Aufl. 1950.

Die Autorinnen und Autoren

Prof. Dr. Michael Charlton, geb. 1943. Universitätsprofessor am Psychologischen Institut der Universität Freiburg. Arbeits- und Forschungsschwerpunkte: Medien- und Kommunikationsforschung, Interpretative Forschungsmethoden, Pädagogische Psychologie. Veröffentlichungen u. a.: Medienrezeption und Identitätsbildung (1990); Medienkindheit – Medienjugend (1992) (vgl. Lit.verz.). Anschrift: Psychologisches Institut der Universität, Belfortstr. 18, 79085 Freiburg.

Dr. Ursula Christmann (Dipl.Psych., Dipl.Übers.), geb. 1951. Wissenschaftliche Mitarbeiterin am Psychologischen Institut der Universität Heidelberg. Arbeits- und Forschungsschwerpunkte: Sprach-, Text- und Kognitionspsychologie. Veröffentlichungen u. a.: Modelle der Textverarbeitung (1989) (vgl. Lit.verz.). Anschrift: Psychologisches Institut, Hauptstr. 47–51, 69117 Heidelberg.

Prof. em. Dr. Malte Dahrendorf, geb. 1928. Seit 1954 Lehrer an Volks- und Realschulen, 1970 Prof. an der PH Kiel, Prof. am FB Erziehungswissenschaft der Universität Hamburg. Arbeits- und Forschungsschwerpunkte: Kinder- und Jugendliteratur im Sozialisationsprozeß; Didaktik der KJL; Lese(r)forschung. Veröffentlichungen u. a.: Das Mädchenbuch und seine Leserin (1970), Kinder- und Jugendliteratur im Bürgerlichen Zeitalter (1980) (vgl. Lit.verz.). Vorstand (Schatzmeister) der Internationalen Forschungsgesellschaft für Kinder- und Jugendliteratur 1976–83. Seit 1972 Mitherausgeber der Zeitschrift ‚Beiträge Jugendliteratur und Medien' (vorm. Informationen Jugendliteratur und Medien). Anschrift: Spranz 10, 29499 Zernien.

Dr. Werner Graf, geb. 1949. Literaturwissenschaftler im Fach Germanistik der Universität/GHS Paderborn. Arbeits- und Forschungsschwerpunkte: Literarische Sozialisation, Lektürebiographie, privates und schulisches Lesen und Schreiben von Jugendlichen. Veröffentlichungen: Herausgeber von ‚Gift im Bücherschrank. Kinder- und Jugendlektüre im Nationalsozialismus'. Berlin 1992. Mitherausgeber der Zeitschrift ‚Literatur & Erfahrung'. Anschrift: Pohlweg 30, 33098 Paderborn.

Prof. Dr. Norbert Groeben (Dipl.Psych.; M.A.), geb. 1944. Universitätsprofessor am Psychologischen Institut der Universität Köln und Honorarprofessor am Germanistischen Seminar der Universität Mannheim. Arbeits- und Forschungsschwerpunkte: Literatur-/Leserpsychologie; Empirische Literaturwissenschaft; Denk- und Sprach-

254

psychologie; Psychologische Anthropologie und Wissenschaftstheorie. Veröffentlichungen u. a.: Leserpsychologie (I): Textverständnis – Textverständlichkeit (1982) und (II): Lesemotivation – Lektürewirkung (1988) (vgl. Lit.verz.); Forschungsprogramm Subjektive Theorien (1988). Mitherausgeber der ‚Reihe Empirische Literatur- und Medienwissenschaft' und der ‚Arbeiten zur sozialwissenschaftlichen Psychologie'. Anschrift: Lehrstuhl Psychologie II, Herbert–Lewin–Str. 4, 50931 Köln.

Prof. Dr. Gerhard Haas, geb. 1929. Professor an der Pädagogischen Hochschule Heidelberg, früher Lehrer an Volksschulen, Realschulen und am Gymnasium. Arbeits– und Forschungsschwerpunkte: Essay und Essayismus; Kinder– und Jugendliteratur; Literaturdidaktik; Phantastik; Märchen. Veröffentlichungen u. a.: Essay. Stuttgart: Metzler 1969. Kinder– und Jugendliteratur (1974); Handlungs– und produktionsorienterter Literaturunterricht (1984) (vgl. Lit.verz.). Seit 1980 Mitherausgeber von ‚Praxis Deutsch'. Anschrift: Friedrich–List–Str. 31, 72127 Kusterdingen b. Tübingen.

Dr. Cornelia Rosebrock, geb. 1957. Dozentin für Literaturwissenschaft an der Pädagogischen Hochschule Heidelberg, zuvor Lehrerin, Lehrbeauftragte an der Universität/GHS Kassel und am Institut für Jugendbuchforschung der Universität Frankfurt/M. Arbeits– und Forschungsschwerpunkte: Kinder– und Jugendliteratur, Literarische Sozialisation, Philosophie des Lesens. Veröffentlichungen u. a.: Lektüre und Wiederholung (1990) (vgl. Lit.verz.). Anschrift: PH, Keplerstr. 87, 69120 Heidelberg.

Dr. Erich Schön, geb. 1949. Wissenschaftlicher Angestellter an der Universität Konstanz, Fachgruppe Literaturwissenschaft. Arbeits- und Forschungsschwerpunkte: Sozialgeschichte der deutschen Literatur; Geschichte des Lesens; Literarische Sozialisation. Veröffentlichungen: Der Verlust der Sinnlichkeit oder Die Verwandlungen des Lesers (1987) (vgl. Lit.verz.), zahlreiche Aufsätze zu den genannten Arbeitsgebieten. Anschrift: Jacob–Burckhardt–Str. 26, 78464 Konstanz.

Prof. Dr. Kaspar H. Spinner, geb. 1941. Inhaber des Lehrstuhls für Didaktik der deutschen Sprache und Literatur an der Universität Augsburg, zuvor Professor an der RWTH Aachen (1980-1988) und (Assistenz-)Professor an der Gesamthochschule Kassel (1972-1979). Arbeits- und Forschungsschwerpunkte: Entwicklung des literarischen Verstehens, Produktive Verfahren im Literaturunterricht, Kreatives Schreiben. Veröffentlichungen u.a.: Identität und Deutschunterricht (1980) (vgl. Lit.verz.), Umgang mit Lyrik in der Sekundarstufe I (1984), Moderne Kurzprosa in der Sekundarstufe I

(1984). Mitherausgeber von ‚Praxis Deutsch'. Anschrift: Leonhardstr. 78, 86415 Mering.

Dr. Petra Wieler, geb. 1957. Lehrbeauftragte im Fach Deutsch an der Erziehungswissenschaftlichen Fakultät der Universität zu Köln, zuvor wissenschaftliche Mitarbeiterin am Germanistischen Institut der Universität Utrecht und der Universität Groningen. Arbeits- und Forschungsschwerpunkte: Sprach- und Lesesozialisation; Literaturdidaktik; Kinder- und Jugendliteratur; Literarische Geselligkeit und ihre Geschichte. Veröffentlichungen u.a.: Sprachliches Handeln im Literaturunterricht als didaktisches Problem (1989) (vgl. Lit.-verz.). Anschrift: van Speykstr. 17, NL-3572 XB Utrecht.

Beate Ziegenhagen (Dipl.Bibl., Dipl.Päd.), geb. 1953. Leiterin der Kinder– und Jugendbücherei der Stadtbücherei Heidelberg. Früher u. a. Lehrbeauftragte am Fachbereich Bibliothekswesen der Fachhochschule Hamburg. Arbeits– und Forschungsschwerpunkte: Bibliotheksarbeit für Kinder– und Jugendliche; Kinder– und Jugendliteratur in ihren verschiedenen pädagogischen und literarischen Ausformungen. Veröffentlichungen u. a.: Mitherausgeberin v.: Einführungsmaterialien in die Bibliotheksbenutzung für Kinder und Jugendliche. Berlin: Deutsches Bibliotheksinstitut 1986. Mitherausgeberin v.: Das Vergangene ist nicht tot. Kinder– und Jugendbücher zum Thema Faschismus/Nationalsozialismus. Bad Homburg v.d.H.: Mensch & Leben 1990 (Neuausg. vorauss. 1994). U. a. Mitglied der Expertengruppe „Erarbeitung von Materialien zur aktiven Literatur– und Medienvermittlung / Leseförderung in Kinder–, Jugend– und Schulbibliotheken". Anschrift: Rohrbacher Straße 57, 69115 Heidelberg.